Traveling Overland into Tibet
入藏八线

主编 才华烨

北京联合出版公司
Beijing United Publishing Co.,Ltd.

图书在版编目（CIP）数据

入藏八线 / 才华烨主编. -- 北京：北京联合出版公司，2019.3（2024.7重印）

ISBN 978-7-5502-7274-3

Ⅰ.①入… Ⅱ.①才… Ⅲ.①旅游指南－西藏 Ⅳ.①K928.975

中国版本图书馆CIP数据核字 (2018) 第279820号

入藏八线

主　　编：才华烨
执行主编：周晓红
文字编辑：武士靖　许君达　聂　靖　孙莎岚（特约）
责任编辑：管　文
图片编辑：黄彬彬　陈钰曦
地图编辑：刘昊冰　韩守青
装帧设计：李　川
营销编辑：王思宇
责任印制：焦文献
制　　版：北京美光设计制版有限公司

北京联合出版公司出版
(北京市西城区德外大街83号楼9层 100088)
北京联合天畅文化传播公司发行
北京华联印刷有限公司印刷　新华书店经销
字数：200千字　710mm×1000mm　1/16　印张：16
2019年3月第1版　2024年7月第14次印刷
审图号：GS（2018）5973号
ISBN 978-7-5502-7274-3
定价：68.00元

版权所有，侵权必究
未经书面许可，不得以任何方式转载、复制、翻印本书部分或全部内容
如发现图书质量问题，可联系调换。质量投诉电话：010-82841164 / 64258472-800

主创团队

总顾问：王松平　李栓科
总策划：才华烨
项目负责人：李　曦　杨　颖
主编：才华烨
执行主编：周晓红
文字编辑：武士靖　许君达　聂　靖　孙莎岚（特约）
图片总监：何亮靓
图片编辑：黄彬彬　陈钰曦
地图编辑：刘昊冰　韩守青
装帧设计：李　川
插画：曾　玥　居　子　程洪婕　张　权
校对：李　红

专家顾问

杨勤业　中国科学院地理科学与资源研究所

作者团队

谢　罡　杨　勇　杨　欣　陈志文　老　鱼　王众志　张　帆

出品

西藏自治区旅游发展厅　《中国国家地理》杂志社
中国国家地理新媒体
（北京全景国家地理新媒体科技有限公司）
中国国家地理官网：www.dili360.com
中国西藏旅游网：http://www.xzta.gov.cn

中国国家地理
官方微信

中国西藏旅游
官方微信

项目合作咨询电话：010-64865566 转 209

序言

登天漫道：
深锁于高山隘口和大江峡谷间的进藏路

⊗ 文　李栓科

青藏高原高奇险峻，进藏之路宛若登天。从古至今，人们走出了哪几条入藏道路？它们在哪儿，地理分布又有什么玄机？每条道路的特色景观和独到体验是什么？旅行者如何找到最适合自己的那条路？……这些是很多想进藏的人都会有的疑问，我也曾经被这样问过很多次。这本《入藏八线》就是针对这些问题，做的一次总解答。

青藏高原是一个巨大的闭合空间，它的闭合来自山脉的阻隔：青藏高原西南紧倚喜马拉雅山脉，西部的喀喇昆仑山紧连帕米尔高原，这使得青藏高原的西、南两界，成为世界上最突兀、最明晰的自然边界；青藏高原北部的昆仑山脉处在更深的内陆，边界作用比喜马拉雅更强烈，更何况在昆仑山的东北，阿尔金和祁连两座大山脉又给高原加上了一道"隔离保险"呢！只有东边的横断山区稍显柔软，没有那么刚硬，但又以"横断东西交通"而得名，并闻名于世。

为了进出这个四面闭合之地，历史上一代又一代人，不畏艰险地顺应山川地势，寻找着山的缺口与河的津渡。正因为根本别无选择，所以进出高原的古道与今日的公路，大多走向相差无几。

川藏和滇藏公路——
盘绕在横断山脉的深切河谷之中

青藏高原东部的横断山区，几组高大的山脉和深切的峡谷造就了中国最崎岖不平的一块国土。这里"水无不怒石，山有欲飞峰""上山云里站，下山到河边，对山唤得应，走路要一天"，如此状况对往来交通有着极大的阻碍作用。不过，这里的河谷海拔较低，人口相对密集。

穿越横断山区的路是历史上最悠久的进藏之路。从四川入藏，要横切横断山区的山川，翻山越岭，穿越垭口，西进至藏区腹地；从云南入藏，先沿着横断山的走势顺着河谷而上，再折向西行，进入藏区。

在这里，高山和河谷是几乎无法打破的束缚。今天从川、滇两地进入高原的几条公路，大体上都继承了古时川藏驿道、茶马古道的走向。经过一而再、再而三地优化以后，今日川藏南北线和滇藏线都成了藏区交通的主动脉，在一些险峻的段落，甚至直接打穿了山腹，让地势极度崎岖的横断山不再成为障碍。

川藏南线、川藏北线、滇藏线和丙察察线，都穿越在中国景观最美的腹心地带，跌宕起伏，被形容为"眼睛在天堂，身体在地狱"的路线。

青藏公路与铁路——
追寻着昆仑山和唐古拉山的垭口

青藏之间的交通路线受到了一位著名女性——文成公主的影响。文成公主远嫁高原，和亲吐蕃，她的进藏之路穿越了从青海南部到西藏北部的辽阔草原及草甸地带，中途人迹罕至，相当荒凉。虽然这条道路海拔高度相差不大，但行走亦相当艰辛。

地处黄河与湟水流域肥沃三角地带的河湟谷地，是最早有人类居住的地区之一，也是青藏高原边缘地带与中原地区相距最近的地方，堪称两地之间交往的天然枢纽。当代进藏的最主要通道——青藏公路和青藏铁路，都同样是从河湟谷地出发，经青海高原前往西藏拉萨，不过并没有完全延续唐蕃古道的走向，而是直接取道更便捷、相对平缓的可可西里无人区。

青藏公路道路平整，一年四季都适合出行，沿路以长时间缺少变化的大比例尺景观为主，气势恢宏。可可西里腹地的无人区与新疆的阿尔金山自然保护区、西藏羌塘自然保护区连为一体，青藏公路有250千米沿着可可西里东缘经过，所以在青藏线上看见成群的藏羚羊、野牦牛和藏野驴的机会会很多。青藏公路与青藏铁路并行，这一点也十分独特。青藏线从西宁出发，全程1900多千米，是所有进藏公路中最易行的。但五道梁和不冻泉是两个重要节点，受当地独特的环境条件影响，高山反应会在这两地加剧。

新藏线、克里雅古道——
无法逃脱西昆仑山垭口的束缚

昆仑山是中国最长的山脉。昆仑山脉西段是青藏高原的北部边界，塔里木盆地和藏北高原相邻，生活在塔里木绿洲里的人们同样有着出行需求，哪怕中间隔着巍巍昆仑，也有先驱者开辟出一条通往藏北的道路。已经被历史烟尘淹没的克里雅古道就是这样的道路。

现在的新藏公路，也沿沟谷前行，翻越了昆仑山，把新疆的绿洲与青藏高原西端的阿里地区联结起来。这条路线堪称世界上海拔最高的公路，沿线与几座8000米高峰同行，高海拔将是很大的挑战。

切穿喜马拉雅山脉的沟谷——
成就了唐竺古道

乍看起来，高不可攀的喜马拉雅山像一堵密不透风的墙，从西南方向阻隔了青藏高原与域外的联系。但是在五条河流的侵蚀切穿作用下，山脉中形成了既适宜人居，也能与外界往来的天然沟谷。古往今来，它们都是青藏高原与尼泊尔、印度等南亚各国之间往来的必经孔道，其中最有名的就是经过吉隆沟的唐竺古道，这是唐朝时期从中原地区通往南亚最便捷的国际通道。喜马拉雅山脉南北两侧的海拔相差很大，因而沿途景观多样，从高原雪山到亚热带风光，并存于这条路上。

关于本书

这本书的主编才华烨，是中国国家地理杂志社的副社长，她用15年的时间，奔波在西藏、青海、云南、四川、甘肃的藏区，对青藏高原饱含深情，一直希望把青藏高原最美的景观和最丰富的人文奉献给读者。

《入藏八线》重新挖掘了三条历史古道：鲜为人知的克里雅古道、清朝的官道川藏驿道、文成公主入藏与唐朝外交官王玄策出访的国际线路唐竺古道，以期让古道新生，辉煌重现；同时，对传统入藏线路，如川藏南线、川藏北线、青藏线、滇藏线和新藏线进行了梳理，将各线路特点及沿途每一站的精彩，悉数奉献给读者。

地图一直都是我们的重中之重，多张原创线路图极具观赏性和指导性，具有收藏价值。

本书作者谢罡、杨欣、杨勇、张帆、陈志文、老鱼和王众志，都是《中国国家地理》常年合作的作者和摄影师，更是熟悉各条入藏路线的专业人士。大家共同努力，倾心打造，推出了这本内容全面、专业翔实、贴心、实用的入藏路书，希望能满足广大读者的需求。

摄影/薛建宇

目录

序言

登天漫道：

深锁于高山隘口和大江峡谷间的进藏路　李栓科　VI

上篇
古道新生，辉煌重现

01　人类遗产巡礼之路
唐竺古道，与大唐同行　陈志文　004

02　秘境徒步穿越之路
克里雅古道，
隐藏在昆仑山深处的密道　王众志　046

03　古代官道探索之路
川藏驿道，
鲜为人知的隐秘之境　杨勇　072

下篇
传统进藏路线

04　野生动物寻踪之路
"天路"青藏线，
大气磅礴的进藏之路　杨欣　096

05　绚丽色彩行摄之路
川藏南线318国道，
穿越岭谷的景观大道　杨勇　130

06　峡谷冰川考察之路
川藏北线317国道，你知道的
那些最美之地大多在她的沿线　杨勇　156

07　多元文化体验之路
滇藏线，纵贯横断山的风景线　谢罡　178
"丙察察"：最年轻的进藏公路，
沿着怒江进西藏　张帆　198

08　最高海拔穿行之路
新藏线219国道，全世界海拔最
高的公路向你发出入藏挑战　老鱼　218

上篇

PART ONE

古道新生,辉煌重现 •••

自古，
人们就对青藏高原进行了探索，
且探索的脚步从未停止。
我们在史料中挖掘整理出记载较多、
后来因路线优化被替代的三条古道，
并邀请实地走过、
相对最了解该线路的户外探险者分享
他们的经验，
对出行具有借鉴意义和指导作用，
是为"古道新生"。

人类遗产巡礼之路
唐竺古道，与大唐同行

文　陈志文

> 唐竺古道是一条国际路线，由唐蕃古道和蕃竺古道两段组成：唐蕃古道是唐初文成公主入藏的路线，起点为唐朝长安（今西安），终点为吐蕃逻些（今拉萨）；蕃竺古道是吐蕃经尼泊尔去往天竺（今印度）的国际通道。行走在这两条古道上的历史人物不少，最著名的是肩负和亲使命的文成公主和代表唐太宗李世民出访的外交家王玄策。沿着两位古人的足迹，可以进行一次古今景观差异较大的别样寻访之旅。

唐蕃古道段

①
西安，
大唐耀眼光芒的原点

长安（今西安），是唐竺古道的起点，也是文成公主进藏之前生活的地方。在无情岁月的"厮杀"下，如今西安城里能嗅到的长安气息已经不多了，但在陕西历史博物馆、大雁塔等地，还可以感受到一些大唐的信息。此外还有一个去处，那就是西安城西北角的一座小寺院，不少西安人都不知道的广仁寺。

建成于清朝康熙年间的广仁寺虽然和大唐相差好几百年，但确实与文成公主相关。清朝入主中原后，清政府为达到巩固西北边陲的目的，希望将陕西建设成大清帝国经营西北、西南蒙藏地区的军事基地，1705年，康熙在西安修建了一座藏传佛教寺院，赐名广仁寺，寓意"广施仁德"。广仁寺不大，布局有序，供奉文成公主塑像，是汉族地区唯一供奉文成公主像的地方。

②
天水，
西出长安的第一重镇

西出长安，行进342千米，抵达唐竺古道上的第一座重镇——天水。按照现在自驾的时速，从西安出发四五个小时就可以抵达天水。唐贞观十四年（640年），马车时速一般在15至20千米，文成公主的队伍从长安赶往天水，要走大约23天。天水这个名字，据说是汉武帝根据"天河注水"的传说命名的。唐朝时这里叫秦州，有着相对完备的生活配套设施，因此成为文成公主的送亲队伍西出长安以后的第一个重要补给站。

天水，人文荟萃，人杰地灵，伏羲庙、玉泉观都是当地名胜，最值得推荐的要数中国四大石窟之一的麦积山石窟。麦积山在天水市东南方50千米的北道区麦积山乡，是西秦岭支脉小陇山中的一座孤峰。

麦积山因形如农家麦垛而得名，山崖拔地而起，高约142米。麦积山现存洞窟194个，集中了后秦、西秦、北魏、西魏、北周、隋、唐、五代、宋、元、明、清十几个朝代的塑像7200余尊，壁画1300多平方米。如果说敦煌莫高窟侧重于绚丽的壁画，大同云冈石窟、洛阳龙门石窟的石刻最为壮丽，那么麦积山石窟就以精美的塑像闻名于世。麦积山是中国罕见的跨越朝代众多的巨大雕塑博物馆。

> 唐朝时天水叫秦州，有着相对完备的生活配套设施，是文成公主的送亲队伍西出长安以后的第一个重要补给站。

P002—003:
日月山是唐蕃古道的重要通道，唐朝时是大唐的边界，也是文成公主和亲的历史见证。此处可以看见文成公主像。

摄影／闫明苑

③
兰州、乐都、西宁，大唐境内的古老行程

甘肃博物馆有几样宝贝，值得特意前往。首先是"铜奔马"，也就是大家熟悉的中国旅游的标志，它出土于甘肃武威的雷台汉墓；其次是"邮驿图"画砖，它出土于嘉峪关魏晋大墓，画中的邮差没有嘴，意思是作为邮差要遵守职业道德，保守他人秘密，这幅画被确定为中国邮政的标志；再次就是《仪礼》木简，这是目前所见《仪礼》的最古写本，在版本校勘上有很高的价值，同时是汉代墨写隶书的上品，也是研究汉代简牍制度的珍贵资料。从甘肃省会兰州到乐都只需要3小时车程，而在文成公主生活的时代，可能需要走10天甚至更长时间。乐都的人文历史积淀非常深厚，尤其是乐都柳湾的彩陶博物馆，能反映出新石器时代至青铜时代青海地区的空前繁荣。

乐都瞿昙寺是明代古刹，保留佛教壁画总面积约900平方米，无论规模、年代还是艺术价值，都堪称西北之最。据说，文成公主在乐都休整的时间比较长。在这里，她调整了前进队伍的结构，使之更利于长途跋涉。文成公主还将很多随行的宫女留在了乐都，估计是因为这些宫女并不适合长途跋涉。这些宫女后来都留在了乐都，所以乐都女子都比较好看。离开乐都以后，我相信文成公主的心情是比较复杂的，因为接下来的一段路将是她在祖国大唐的最后一程。

西宁是西北重镇，距离西宁不远的塔尔寺是个极好的去处。塔尔寺，位于西宁市西南25千米处的湟中县鲁沙尔镇。塔尔寺创建于明洪武十年（1377年），以前叫"塔儿寺"，因为这座寺院是先有塔而后才建寺。相传藏传佛教格鲁派的创始人宗喀巴大师离家去西藏学习佛教，一去多年不归，他的母亲思儿心切，于是就请人捎去一束白发，告诉宗喀巴自己已经老迈，很想再见儿子。宗喀巴弘法育僧异常繁忙，不能返回故里，便回信给家人，若能在他的出生地点，用10万狮子吼佛像和在他出生时脐带血滴落处自然生长的菩提树为胎藏，修建一座佛塔，见塔就如同见他一样。后来他的家人与众弟子一道，按宗喀巴所说，在宗喀巴出生之处用石片砌成一座佛塔。日积月累，前来朝拜的人越来越多，那座佛塔周围的建筑也越来越多。于是，塔尔寺的雏形就形成了。在塔尔寺，除了在这座塔前朝拜宗喀巴大师，壁画、酥油花和堆绣是最主要的看点，它们被称为"塔尔寺三绝"。

由西宁自驾前往日月山的路况很

> 乐都瞿昙寺是明代古刹，佛教壁画总面积约900平方米，无论规模、年代还是艺术价值，都堪称西北之最。

左图：
远处是大名鼎鼎的大雁塔。大雁塔是玄奘法师为供奉从天竺带回的佛像、舍利和梵文经典，在唐长安城大慈恩寺的西塔院建造的砖塔。

摄影／程伟刚

好，一路上有很方便的引导路标，风景也跟文成公主入藏时有所不同，大片的黄土高原不见了，取而代之的是一片片草滩、荒地。文成公主在这一段的目的地是日月山。青海湟源县这片不算太高的山丘特别重要，曾是大唐的国界，翻过日月山就是小国吐谷浑的领土了。日月山自古就是历史上羌中道、丝绸南路和唐蕃古道的重要节点。南北朝时期，由于河西走廊丝绸之路受阻而开辟的丝绸南路，即经日月山、青海湖，过柴达木盆地通往西域。文成公主的队伍所走的唐蕃古道，也就是从这里向南穿越海南藏族自治州腹地，取道果洛、玉树，前往逻些（今拉萨）的。

日月山，自古就是多民族会盟、和亲、争战及"茶盐""茶马"互市的地方，也让文成公主印象深刻。当文成公主抵达日月山的时候，她的祖国大唐给了她一个不大不小的惊喜——早她一年外嫁吐谷浑的弘化公主居然正在山口迎接她呢！

大唐公主的外嫁，绝大多数人只知道文成公主和金城公主。其实，据我查阅诸如《新唐书》《旧唐书》等资料，唐朝一共嫁出去16位公主，这位弘化公主，就是16位大唐外嫁公主里最幸运的一位——她出嫁的这个国度并不算很远，她与夫君很恩爱，最幸运的是，她还是16位公主中唯一一个曾经回过大唐省亲的。

弘化公主听说文成公主将途经吐谷浑，远嫁吐蕃，于是早早来到边境，迎接这位与她身世相近的妹妹。对于大唐和吐蕃，和亲固然是为了两国百姓安宁的好事，但大唐怎么可能有那么多未嫁的适龄公主？我没有找到任何史书记载江夏王李道宗一家，同一天接到两道圣旨的反应——第一道圣旨册封他的女儿李雪雁为文成公主，

甘肃天水麦积山，自后秦至明清一直在开窟造像。几近垂直的崖壁上，大小龛像密如蜂房，初冬雪后更显庄严。

摄影／王金

第二道圣旨即令文成公主嫁给吐蕃王松赞干布。面对突如其来的消息，以及礼部和鸿胪寺短时间内就准备好一切陪嫁物资的现实，李道宗只能踏上送女入藏之路。弘化公主之所以成为公主并去和亲，也有着大致相仿的经历吧。当未必年长一两岁的弘化公主看见时年16岁的文成公主，年纪相仿、经历相似的她们定是格外投缘。据说，这姐妹俩相处得很好，在吐谷浑的王城，也就是今天的共和县恰卜恰镇，文成公主一住就是一个月。

人类遗产巡礼之路

入藏八线

④
**玛多县扎陵湖畔，
文成公主完成身份转换的地方**

从共和县的恰卜恰镇到玛多县的扎陵湖，大约400千米，自驾为6到7个小时车程。文成公主抵达吐谷浑国以后，就将自己的队伍"改车为马"，将前段作为交通工具的马车全部改成了马匹，大大提高了行进速度。不过即使是这样，从吐谷浑的国都走到扎陵湖，也得大约一个月。

目前这段路的路况很好，但依然是很艰苦的行程。因为这是一段海拔高度陡然上升的行程，从海拔2850米的恰卜恰镇出发，到玛多县扎陵湖边，海拔已经上升到4600多米。

有说法认为，松赞干布曾亲自抵达吐谷浑国的王城，接走了文成公主。我不同意这种说法。在大唐同意和亲之前，因提亲受拒，松赞干布主动发起过对吐谷浑的战争，两国关系并不是很融洽，松赞干布以国君的身份抵达曾经的交战国迎娶大唐公主，这在情理上说不过去。况且拉萨到吐谷浑路途遥远，来回一趟至少要走将近一年，松赞干布绝不会有这么多时间。

还有一种观点，认为松赞干布抵达吐蕃与吐谷浑的边界迎接了文成公主。这个边界，就位于青海省玛多县的扎陵湖边。扎陵湖和旁边的鄂陵湖离黄河源头不远，它们是黄河源头附近两个最大的高原淡水湖泊。黄河从巴颜喀拉山北麓的卡日曲和约古宗列曲发源后，经星宿海和玛曲河，首先注入扎陵湖，然后又通过鄂陵湖，继续奔腾向前。扎陵湖的面积约为526平方千米，是一个名副其实的大湖，鄂陵湖的面积也相差不多。

在古代，扎陵湖被称为柏海，吐蕃和吐谷浑·两国

吐蕃和吐谷浑的国境线从扎陵湖的北岸经过。根据《旧唐书·吐蕃传》记载，松赞干布就是在这里迎接了远道而来的文成公主。

的边界线从扎陵湖的北岸经过。根据《旧唐书·吐蕃传》记载，松赞干布就是在这里迎接了远道而来的文成公主。扎陵湖边有一块巨大的草滩，当地人告诉我，这里就是文成公主和松赞干布相遇的地方。玛多县还在那块草滩上竖立了一块巨大的石头，上面刻着"迎亲滩"三个大字，以纪念这个重要的历史事件。

方有福是玛多县一个普普通通的公务员，他的父亲是青海湟中县的汉族，母亲是玛多县的藏族，所以他有一个藏族名字，叫拉毛旦珠。藏族人在简称自己名字时，一般只念第一个字和第三个字，所以他的藏文名字简称拉旦。今年32岁的拉旦，3岁就到了玛多县，在扎陵湖边已经生活近30年。拉旦告诉我，这里的藏族牧民

上图：
甘肃省博物馆的藏品"铜奔马"。铜奔马三足腾空，右后蹄下踏着一只飞鸟。这是东汉青铜艺术的杰出代表，现在是中国旅游的标志。
摄影/陈志文

下图：
明代名寺瞿昙寺是藏传佛教格鲁派寺院，因所藏珍贵文物及巨幅彩色壁画而闻名。透过光影，仍能看出这些壁画保存完好。
摄影/张海东

日月山的地理意义十分重大，不仅是我国季风区与非季风区的分界线，还因地处黄土高原与青藏高原的叠合区，成为青海省内流河和外流河的天然分界线，同时也是农耕文明和游牧文明的交界线。

摄影／王新康

大都知道文成公主的故事，在他们心目中，藏族的大王娶了汉族的公主，在很早很早以前，藏、汉就是一家人了。这样的观念，对于当地的民族和睦起到了很大促进作用。几年前，当地人曾经想在湖边为松赞干布和文成公主塑一个巨大的雕像，由于扎陵湖、鄂陵湖区域已经被确认为国家公园，受环境保护法的保护，不能建设大型固定、永久性建筑，这个计划才没能实施。

据说文成公主的队伍在扎陵湖边住了一周，一方面让长途跋涉的队伍得以休整，另一方面是按照吐蕃的习俗，在这里举行了迎亲仪式。松赞干布以"父婿之礼"拜见了岳父李道宗，正式从岳父身边迎走自己的大唐妻子。文成公主在扎陵湖边拜别了亲人，继续完成她的"使命之路"。这时候，这位美丽的16岁少女，已经成长为肩负和平使命的巾帼英雄。

从扎陵湖到玛多县城，往返82千米，绝大部分路段都是沙土路，并不好走。玛多县全县海拔都在4300米左右，扎陵湖边更是高达4600米，所以高原反应也会相对"热情"一些。这对于现代交通工具发达的我们来说都艰苦难熬，更何况是当年文成公主的队伍？他们受了怎样的折磨，我无法想象。

从玛多县一路向南，海拔极速下降，公路两边从光秃秃的荒山，变成了绿绿的草甸，继而低矮的灌木也出现了……植被的变化最能够体现海拔变化，因为海拔越低，湿度越大，植被越繁茂，高大的植物就会出现，并

越来越多。玉树藏族自治州的海拔大约是3700米，比玛多县低了近1000米。极速下降的海拔高度，在高原会带来惊人的变化。很快，一个美丽的玉树展现在我面前。

⑤
玉树，
寻访跟文成公主有关的遗迹

在唐朝以前，玉树属于青藏高原上一个名叫苏毗的高原部落，吐蕃崛起以后，苏毗被吐蕃所灭，玉树纳入吐蕃版图。相传，松赞干布接到文成公主以后，就是经由玉树回到逻些的。文成公主和松赞干布走过的结古巴塘，就在今玉树藏族自治州州府结古镇附近。那里有很多和文成公主相关的遗迹，其中文成公主庙和勒巴沟里的相关遗迹最为著名。

勒巴沟位于玉树州结古镇东32千米处通天河西岸的群山间，是长度只有二三十千米的一条山谷。"勒巴"在藏语中是美丽、吉祥的意思。勒巴沟里有年代久远的佛教文化石刻，相传是文成公主和金城公主进藏途经此地留下的。在这些宗教遗迹中，最著名的就是《藏王礼佛图》和水嘛呢、山嘛呢。

《藏王礼佛图》位于勒巴沟沟口左侧一块不大的崖壁上，虽然年代久远，刻画的线条依然清晰可辨。《藏王礼佛图》共镌刻了一尊佛像和四位礼佛人物。其中第一号人物身着典型的藏王服饰，帽子和藏区雕塑中松赞干布的帽子样式一模一样。它身后的二号人物是典型的唐代宫廷女性的打

上图：
玉树赛马会是青海规模最大的藏族盛会。玉树的康巴藏族有赛马习俗，无论是敬神祭祖还是结婚宴请等，都要举行赛马。图中表现的就是赛马会期间，草原上搭满帐篷的情景。

摄影／官群

下图：
青海省玉树藏族自治州的文成公主庙，据说是唐时藏民为纪念文成公主而建，是唐蕃古道的重要文化遗存之一。

摄影／曹卫国

扮，不由得让人联想到文成公主。三、四号人物身形略小，是典型的侍女形象。当地的藏族姑娘告诉我，这就是当年文成公主途经此处时，由随行工匠刻下的石刻。不过在查阅了相关资料以后，我发现一种观点，认为这是后人为纪念文成公主和松赞干布途经此地而留下的石刻作品。我认为这种观点更接近事实，文成公主进藏70年以后，沿着她的足迹再次进藏的金城公主，也许是这些石刻的发起人。

在勒巴沟的岩壁上、山涧里，我看到了大量的嘛呢石刻。这就是玉树著名的山嘛呢和水嘛呢，数量众多，大小不一，镌刻的时间很早，年代跨度很大。在即将走出勒巴沟时，我还看到了山上由经幡阵组成的大片风嘛呢。风嘛呢下面的岩壁上，就是著名的文成公主庙。

文成公主庙，也叫大日如来佛石窟寺。这个寺院要比我想象的小得多，但是当我走进殿堂，看到大日如来石刻佛像时，我还是被深深地震撼了。大日如来佛像身形巨大，神情庄严却又透着慈祥，让人感到既神圣又亲切。据当地传说，文成公主进藏时经过此地，曾梦见大日如来佛显现为她祝福，于是便命人在她梦见大日如来佛的地方建白塔以示纪念。一年后的公元742年，比丘译师益西永开始在白塔旁的岩壁上雕刻大日如来佛及

> 勒巴沟里有年代久远的佛教文化石刻，相传是文成公主和金城公主进藏途经此地留下的。

八大随佛弟子像，历经11年雕刻完成。在此之后，各派僧人纷纷来此修行，这里也逐渐成为玉树藏区的佛教圣地。

35岁的僧人格加就出生在当地。他15岁出家，在文成公主庙修行了20年。他告诉我，文成公主庙里虽然没有供奉文成公主像，但是这座庙宇与文成公主的事迹息息相关，尤其是大日如来佛像上雕刻的服饰——胡式对开小翻领，具有典型的唐代服饰风格，足以证明这是唐代雕刻。

玉树风景名胜较多，不但有"江河之源""名山之宗""牦牛之地""歌舞之乡"和"中华水塔"的美誉，还有很多藏在山中人们未知的旖旎风光。

过了玉树，进藏的路线变得多起来了。南面的囊谦、西边的杂多都是传统进藏路线上的重镇。这些分支路线都在那曲会合，直通拉萨。在众多的进藏线路中，大多数人认同的文成公主进藏路线，是从玉树的结古巴塘通过杂多县抵达那曲的聂荣县、嘉黎县，最终抵达拉萨的。这条路线也被记载在青海博物馆里。

⑥
大拉萨，
徜徉在三区五县的美景里

在藏族的传说里，文成公主一行

人类遗产巡礼之路

入藏八线

从那曲的聂荣县一直向南，经过嘉黎县，到达了一个宽阔的河谷。那里地势平坦，风景秀丽，据说文成公主在那里住了一晚。那天晚上，她感觉被子又软又暖和，心情很好，于是这里就被命名为"温暖的被子"了。这句话翻译成藏文就是"墨竹工卡"。墨竹工卡是拉萨最东面的一个县，来到这里，就已经进入拉萨的地界了。拉萨共有三区五县，面积达 31662 平方千米。

在墨竹工卡县门巴乡，有一座著名的藏传佛教噶举派大寺——直贡梯寺，它也是直贡噶举派的主寺。大寺建在连接藏北草原与拉萨平原的黄金古道旁的山坡上，远远就能看见，恢宏壮观。直贡梯寺在西藏地方政治史、宗教史上曾经非常辉煌，文成公主的团队极有可能从这里经过。

直贡梯寺的西北方向就是宽阔的拉萨河谷，文成公主和送亲队伍在这里第一次喝到了拉萨的母亲河——拉萨河的水。当年，文成公主是沿着拉萨河一路向下奔向拉萨的，我们现在要溯源而上，向拉萨河的上游而去。拉萨河谷非常开阔，是西藏的主要耕作区之一，沿途都是柏油路，交通便捷。自驾大约行驶 100 千米，就能抵达林周县旁多乡，去欣赏"西藏的三峡"——三条高原河流汇聚的地方，即壮观的旁多水利枢纽工程。

纳木错是西藏第二大湖泊，西藏三大圣湖之一。藏族人认为环绕圣湖而行，可增加无量的功德，祛除恶习和痛苦，所以很多藏族人一生至少来纳木错转湖一次。

摄影／罗仁杰

从旁多水利枢纽向北65千米，至林周县唐古乡，可以去朝拜著名的古刹热振寺。除了古刹，环绕热振寺的千年古柏林，也是令人心旷神怡的景致。从热振寺继续向西北行进的道路是沙土路，不太好走，雨季还会塌方。走出这段沙土路，就到了拉萨市当雄县。在那里，我们将零距离接触西藏最伟大的神山圣湖——念青唐古拉山和纳木错。念青唐古拉山是冈底斯山的余脉，横亘在拉萨以北、藏北高原以南的位置。念青唐古拉山是拉萨的"北山墙"，正是因为它的阻挡，藏北高原的寒流无法南下影响拉萨，这才使拉萨成为高原美地。纳木错是念青唐古拉山脚下有1900多平方千米的大湖，与念青唐古拉山形影不离。

从当雄县沿109国道向南，行驶77千米就能到达著名的羊八井镇。羊八井最著名的就是地热温泉，在这里洗去一路的尘土与疲劳是一个不错的主意。从羊八井向西南，走304省道

拉萨河是拉萨的母亲河。俯瞰拉萨河谷，拉萨全貌就在眼前。这是西藏的腹地，是西藏最富裕、繁华的地方。

摄影/何炜

大约86千米，就进入了拉萨市尼木县。尼木县名气很大，不仅有著名的尼木三绝，而且还是藏文字的创造者吞弥·桑布扎的故乡。去尼木的路上，会经过琼穆岗日大雪山。琼穆岗日大雪山是念青唐古拉山最南端的一座超过7000米的大雪峰，304省道就从它脚下经过。从尼木县麻江乡的山下村，还可以骑马直抵山峰之下，不过没有当地人做向导，不可贸然前往。

从麻江乡向南，穿过尼木县城，大约行驶196千米的沙石路、柏油路的混合路段，可以直达拉萨的曲水县。曲水县最著名的去处，就是俊巴渔村。很多人都听过藏族人不吃鱼的说法，其实这种说法既对也不对。因为宗教信仰和民族习惯，藏民族的确有不吃鱼的习俗，但俊巴渔村是个例外。俊巴渔村坐落在雅鲁藏布江边，背山面水，耕地很少。在交通闭塞的年代，没有其他营生手段的俊巴人不得不向雅鲁藏布江讨生活，于是俊巴村的先

人开始用牛皮筏在雅鲁藏布江上打鱼。现在，俊巴渔村是整个西藏唯一以渔业为谋生手段的村落，所以俊巴渔村的全鱼宴也是拉萨独特的"风景"。

俊巴渔村距离布达拉宫不足60千米，一个小时就可到达。当年，文成公主从墨竹工卡一路奔向拉萨，传说当车队走到一个叫燃木齐的地方时，装载着释迦牟尼佛十二岁等身像的大车陷车了，无论如何都无法抬出来。这尊佛像是唐太宗送给松赞干布的，于是人们就在陷车的地方建造房屋，将释迦牟尼十二岁等身像供奉起来。陷车的地方就是后来的小昭寺，这是西藏最早的佛教寺院之一，如今是藏传佛教格鲁派密宗上密院。

文成公主随松赞干布继续向前，来到一个叫红山的小山下，这里就是他们的目的地。他们决定在红山上兴建宫殿，开创藏民族的新纪元。宫殿兴建的时候，他们就暂住在红山对面药王山的小山洞里。这个小山洞现在叫鲁普岩寺，永久供奉松赞干布和文成公主塑像。当年，松赞干布和文成公主在红山上兴建的宫殿叫"吉祥万门殿"，并不是现在的布达拉宫。布达拉宫是300多年前五世达赖喇嘛以及他的管家桑结嘉措修建的，布达拉宫这个名字也是从那时候才有的。关于当年的"吉祥万门殿"的历史资料很少，甚至连它的样貌都没有记录，现在能知道的是这个宫殿一直使用到了吐蕃王国覆灭以后。

为了安置尼泊尔尺尊公主送给西藏的释迦牟尼佛八岁等身像，松赞干布决定再修建一座佛殿。文成公主利用堪舆知识为新佛殿选址，并得到松赞干布的认同。几年后，他们终于共同完成了一件旷世杰作——大昭寺。但他们应该不会想到，这件旷世杰作的生命力会超过他们的王朝。大昭寺，被藏族人称为"祖拉康"，是始祖、至尊的意思。当年的"祖拉康"并不是现在大昭寺的模样，而是多个地区建筑形式的大融合，并在不断的修缮、重建中，终于形成了如今的样貌。

西藏著名史学家巴卧·祖拉陈瓦的著作《贤者喜宴——吐蕃史译注》，是藏文历史名著，记述了大量西藏的历史信息，深得当今藏学界的重视，被视为研究藏族史、藏传佛教史的重要参考资料，书中还记录了文成公主抵达逻些（今拉萨）并正式融入吐蕃社会的情况。文成公主入藏之后，她带去的大唐团队开始在吐蕃社会产生巨大影响，为吐蕃的历算、医药、农业、水利、建筑、宗教、手工业等方面的快速提升起到了巨大的推动作用。

> 这尊释迦牟尼佛像是唐太宗送给松赞干布的，于是人们就在陷车的地方建造房屋，将释迦牟尼佛十二岁等身像供奉起来。陷车的地方就是后来的小昭寺。

P020—021：
布达拉宫集宫殿、城堡和寺院于一体，依山就势，与玛布日山融为一体，是西藏最庞大、最完整的古代宫堡建筑群。
摄影/何凌云

左图：
哲蚌寺是藏传佛教格鲁派寺院，历史悠久，规模壮观，是拉萨之行必去的寺院之一，它与甘丹寺、色拉寺合称拉萨三大寺。
摄影/陈杰

文成公主进藏在很大程度上改变了当年从大唐抵达天竺的交通路线。在文成公主进藏的前八年，唐代高僧玄奘是通过西域前往天竺求取佛经的，而在文成公主进藏之后，大批唐代佛子纷纷改道，经由吐蕃前往天竺，不仅大大地缩短了路程，同时也有效地降低了旅途中的危险程度。

唐蕃古道作为古代汉、藏民间往来之路，以及贸易商道等交流之路，极大地促进了吐蕃王国与大唐帝国的友好往来，为两国人民争取了更多和平共处、和平发展的空间与契机。可以说，文成公主功不可没。

蕃竺古道段

###
江孜白居寺，欣赏精湛的佛教艺术

唐贞观十五年（641年），中天竺使节造访大唐，表达了中天竺希望能与大唐帝国友好往来的愿望。唐贞观十七年（643年），唐太宗命大臣李义表为正使、王玄策为副使，出使天竺。

唐朝是我国历史上对外交流最为活跃的时代，涌现出诸如高僧玄奘、玄照，文成公主、金城公主等伟大的长途旅行家，还包括有着"蕃竺古道开拓者"称号的，集外交家、战将等身份于一身的王玄策。唐贞观二十一年（647年），受大唐皇帝李世民指派，曾经有过出使天竺经历的王玄策以大唐正使的身份，开始了他第二次前往天竺的旅程。正是因为已经有了一次出使天竺的经历，这次旅程，他也算是轻车熟路了。

1300多年前，青藏高原的交通情况非常恶劣，根据查阅到的明清时期西藏对外交流的相关资料，我推断王玄策的团队以马匹、牦牛作为交通工具的可能性最大。因为在唐代，马匹的使用已经相当普及，同时，作为藏民族最早驯化的"高原之舟"——牦牛，想必在这种长途运输中一定承担着"负重前行"的重任。

王玄策带着三四十个精壮的汉子从长安出发，晓行夜宿，很快抵达逻些。拜见了松赞干布和文成公主之后，他们继续向前，行走在蕃竺古道上。王玄策一行首先要穿过山南，向西南的日喀则方向进发。出拉萨300多千米，他们首先来到一片开阔的山谷，这片水草丰美的地方就是后来的江孜宗。1300多年前，西藏还是大片大片的无人区。当时的江孜地区人烟稀少，直到清朝以后才真正繁荣起来。传说中把佛教弘扬到西藏的莲花生大师曾经来过江孜，明时修建的白居寺后来一跃成为了江孜的第一名寺。

白居寺之所以成为名寺，有以下两个原因。首先，它是萨迦派、夏鲁派和格鲁派合用的寺院，不同派别的僧人在其中各自修行，互不干扰。其次，它的壁画非常著名。据白居寺壁画题记所载，这里的雕塑和壁画主

上图：
江孜古城十分安静，交通又很便捷，很受游人欢迎。江孜古城里最著名的地方就是白居寺，古人留下来的壁画和佛像都需要静下心慢慢欣赏。
摄影／周焰

中图：
日喀则的扎什伦布寺是修建于明朝的著名寺院，其与拉萨三大寺甘丹寺、色拉寺、哲蚌寺，以及青海的塔尔寺和甘肃的拉卜楞寺，并列为格鲁派"六大寺"。
摄影／吕宇理

下图：
日喀则地区定日县珠穆朗玛峰下的绒布寺，海拔约5100米，是世界上海拔最高的寺院，位于通往珠峰的公路旁，属于藏传佛教宁玛派寺院。
摄影／肖南波

人类遗产巡礼之路

要是由来自拉孜县、康马县、尼木县的后藏艺术家创作，其中齐乌岗巴活佛也参与了塔内壁画的绘制工作。

白居寺的壁画代表作，集中在十万佛塔。这座佛塔是建筑艺术的杰作，也是壁画雕塑艺术的宝库，还是藏区最为著名的佛塔，被誉为"塔中之王"。四层佛塔共有大大小小76间佛堂，俱绘满壁画，其数量之大、品质之精，在宗教美术史上有着不可替代的重要位置。

⑧ 日喀则，与扎什伦布寺有关的跨国之战

沿着年楚河河谷一路向西，就是著名的日喀则了。这一带的平均海拔在4000米左右，比拉萨要高一些，但地势平坦，土壤肥沃，灌溉方便，物产丰富，自古以来就是西藏的"粮仓"。王玄策一行在日喀则做了较长时间的休整。对于既是外交家又是战将的王玄策来说，他清楚地认识到，日喀则是西藏通往西面的一个极为重要的战略地点。果不其然，在整整800年之后的1447年，一位叫根敦主的人在日喀则修建了一座寺庙，即著名的扎什伦布寺。扎什伦布寺在藏族历史上有着崇高的地位，甚至与国家安全和领土完整有关。清朝乾隆皇帝为庆贺70大寿，邀请扎什伦布寺的六世班禅罗桑华丹益希进京。1780年夏，六世班禅率随行人员2000余人进京。1780年冬，六世班禅在北京黄寺因患"天花"治疗无效而圆寂，享年42岁。

据《清史稿》记载，六世班禅的去世，引发了一场尼泊尔对西藏的掠夺战争。六世班禅的哥哥仲巴呼图克图将乾隆赠送给班禅的财物携回扎什伦布寺，拒绝分给弟弟沙玛尔巴，令沙玛尔巴愤而出走尼泊尔。那时的尼泊尔是廓尔喀王朝时期，摄政王受挑唆发动战争，掠夺富庶的日喀则和拥有大批来自北京宫廷财物的扎什伦布寺。

廓尔喀军团在沙玛尔巴的指引下，准确、彻底地洗劫了历世班禅的大本营扎什伦布寺，连大清皇帝册封班禅的金册也给抢走了。

乾隆大怒，决意彻底解决这个边境上的隐患，于是派出征战二十余年无一败绩的常胜将军福康安率大军征讨廓尔喀。福康安干脆利落地击败了廓尔喀军队，将其从喜马拉雅山脉之北赶到喜马拉雅山脉之南，一直撵到距廓尔喀大本营加德满都仅几十千米的地方。廓尔喀人被福康安打得认清了形势，立即向大清帝国"纳贡称臣"，并表示永远不再侵犯大清疆土。至此，西线战事完胜。福康安此后在拉萨采取一系列举措，加强中央政府对西藏的统治，再次强调西藏是中国不可分割的一部分。在此之后，清朝中央政府开始更加有效地管理西藏事务。

大清帝国征讨廓尔喀所走的道路，正是唐朝王玄策使团出使南亚的蕃竺古道路线。

⑨
萨迦、定日，
从萨迦寺到珠峰

吐蕃王国延续了近1800年，传到第43任朗达玛（原名"达玛"）赞普，他因对日益壮大、不断与王权争利的佛教势力不满，大开杀戒，史称"朗达玛灭佛"。不久，朗达玛赞普被刺杀，吐蕃王国分崩离析，吐蕃贵族四散开来，各自为政。吐蕃望族昆氏家族退守日喀则以西的世袭封地，努力经营，顽强生存。1073年（北宋熙宁六年），昆氏家族的掌门人昆·贡却杰布在自家封地上修建了一座寺院——萨迦寺。

巍然屹立的萨迦寺位于日喀则以西大约170千米的奔波山下，是蕃竺古道上的一个重要节点。经过一千多年的经营，萨迦寺早已经成为藏传佛教的著名圣地，更是藏传佛教萨迦派的祖庭。寺院规模宏大，收藏颇丰，有"西藏敦煌"的称号。

萨迦寺是比较罕见的堡垒式建筑，壁画繁复精美，只可惜一些精华的殿堂不向游客开放。萨迦派在历史上曾因臣服于蒙古帝国而获得了西藏的统治管理权。萨迦派最著名的人物就是八思巴，他曾出任过元帝国的国师，同时也为元帝国创制出新蒙文，即八思巴文。

西出萨迦，海拔越来越高。王玄策和他的使团正经历着蕃竺古道上最辛苦的一段路程，不过他们离世界最高峰珠穆朗玛峰近在咫尺。唐时，这里荒无人烟，直到元朝才有了明确的行政隶属。现在，珠穆朗玛峰隶属于日喀则地区定日县，也是这个区域最重要的景观。珠穆朗玛峰是喜马拉雅山脉的主峰，到珠峰看日出日落，是很多人的心愿。如今，蕃竺古道的路况改观，从主干道抵达珠峰大本营的道路非常好走，但能够一睹珠峰雄姿的机会并不多，因为它总是隐藏在云雾之下。

珠峰脚下的绒布寺坐落在海拔5100米的山坡之上，是已知世界上海拔最高的藏传佛教寺院。从绒布寺看珠峰，感受完全不同。

⑩
吉隆沟，
印度洋暖湿气流通过的古老通道

从萨迦到吉隆大约500千米，由于海拔比较高，加上路况比较复杂，以及道路限速等原因，开车需要12个小时。1300年前，王玄策的马队走完这段路可能至少需要半个月。

希夏邦马峰是蕃竺古道上最大的路标，

希夏邦马峰是蕃竺古道上最大的路标，是全世界14座8000米以上雪山里最矮的一座，完全坐落在中国境内。

它的海拔为8012米，是全世界14座

蕃竺古道是古代吐蕃通往尼泊尔和印度的官道，需要经过喜马拉雅山深处的吉隆沟，沿途会看见这样的古建筑遗址。

摄影 / 孙海波

8000米以上雪山里最矮的一座，同时也是完全坐落在中国境内的8000米以上的雪峰。从拉萨出发的旅人看到希夏邦马峰，就意味着已经走完了蕃竺古道珠穆朗玛峰北坡的路段，即将穿越喜马拉雅山，进入南亚了。

当王玄策终于看到希夏邦马峰时，他可能会兴奋地告诉同伴们，前面有一个碧波万顷的大湖，走过大湖，就将由西转向南，穿越沟壑丛林，氧气不再稀薄，也不必再受气短欲绝、头痛欲裂之苦了。那个大湖就是佩枯错。佩枯错海拔大约4500米，湖水面积280平方千米，湖水主要来自降水和冰雪融水，主要入湖河流是东南岸的巴日雄曲。

尔的尺尊公主进藏和亲走的就是吉隆沟。王玄策作为大唐副使第一次出访天竺，走的也是吉隆沟。

由于印度洋暖湿气流的滋润，吉隆沟里风光旖旎。随着海拔的不断降低，地形、植被都开始发生巨大变化。

⑪
加德满都，蕃竺古道上的闪亮之地

走过吉隆沟尽头热索村的热索桥，王玄策真正踏上了南亚的土地。公元7世纪的尼泊尔，是李查维王朝统治时期。在王玄策离开加德满都谷地大约680年后，马拉王朝统治了加德满都谷地，使得这里文化艺术空前发展，发生了天翻地覆的变化。1979年，加德满都谷地，被联合国教科文组织评为世界文化遗产。

马拉王朝遗留下来的古迹，主要集中在加德满都、巴德冈、帕坦三座古城里。加德满都是尼泊尔首都，也是尼泊尔第一大城市，更是了解尼泊尔现在与过去的最重要地点。在这里，历史与现代交融，精美古建筑、木石雕刻等不胜枚举，尤其是加德满都的旧皇宫博物馆，非常值得参观。

巴德冈是一座被公认为"值得飞越大半个地球去看望她"的古城，当地人延续着千年一贯的生活方式，与世无争，安详、静美。巴德冈全城都非常精彩，至少要住一天，从清晨开始体会，可以看到很多平常又感人的

P030—031：
尼泊尔首都加德满都的杜巴广场，是加德满都最主要的景点，尼泊尔16—19世纪的著名古典建筑便集中在这里。广场和周边的寺庙、宫殿多达50座，一起构成了著名的世界文化遗产。

供图／视觉中国

走过佩枯错，就是令人激动的吉隆沟了。吉隆沟是一条切穿喜马拉雅山脉的重要山谷，是青藏高原隆升过程中，河流溯源侵蚀造就的连接喜马拉雅山南北两端的一条大通道。这条93千米长、走向笔直、缓缓下探的山谷，是千百年来西藏乃至中原地区与南亚沟通的重要通道。早年，尼泊

029　　　　　　　　　　　　　　　　　　人类遗产巡礼之路

入藏八线

人类遗产巡礼之路

菩提伽耶是佛陀证悟成佛之地，也是佛教的诞生地。佛陀入灭后，历代纷纷在此建塔修寺。摩诃菩提寺是菩提伽耶最著名的寺院，最早为公元前3世纪阿育王所建，后几经重建和修整，才成为今天的样子。

摄影／陈志文

生活片段。帕坦是加德满都谷地的艺术之都，帕坦博物馆、广场和广场不远处的金庙等，都不容错过。

⑫ 蓝毗尼和菩提伽耶，跟释迦牟尼佛相关的两个佛教圣地

王玄策离开加德满都谷地，前往一个神圣的去处。那时，佛教已在中土盛行，对于佛教和释迦牟尼佛的敬仰，使得王玄策不可能错过瞻仰释迦牟尼诞生地蓝毗尼的机会。强烈的愿望让他们觉得200千米的距离并不漫长。之后，他们将离开尼泊尔，正式踏上天竺的土地。

贞观二十一年（647年），王玄策出使中天竺的古国摩揭陀国。据与王玄策同时代的玄奘法师所著《大唐西域记》记载，摩揭陀国周广五千余里，土地肥沃，风俗淳朴，崇尚佛法，

有伽蓝五十余所，僧徒万余人，多宗习大乘教法。复有天祠数十，异道亦多。

也许摩揭陀国的国王是通过玄奘法师了解了大唐，于贞观十五年（641年）派使者赴大唐帝国长安递交国书，引出大唐两次派员出使的吧。据唐总章元年（668年）道世的著作《法苑珠林》记载，这次王玄策来到摩揭陀国，就是要更多地了解摩揭陀国的风土民情，以便对大唐帝国周边的国际形势与格局做一个准确的判断。王玄策的团队在摩揭陀国游历了很多地区，但是具体的地点并没有详尽地记述，唯一提及的只有菩提伽耶的摩诃菩提寺。

菩提伽耶是佛陀证悟成佛之地。2500多年前，寻求解脱的悉达多王子独自来到菩提伽耶的树林里。那时候，这里还只是一片野树林，没有喧

释迦牟尼佛住世时连续宣讲佛法49年，那烂陀是当时佛教的中心，是印度最好的大学，也是印度人的圣地。如今那烂陀成了全世界的圣地，每年都有大批佛教徒从世界各地前往那烂陀遗址朝圣。

摄影／陈志文

人类遗产巡礼之路

嚣，只有鸟鸣。如今的菩提迦耶，用"人山人海"来形容，一点儿都不夸张，因为全世界的佛教徒都希望来这里。很多佛教徒并不知道，在印度的莫卧儿王朝时期，菩提迦耶这片区域被分封给了信奉印度教的土王，尽管佛教徒为此抗争了200年，但这块佛教圣地目前依然是在印度教徒的管理之下。

⑬ 那烂陀遗址，全世界佛教徒的精神丰碑

根据当时印度的社会状况，我推断王玄策团队离开菩提迦耶，还抵达过那烂陀寺和圣城瓦拉纳西。那时，玄奘大师正在那烂陀研习佛法，虽然没有史料记载他们是否见过面，但至少他们都见证了这所佛教大学的最后辉煌。在那之后，佛教在印度开始衰微，并在8世纪遭到印度教的攻击，那烂陀寺也在12世纪遭受灭顶之灾。

公元1193年的一天，有一个名叫卡尔姬的伊斯兰将军，率领着他的军队来到了那烂陀大学。那时的印度分崩离析，动荡不安，入侵印度的伊斯兰大军已经征服了印度的绝大部分国土。伊斯兰将军的目的十分明确，那就是要在拿下印度的土地之后，征服印度的人心。为了达成这个目标，他们盯住了那烂陀。那烂陀寺是当时印度的佛教学术与研究中心，也是当时印度的精神之都，是印度的最高学府。只有改变那烂陀大学的地位和角色，伊斯兰教信仰才有可能在印度站住脚。

卡尔姬将军带着他的士兵，在那烂陀大学里盘问每一个僧人，沟

左图：
印度圣城瓦拉纳西，每天都有很多人在这条穿城而过的印度圣河——恒河中沐浴，祈求洗去罪过。

摄影／姜曦

左图：

古代恒河水灾严重，据说印度教三大神之一的毁灭之神湿婆曾散开头发，让汹涌的河水从自己头上缓缓流过，以消除水灾。为了表达对湿婆的感恩之情，恒河沿岸的最大城市瓦拉纳西每天晚上都会举行祭祀。据说这一活动已经持续了6000年。

摄影／赵萍

右图：

在恒河边按照传统方式火化，是大多数印度人的心愿，所以瓦拉纳西恒河边上的露天焚尸场是印度最重要的焚尸场。这里24小时不间断地焚烧尸体，是印度人最理想的终结生命之地。

摄影／陈志文

通的大意是要那些僧人自愿放弃信仰的佛教，转而皈依伊斯兰教。如果僧人同意照办，将军就会放他一条生路……但是卡尔姬将军彻底失望了，没有一个僧人如他所愿。于是，成千上万的僧人倒在了血泊之中，那烂陀大学收藏的900多万册佛教经卷被焚烧殆尽。大火熊熊燃烧了六个月之久，浓烟遮天蔽日。这在英国人渥德尔所著《印度佛教史》第十二章"穆斯林的毁灭精神"中有记载。

佛教在印度一蹶不振，但它并不是单凭伊斯兰将军的屠刀就可以斩尽杀绝的。虽然那烂陀大学被伊斯兰将军烧毁了，但在佛教徒的心里，铸成了一个名叫那烂陀的精神丰碑。此后，很多佛教徒还会来到那烂陀，在断壁残垣前参拜、朝圣。如今，那烂陀遗址在联合国教科文组织的帮助下，已经得到了很好的保护。

⑭ 瓦拉纳西，印度第一圣城的混乱与秩序

从那烂陀向西，就是著名的圣城瓦拉纳西。瓦拉纳西是陆路通往德里的必经之路，是印度的第一圣城，也是现今印度最精彩的去处。印度教的圣河恒河就从瓦拉纳西城边流过，于是印度人相信瓦拉纳西是个有灵性的地方，可以通往天堂……

印度的旅游推广词是这样介绍自己的——"不可思议的印度"——我觉得这是世界上最贴切的广告语。印度有太多不可思议的地方，而瓦拉纳西的混乱与秩序，就是一个很好的例子。

走在瓦拉纳西的街头，你会发现，自己被一股混乱的洪流所裹挟，不由自主地涌向前方。这里的大街小巷，永远都是汽车、摩托车、三轮车、自行车、行人及牛、羊、猪、狗并行的交通线。

这样的混乱和喧嚣其实只是表面现象，如果你学会换一个角度看问题，不再用自己的价值观衡量别人的生活，就会发现这里隐藏着一个关于生命的秘密。

瓦拉纳西的确到处都显得杂乱无章，但是没有我们所谓"文明世界"的争吵、拥堵与相互伤害。大家在交通上相互谦让，在信息上互相分享，甚至乞丐讨到小钱后也会和其他的乞丐分享信息……在瓦拉纳西，警察并不多见，即使看到警察，他们也是一副庸庸碌碌、无所作为的样子，因为整个城市的所有规则，都是由生活在这里的居民自觉遵守的。于是我不禁发问，到底是怎样的规则，才可以让这样庞大、杂乱的城市那么秩序井然？

渐渐地我发现，答案其实很简单，那就是信仰。千百年来，在印度社会形成的信仰，操纵着瓦拉纳西这个城市的运转，制定着这个城市的规则。这种秩序是无政府的，尊重每一个生命，即使是猪、狗也不例外。几乎所有瓦拉纳西人都是按照这样的规则生活着。其实，也许不仅仅是瓦拉纳西人，整个印度的大部分人都知道自己应该怎样去生活。

在恒河边上，有一个巨大的露天焚尸场，每天24小时不间断地燃烧着熊熊烈焰，一个又一个灵魂安详地从这里离开，前往他们生前就想去的地方。那些负责焚烧尸体的烧尸工的祖上，基本都是种姓制度存在时划分的贱民，他们都是文盲，却担负着把逝者送进天国的使命。

绝大部分的印度人都希望临终前

印度教有拜日的习俗，这位印度老人正在对着初升的太阳虔诚地顶礼。瑜伽里的"拜日式"，就是源于印度教的对太阳顶礼。

摄影／赵萍

来到瓦拉纳西，最终从瓦拉纳西离开这个世界。这让我很感慨，印度是一个文盲率很高的国家，但是即使是文盲都知道他们应该去哪里死，死后要去什么地方。瓦拉纳西是一个不可思议的地方，入世的小市民生活和出世的死亡与重生，都在这里同步、平和地演着。因为有信仰，他们过得很安静，不吵不闹，不急不忙，有着"生亦何欢，死亦何惧"的坦然，并在这里平淡地重复着。

　　唐竺古道是历史上多民族交往的纽带，是连接南亚次大陆与亚洲大陆的大动脉。这条大动脉滋养着生活在沿线土地上的人们。随着这条大动脉的搏动，沿途的各民族相融、互动，最终成就了"你中有我、我中有你，共同发展、携手共进"的和平局面。

唐竺古道

提示：全程最快16天可走完，每一段路都是按照一天的车程设定的。

第一段：西安—宝鸡—天水 355km

第二段：天水—兰州—乐都—西宁 532km

第三段：西宁—湟源—共和—玛多 486km

第四段：玛多—玉树 324km

第五段：玉树—囊谦—类乌齐 410km

第六段：类乌齐—丁青—巴青—索县 405km

第七段：索县—那曲—当雄 407km

第八段：当雄—拉萨 160km

第九段：拉萨—江孜—日喀则 360km

第十段：日喀则—萨迦—定日 299km

第十一段：定日—吉隆 353km

第十二段：吉隆—加德满都 160km

第十三段：加德满都—蓝毗尼 260km

第十四段：蓝毗尼—那烂陀 423km

第十五段：那烂陀—王舍城—菩提伽耶 85km

第十六段：菩提伽耶—瓦拉纳西 255km

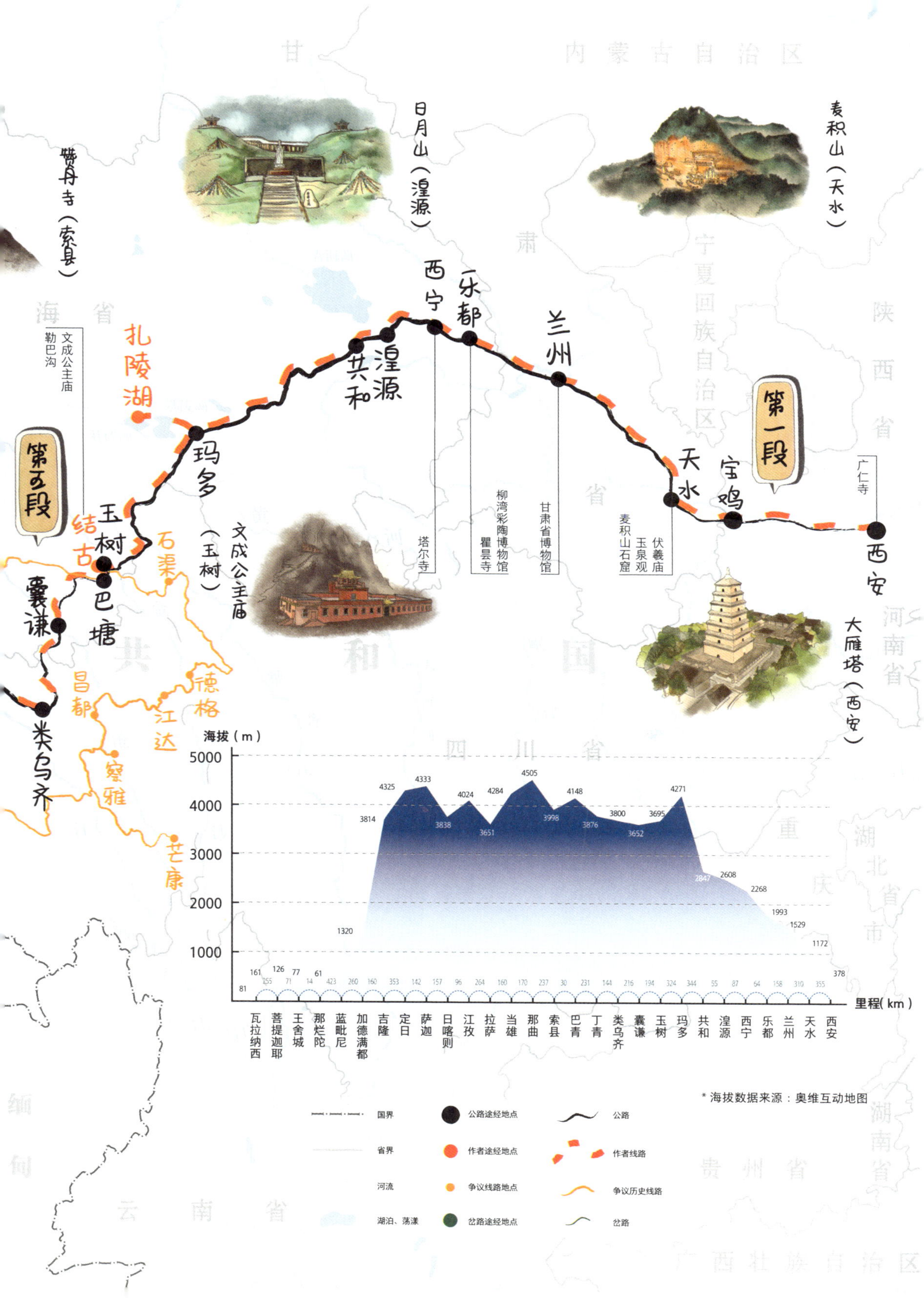

甘
内蒙古自治区
赞丹寺（索县）
日月山（湟源）
麦积山（天水）
海省
肃
宁夏回族自治区
陕西省
文成公主庙
勒巴沟
扎陵湖
西宁
乐都
兰州
共和
湟源
玛多
第一段
第五段
天水
宝鸡
广仁寺
西安
玉树
结古
石渠
巴塘
囊谦
类乌齐
昌都
江达
德格
察雅
芒康
文成公主庙（玉树）
塔尔寺
柳湾彩陶博物馆
瞿昙寺
甘肃省博物馆
麦积山石窟
玉泉观
伏羲庙
大雁塔（西安）
河南省
四川省
重庆市
湖北省
湖南省
贵州省
云南省
广西壮族自治区
缅甸
海拔（m）
5000
4000
3000
2000
1000
1320
3814
4325
4333
3838
4024
3651
4284
4505
3998
4148
3876
3800
3652
3695
4271
2847
2608
2268
1993
1529
1172
81
161
255
126
71
77
14
61
423
260
160
353
142
157
96
264
160
170
237
30
231
144
216
194
324
344
55
87
64
158
310
355
378
里程（km）
瓦拉纳西
菩提迦耶
王舍城
那烂陀
蓝毗尼
加德满都
吉隆
定日
萨迦
日喀则
江孜
拉萨
当雄
那曲
索县
巴青
丁青
类乌齐
囊谦
玉树
玛多
共和
湟源
西宁
乐都
兰州
天水
西安
* 海拔数据来源：奥维互动地图
国界
省界
河流
湖泊、荡漾
公路途经地点
作者途经地点
争议线路地点
岔路途经地点
公路
作者线路
争议历史线路
岔路

★ 关于尼泊尔旅行的提示

选择出行方式

尼泊尔是允许外国车辆进入的国家，但相关手续复杂，相关政策也会不断变化。所以，如果决定去尼泊尔自驾，一定要向尼泊尔驻华使馆或者具有相关资质的国际旅行社咨询最新的尼泊尔自驾政策。

很多旅行者采取将车辆停放于中国口岸，再向尼方租车或者包车的旅游方式。特别需要注意的是，尼泊尔实行英式交通规则，车辆为右舵驾驶，与中国相反。

尼泊尔大巴分两种，一种是当地人乘坐的，票价非常便宜，但是卫生、安全堪忧；另一种就是旅游大巴，车况较好，但也不能和国内的旅游大巴相比。2015年4月的8.1级大地震发生后，使得原本路况就非常差的尼泊尔交通雪上加霜，通常两百千米的路程，大巴需要行驶8—10个小时。

尼泊尔有很多观光小飞机，主要往返于尼泊尔各旅游景点及喜马拉雅山脉，但大多机型较老，安全系数需要注意。

关于语言

尼泊尔曾被英国占领，英语基本上可以通用，但和印度人一样重口音，不过基本交流没有问题。目前，生活在尼泊尔的中国人比较多，绝大部分是从事旅游及旅游相关行业，所以语言障碍不大。

如何办理尼泊尔签证

中国因私护照持有者，可以在北京的尼泊尔使馆及上海、广州、香港、拉萨的领事馆，免费办理尼泊尔旅游签证。建议从西藏进入尼泊尔的游客，可以在尼泊尔驻拉萨的领事馆办理签证，手续简单，出签效率很高。

尼方一般发给三个月有效、允许最多停留一个月的单次入境签证。若申请人需在尼停留一个月以上，可在抵尼后向尼有关方面申请延期。这就需要前往加德满都的尼泊尔国家旅游局（NTB）的游客服务中心办理延期加注，每增加一天，需交加注费2美金，依此类推。

★ 关于印度旅行的提示

购物方便吗？

非常方便，不用担心物资和食物的短缺，在中国或者美国能买到的商品，在印度都能买到。印度贫富分化严重，富裕阶层的生活水平是相当不错的。

有免费 Wi-Fi 吗？

没有，不免费的也很少。印度的通信水平与中国差距较大，公共 Wi-Fi 几乎没有，临时办理当地 SIM 卡又会面临非常复杂、几乎不可能实现的手续障碍，甚至在一些高档酒店，Wi-Fi 服务也不是免费的，所以手机上网在印度很成问题。

听说用印度自来水刷牙都会拉肚子，这是真的吗？

如果是容易水土不服、在各地旅行中明显比旅伴易拉肚子的话，在印度就很有可能出现这种情况，毕竟印度自来水的水质要差些。不过对于大多数人来说，问题不大，因为现在印度有着完善的旅游服务设施，无论是吃饭还是住宿，都有不同的水平可供选择，总之食宿卫生没有想象中那么差。印度两极分化严重，达到一定标准的宾馆和餐厅，都有非常好的保证。

印度食物在口味上与中国迥异，但还不至于影响健康，谨慎食用路边摆卖的小食即可。印度瓶装水价格低廉，供应充足，购买方便。

每辆印度火车都挂满了人吗？

印度的铁路系统高度发达，公路系统相对落后，所以票价低廉的火车是印度人主要的出行方式，也是去印度旅行的人首选的出行方式。印度的长途火车几乎全有卧铺车厢，分成不同的舱位级别，除了级别最低的散座外，其余铺位全部严格实行实名制，对号入座。

印度大城市的地铁服务还不完善，但市郊铁路系统非常发达。这种门户敞开、行驶速度比较慢的火车，承担着市内大部分交通重任，在高峰时段会比较拥挤，但班次频密，所以要论拥挤程度，其实比中国一线城市的地铁舒适多了。

这种最普及的市郊铁路一般只有铁壳车厢，没有空调，为了方便上下车不设车门，所以我们经常会看到很多人挂在车门口的景象——那只是身手敏捷的年轻人贪图凉快的行为，车厢里其实不太拥挤。网上流传的连车顶都摆满了人的图片，据说是来自贫穷的邻国孟加拉，而且也是在特殊的节庆时期才会出现，日常并非如此。

你有能在境外使用的驾照吗？

印度跟尼泊尔一样，允许国际车辆进入，但手续比尼泊尔更复杂，相关政策也不断变化，所以准备自驾的话就一定要向印度驻华使馆或者具有相关资质的国际旅行社咨询最新的印度自驾政策。

由于中国没有参加维也纳国际道路交通公约，所以中国交管部门无法为中国驾驶人办理对应的国际驾照（IDP）。国际驾照是全球绝大多数国家都认可的唯一的合法驾照，也就是说，除了明确规定中国驾照可以合法使用的少数国家外，中国驾照在其他国家不具有法律效力。所以，除非合法持有境外驾照及配套的国际驾照，否则还是不能在印度和尼泊尔自驾。

印度不是人间地狱，但在印度自驾堪比地狱

印度的公路系统很差，很多重要公路的路况甚至不如中国的县乡级道路，但地势相对平坦，好于尼泊尔。德里和其他大城市之间的道路，相当于20世纪90年代中国城市郊区的水平。其他地方就比较简陋，大多数是年久失修的水泥路面。在印度公路上自驾，会与巴士、卡车、三轮车、摩托车和行人零距离相处，谦让是不存在的，所以在印度驾车实在不容易。

印度实行英式交通规则，车辆为右舵驾驶，与中国相反。在印度驾驶、停车，收费昂贵，邦与邦之间交通规则不同，不事先了解清楚，面对的有可能是高额的罚款。

★ 关于印度签证的那些事

电子签最方便，但要注意填写职业

印度现已对中国游客开放电子签，只需按要求在线填表、付款即可。但需要提醒的是，电子签持有者只能在几个指定的大型国际机场入境，不能从尼泊尔陆路入境，其实从加德满都飞往印度各大城市的机票并不贵。

印度官方对于从事媒体、出版等行业的来访者抱有较高的警惕性，电子签申请填写职业的时候，务必回避"摄影师""记者""编辑""出版"，甚至"作家""设计师"

最意外的签证方法——去尼泊尔签

在加德满都的印度使馆也可以申请印度旅游签证，费用约合人民币 300 元，不需要资产证明、工作证明和冻结存款，比国内的手续简便些。但是，出签时间会有很大的不确定性，有些背包客甚至为了等待签证而不得不在尼泊尔停留一两个月。

等行业名词，否则很可能被拒签，或者被要求前往签证中心申请高价且限制多多的"记者签"，且不退还电子签的费用。

传统签证真要排队，伤不起

如果需要申请传统的贴纸签证，在北京、上海、广州的印度签证申请中心办理时，不但需准备大量材料，还要等待很长时间，而各大旅行社或代理商的办事人员，每人手上都有大量的待申请护照，所以委托具有相关资质的旅行社或签证代理机构更适合。

签证费用和有效期

印度电子签费用是 50 美元，网上支付时需用 VISA、MasterCard、美国运通等具有国际结算功能的信用卡办理。办理印度贴纸签的费用为人民币 700 元左右，签证有效期 120 天，可在有效期内两次进入印度，在印停留累计不超过 60 天。

Tips

贴士信息截止时间： 2018.09.01。

特别提醒： 尼泊尔及印度签证的详细信息以各国驻华大使馆官方网站公布为准。

资料提供　陈志文

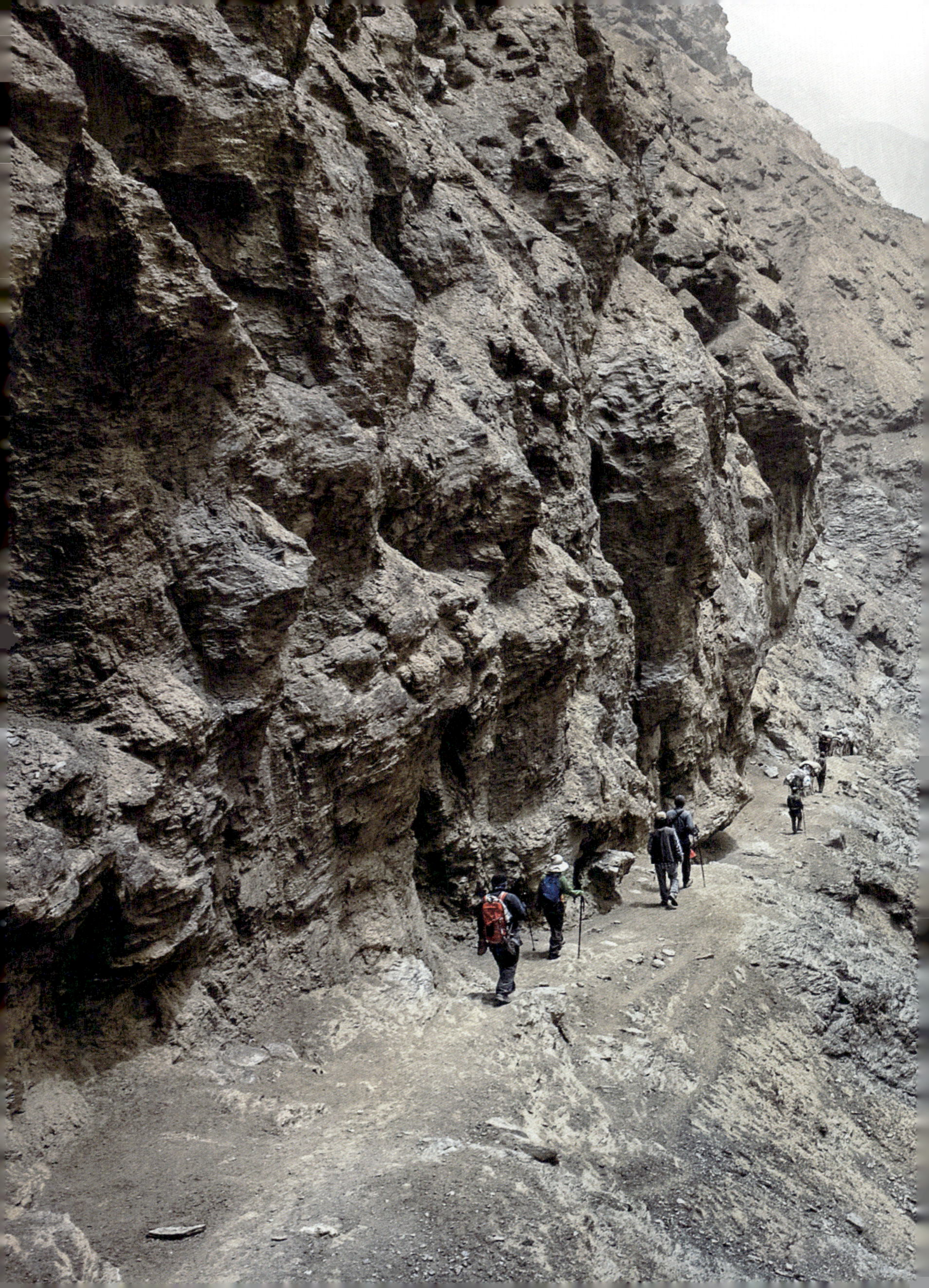

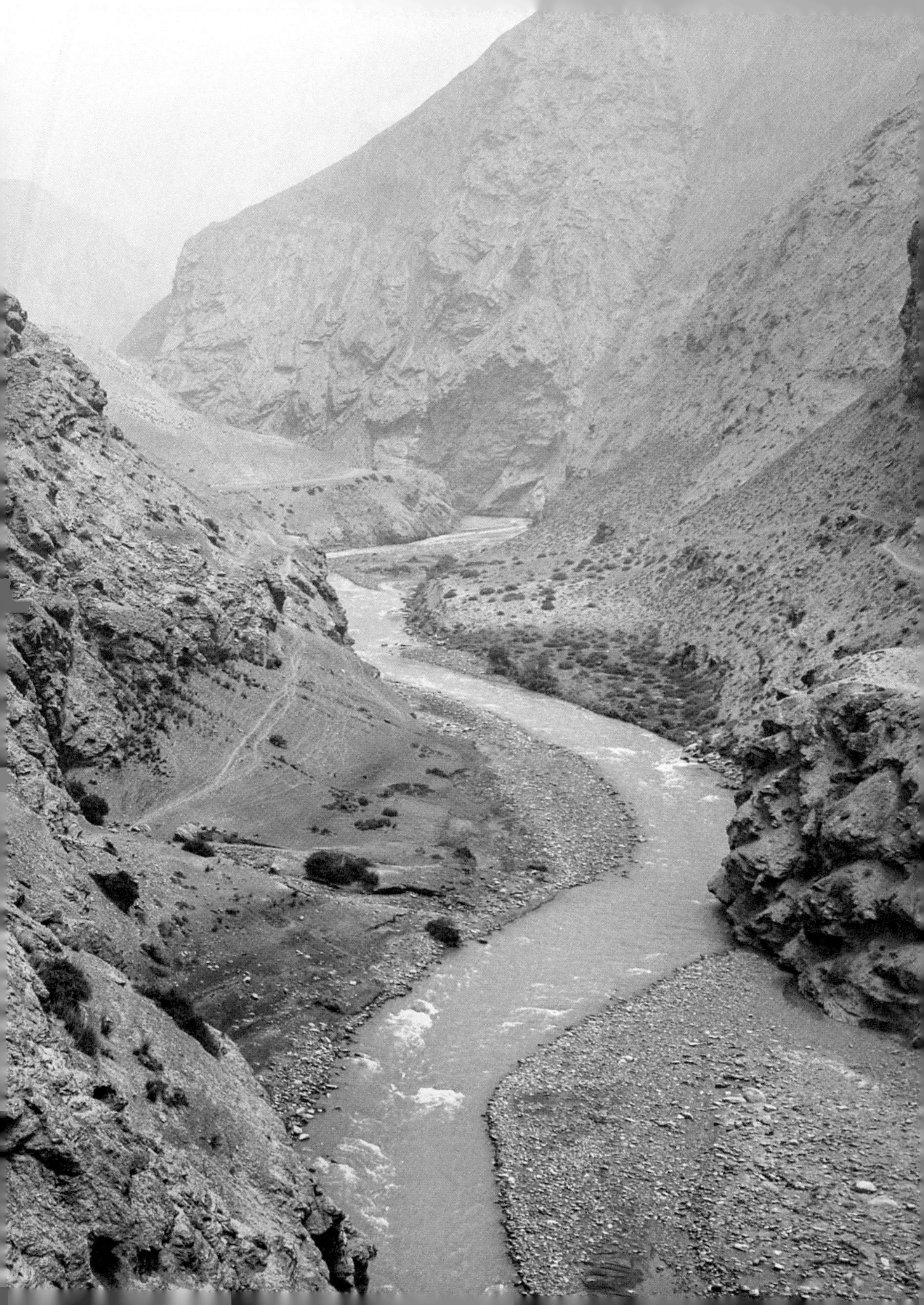

秘境徒步穿越之路
克里雅古道，隐藏在昆仑山深处的密道

文　王众志

从新疆进西藏，是一个最不为人熟知的进藏方向。在昆仑山和藏北高原之间广袤的荒漠地带，是一个只在探险者手记中方显鲜活的空间，那里至今仍堪称是人类生活的禁区，就连早已变成通途的新藏公路219国道，在很多人的认知中也是陌生甚至神秘的地方，更何况藏身在昆仑山深处已有上千年历史的新藏古道——克里雅古道了。

当代对于这条秘道最有价值的一次考察完成于1993年。当时，北京大学历史系王小甫教授受联合国教科文组织"平山郁夫丝路研究奖学金"的资助，对西藏最早通往新疆之路、喀喇昆仑山区的古代交通、吐蕃西进中亚之路、葱岭山区的南北交通等课题进行了深入的研究。在他撰写的《七至十世纪西藏高原通其西北之路》考察报告中，通过自然地理的原因，分析出最早从新疆塔里木绿洲通往西藏及更远区域的古道存在的可能性——一条大致与今天的新藏公路重合，即穿越阿克赛钦这片夹在喀喇昆仑山和昆仑山之间的荒漠，渡过班公错，进入阿里；另一条就是翻越昆仑山脉克里雅山口，从新疆进入藏北羌塘的秘道。

逐渐被遗忘的克里雅古道再一次进入世人的视野，源自于新疆探险家王铁男。2005年，他沿着翻越克里雅山口的这条道路成功探索了昆仑山深处的1号火山。三年以后，他终于带领团队成功实现了这条早已经被埋在克里雅冰川前的残存古道的穿越之旅。

在历史记载中，克里雅古道多是战争的背景地。公元7世纪60—90年代，吐蕃与唐朝在西域进行了多次争夺。当时，吐蕃人进入西域几乎总是首先进攻于阗国，也就是现在的和田地区，在于田县境内。克里雅山口则成为吐蕃人进入塔里木盆地的主要进军之路。

公元10—11世纪，由西迁回鹘联合其他民族建立的以喀什噶尔为中心的喀喇汗王朝，经过近百年的拉锯战，吞并了于阗绿洲。由于喀喇汗王朝推行伊斯兰教，一部分信仰佛教的于阗人被迫翻越昆仑山，经克里雅山口逃入吐蕃。

清康熙五十六年（1717年），盘踞新疆的准噶尔蒙古大汗策妄阿拉布坦从克里雅山口进入西藏，突袭拉萨，使藏区陷入严重的混乱，促使清朝出兵"驱准保藏"，将准噶尔军队逐出拉萨。时至清末，左宗棠在率领清军追杀白彦虎时，这条道路最终被毁，从此遁出了人们的视野。

这条历史悠久、如今只剩下"半条"有踪可寻的古老路基，如果不结合历史记载中的只言片语，很难通过观察重现其原貌。由于实际作用的丧失，这条躺在故纸堆里的古道反倒成了探险家和户外发烧友的乐园。近代以来，曾有为数不少的探险者尝试过寻访这条秘道。

①
**普鲁村和阿拉叫依古驿站，
近代克里雅探险的大本营**

新疆于田县城南90千米处有个不起眼的普通村落，名曰普鲁村。这个小村子紧靠绿洲，背倚昆仑山北坡。克里雅河冲出深谷后，在这里形成了一段回水区域。受益于充沛水量的滋润，普鲁村附近拥有广阔的草场。与90千米外的塔克拉玛干沙漠边缘地带的绿洲不同，这里一年四季都能见到绿色，特别是丰水多雨的年份，水草更是丰茂。站在村头眺望昆仑山脉，似一堵顶天的巨墙，万山丛立，天远云白。

20世纪90年代，考古人员在普鲁村相继发现三处石器时代的遗址，证明在上古时代这里即是适宜人居之地。古老而传统的生活方式像一块活化石，任外面的世界如何变化也孑然不变。山谷里的居民住石头小屋，逐

> 20世纪90年代，考古人员在普鲁村相继发现三处石器时代的遗址，证明在上古时代这里即是适宜人居之地。

P044—045：
普鲁河是克里雅河上游最主要的支流，探险队员沿栈道走向普鲁河谷深处。

摄影／王铁男

水草而生。石头屋沿克里雅河依次排开,可以避开夏季猛涨的洪水,也可以更有效地利用昆仑山前冲积扇平原的肥沃土地。在王小甫教授的科考报告里,特意提到了"普鲁"二字的含义。这个词汇无法从当地维吾尔语或古代于阗语中得到解释,更像藏语的音译,可能得自于藏地的一种传统手工羊毛毯织品"氆氇"。事实上,这里的传统手工业发达,最具特色的正是氆氇布、毡首等富有藏族风情的产品。

从地理位置上看,普鲁村是于田绿洲入藏之路的咽喉,是塔里木盆地与藏地最接近的地方。昔日的克里雅古道,即由此而始。

普鲁村的牧民,是克里雅古道上几乎唯一可见到的人群。他们带着自家羊群分散居住在靠近山顶的各个牧场,每隔两天会将羊群从山顶附近的牧场赶到河谷中喝水,并随着水草的自然变化,不断迁徙。牧民通常会带上15至20天的馕,在昆仑山中放牧至少半个月,他们的足迹最远可以抵达青藏高原北部的羌塘。自1876年至2005年,普鲁村一直充当着克里雅古道科学探险的大本营——不论是历史上赫赫有名的普热尔瓦尔斯基(Przewalski)、斯文·赫定(Sven Hedin)、迪林斯(DeRhins)、利特代尔(Littledale)、威尔比(M. S. Wellby)、马尔科姆(Lieut. Malcom),还是2009年的探险者丹麦人马丁(Martin)和瑞典人珍妮(Janne Corax),在通过克里雅古道进入羌塘之前,普鲁村的牧民都是他们的天然向导。

1876年,俄国探险家普热尔瓦尔斯基自喀什取道芒崖入藏前,曾经在普鲁村停留,并对当地居民做了人类学研究。他怀疑普鲁村村民是藏族的后裔,并在《走向罗布泊》中记载了大意如下的文字:很久以前,在西藏西部有一种习俗,国王登基以后,不管治国的业绩如何,满十年就要被杀掉。一个叫哈塔姆德的国王,在在位快满十年、即将被处死的时候,带领忠实于他的三百余人逃离了自己的家园,来到克里雅河上游安家。但是不久,蒙古人到来,掠夺了他的财产,杀了许多人,哈塔姆德带着妻子和一儿两女慌忙出逃,才得以幸免。他们和其他藏族人一起,远离青藏高原,建造了普鲁村,现在的居民就是哈塔姆德的第八代子孙。

普鲁村以南6千米的阿拉叫依是个古驿站,也有人说是古代屯兵的卡子。这处遗址作为克里雅古道上的重要地标,究竟建于什么年代,已经无证可考。据于田地方志的记载,这个卡子直到民国时期还在发挥着检查站的作用。

> 一个叫哈塔姆德的国王,在在位快满十年、即将被处死的时候,带领忠实于他的三百余人来到克里雅河上游安家。

上图:
阿拉叫依古驿站是克里雅古道上的重要地标,也许在古道发挥作用的年代,是古人用来屯兵的卡子。在民国时期,这里是检查站,现在只剩下遗址。
摄影/叶金

下图:
1950年解放军曾准备沿古驿道修进藏公路,后因太过艰险才改为修建由叶城出发的219国道。当时修建的木桥如今虽已坍塌,却是克里雅古道开始的标志。
摄影/王铁男

秘境徒步穿越之路

入藏八线

阿拉叫依是疆藏古驿道的大门。1950年5月，为了进军西藏，中国人民解放军第二军独立骑兵师和于田的数万民工从这里开始，铺设了169千米的路基，延伸到昆仑山深处的野马滩。后来西藏已经实现了和平解放，且前方翻山路径实在太过艰险，因而放弃了修建这条路，以后改道另修的新路，就是如今从叶城出发进入昆仑山口的新藏公路。阿拉叫依附近有一座大木桥，桥面已坍塌，但桥体尚存。它像一个"0"千米的碑记——由此开始，就正式进入了荒无人烟的克里雅古道。

②
从普鲁河谷到苏巴什河谷，徒步古道的第一道坎

从阿拉叫依古驿站2885米的海拔算起，到海拔3748米的普鲁河谷，再到4223米的苏巴什河谷，从一系列数字的变化可以看出，这是一个海拔陡升、自然环境剧烈变化的过程。上千米的爬升，能在很短的时间里完成不同景观的切换。对于步行的人来说，这段海拔陡升的路途，会给身体带来极大的负担和剧烈的痛苦——通过我的实地考察和亲身体验，我想说，一路上的自然风光会让这份艰辛付出得非常值得。

沿河栈道有些段落十分狭窄，通过艰难。各个探险队都在距克里雅古道最近的村庄普鲁村租用毛驴和向导。这些本地毛驴驮着补给，能驾轻就熟地通过狭窄的栈道。

摄影 / 王铁男

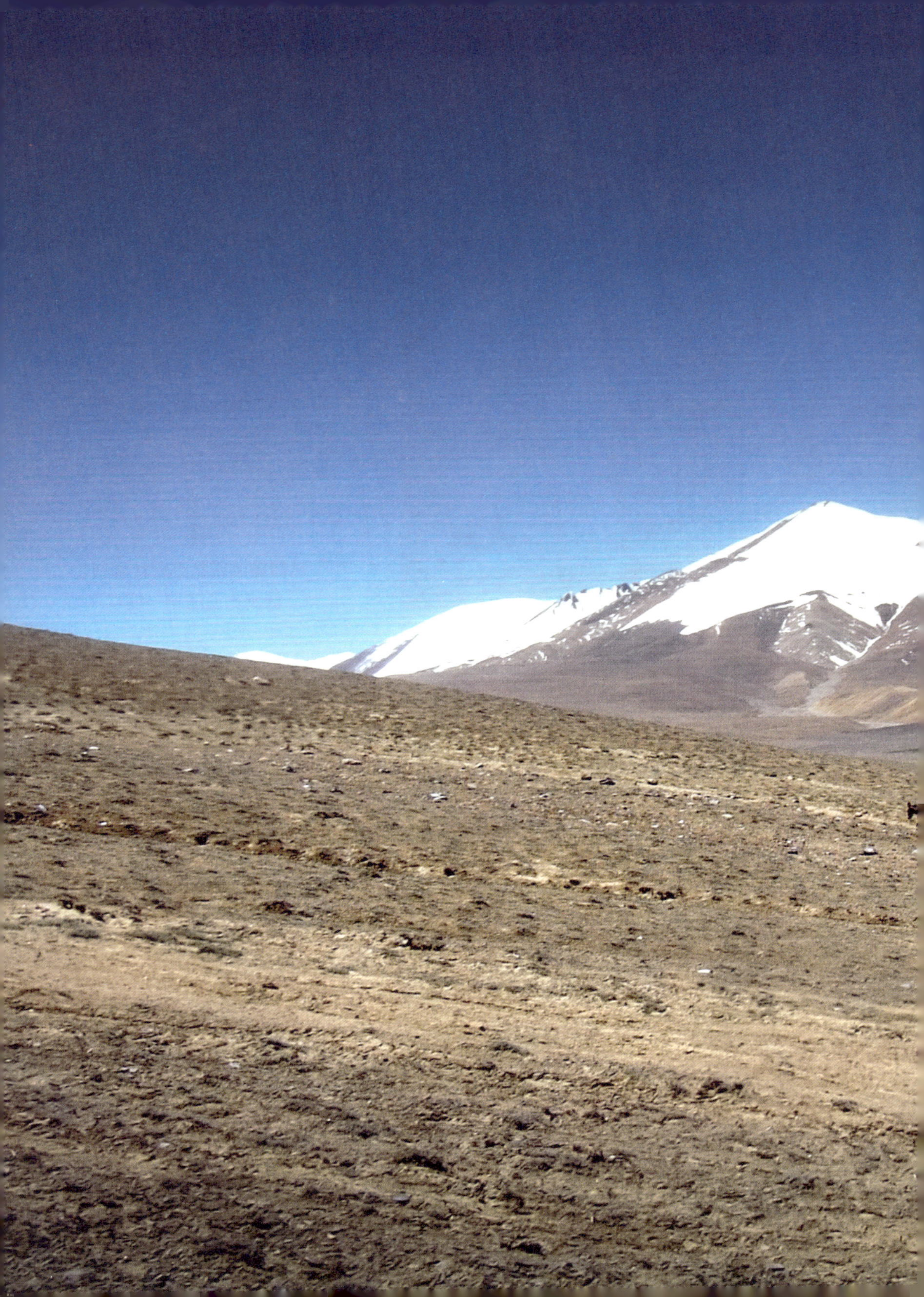

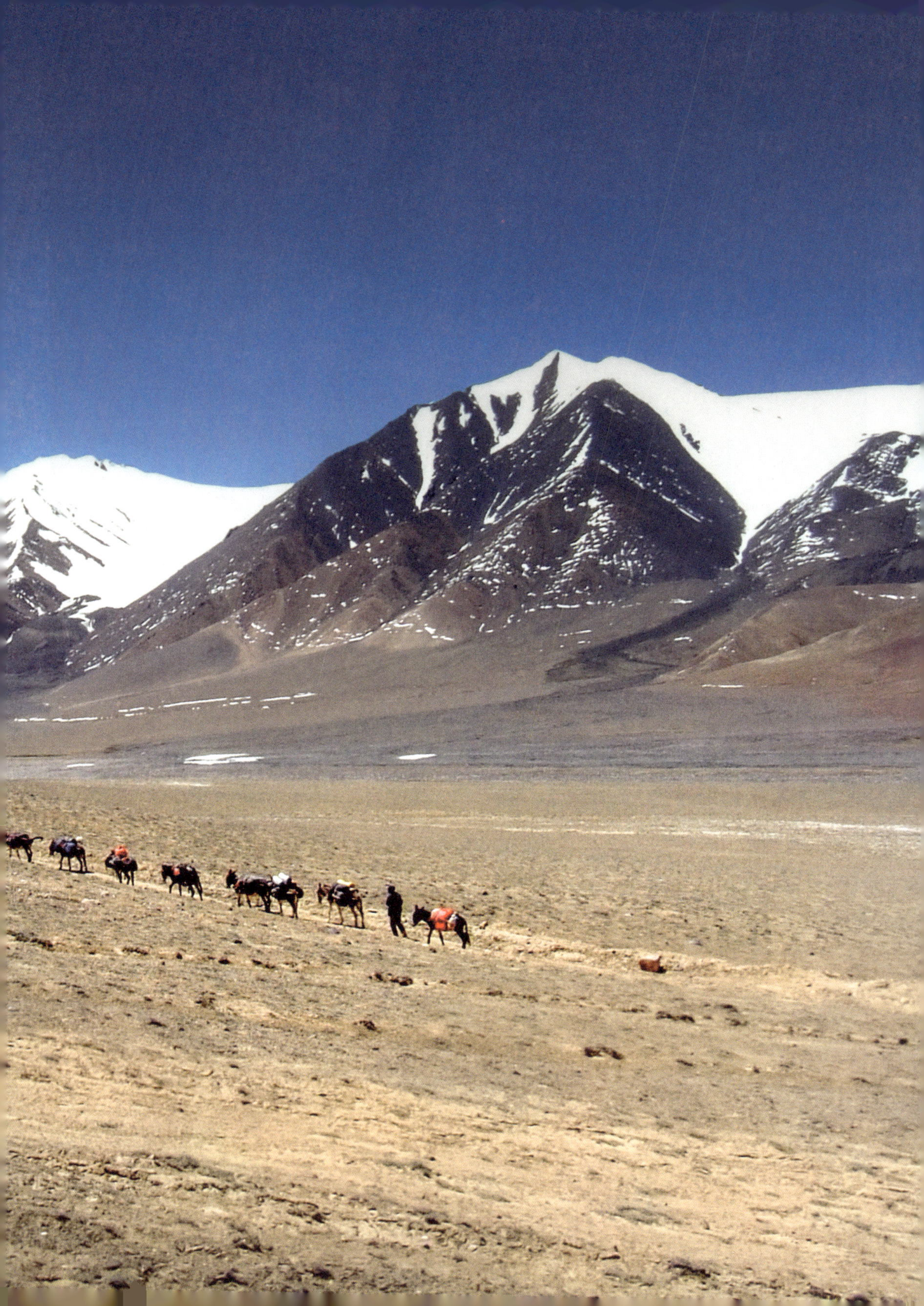

P052—053：
在克里雅古道上的最后一道难关叫"绝望达坂"。经过这里时，需要无休止地爬坡，在一座接一座的山梁间，反复经历"看见希望"和"希望破灭"的摧残，这对体力和心力都是巨大的挑战。
摄影／王铁男

上图：
克里雅河在维吾尔语里是漂移不定的意思，它发源于昆仑山深处的远古冰川，经常因季节性洪水改道。
摄影／王铁男

普鲁河是克里雅河上游最主要的支流，也是昆仑山地不可多得的"世外桃源"——普鲁河谷的西岸有壮观的雅丹地貌群。"雅丹"是维吾尔语"雅尔丹"的变音，意思是"具有陡壁的小山包"，现在已经成为地貌类型的专用名称。雅丹地貌主要是昆仑山脉中凛冽山风的杰作。山风像天然的雕刻师，刀削斧砍，留下一座座山丘和一条条沟壑。立于高处远望，这片区域像蓄势待发的快艇，似飞舞的长龙，其神奇之处，可谓鬼斧神工、天造地设。

1950年修建的简易路基在普鲁峡谷中已经难见踪影，但是沿着河流两岸的峡谷，牧道纵横交错，让人不至于无路可走。在沟壑纵横的峡谷中，总是能找到相对平缓的谷地，面积都不算大，大多可以容纳百头左右的羊群。随着海拔的升高，沿途植被逐渐从乔木变为低矮的灌木，越深入峡谷，四周越像青藏高原一般苍凉。对于牧民来说，昆仑山深处的土地放牧价值不高，但相对狭窄的山谷依然在夏季吸引着他们深入寻找游牧之地。

对于古代以骑兵为主的军队来说，深狭的山谷既是天然孔道也是最好的隐蔽处，更是极佳的屯兵地点。军队平

入藏八线

时在此养精蓄锐，战时既可北出昆仑，截断塔里木盆地南缘的交通线，又能南向攀登，反攻守备薄弱的藏北高原。

普鲁河谷与苏巴什河谷相距15千米，中间要翻过三个小达坂。"达坂"是山口或山岭的意思。在前往青藏高原的路上，走到达坂意味着对眼前山梁的攀登告一小捷，即将进入下一个攀登周期。这三个小达坂像克里雅古道开端的三级台阶，每上一级，迎接的都是另一种地貌风景：初入峡谷，眼前是杨树和平缓的草原构成的田园风光；翻过第一个山口之后，牧道和山野开始变得局促起来，克里雅河夏季的洪水冲刷出这里凌乱的大地景观，牧道构成了这里主要的交通网络；翻过第二个山口，风景变得更像山地，两边开始出现陡峭的山坡和崖体，大地越发贫瘠，植被变得低矮而稀疏；翻过最后一个山口，就进入了苏巴什河谷，高山草甸开始占据了眼前的一切空间。

"苏巴什"在维吾尔语里的意思是河水之源。在河岸旁平坦的高台上，有一个用石块垒起来的大院子，院子里有十几间用石块搭成的长方形的屋子，这是1950年筑路大军的指挥部。半个多世纪的风吹雨淋，屋顶早已荡然无存，从这里可以辨识出当年修筑的路基，这是人类活动在苏巴什留下来的唯一印记。

③
**硫黄达坂，
克里雅古道上第一个
挑战人类极限的"死亡山口"**

离开苏巴什布满卵石的干枯河

这四张图分别是王铁男率领的探险队在难以通过的栈道段拉拽忽然胆怯的毛驴、在普鲁河谷发现一块大玉石、在火山口测量海拔、在色格孜库勒湖畔研究行军地图。

摄影／王铁男

055　　　　　　　　　　　　　　　　　　　　秘境徒步穿越之路

床，南行两个小时后，会进入一个由彩色砂岩构成的峡谷地带。两侧的砂岩岩体千姿百态，峡谷的坡度很大，沿途的海拔则急剧升高。

"由北向南进入青藏高原，正如我们所走的路线，必须要越过所有东西走向的平行山脉。每过一个垭口，便能看到南面层出不穷的连绵山脉，以及群山之间雄伟宽阔且没有尽头的山谷。"斯文·赫定在《亚洲腹地旅行记》中的描写，非常形象地总结了翻越昆仑山进入西藏的过程中，面对垭口和无尽的群山所生发的感受。

沿着斯文·赫定的路线进入青藏高原，硫黄达坂将是克里雅古道上的第一个险隘，翻越它的艰难会让人感到一种无尽的绝望。

硫黄达坂位于青藏高原的北部边缘，海拔5114米，翻过达坂就进入了青藏高原平均海拔5000米的乌鲁克库勒盆地。从达坂脚下到达坂的直线距离只有2000米，海拔却上升了415米。坡大、雪深，加上即便是夏天也能体验到的寒风刺骨，翻越达坂之路如同攀登一座雪山。

昆仑山脉的这个区域，火山活动频繁，因而这里常年弥漫着浓重的硫黄味道。身处这种特有的臭味的包围中，你就会明白它为什么会叫这样一个名字。在当地牧民的认知里，恶臭总是与邪恶相依为伴，因此他们管这

里叫"瘴气汇聚的大山"。

从这里开始，高海拔已经突破了人类的正常承受能力，各种高原反应会相继出现。由于攀升太快，这里与藏北高原诸多有名的"死亡山口"一样，挑战着人类的极限。就算闯过去了，同样艰险的羌塘无人区还在不远的地方等待着，而一些人则根本无法坚持走过这一关。百余年前，在斯文·赫定带领探险队到达硫黄达坂的时候，出现了第一次逃亡事件，那些他在南疆雇来的用人和向导慑于这样的死亡之地，几乎一夜之间都跑回了新疆，还带走了他赖以维持远征的物资——山羊，这几乎让他尝试进入西藏的探险活动失败。

对于探险家来说，硫黄达坂是一个极其重要的标志，因为翻过这座达坂，真正的高原景观就将在眼前铺展开来。阿什库勒盆地里遍布着大大小小的火山口，湖泊星罗棋布，硫黄达坂就像门闩一样卡在盆地北方入口的地方。这里也是一处位置绝佳的观景台，站在硫黄达坂的最高处眺望阿什库勒盆地，1号火山、阿什库勒湖、暗红色的火山岩及那些散落在盆地里如同乳头一样的小火山口尽收眼底。

当然，如果是反过来，从藏北进入新疆，翻过了硫黄达坂，就等于翻过了最后一道鬼门关。它是穿越羌塘

昆仑山脉的这个段落，火山活动频繁，因而这里常年弥漫着浓重的硫黄味道。

上图：
探险队员在海拔4000多米的古道隘口短暂休息。
摄影／王铁男

下图：
探险队员在向硫黄达坂缓慢攀登。
摄影／王铁男

秘境徒步穿越之路

阿什库勒盆地里遍布了大大小小的火山口，是由十余座主火山和数十座子火山组成的神秘火山群，也是有喷发记录的活火山。
摄影／王铁男

P060—061：
阿什库勒盆地中的主火山，在远处雪山和云雾的映衬下，显得有些神秘。
摄影／王铁男

的人最期望看到的一个地标，意味着成功已经触手可及。

④
出人意料：
阿什库勒盆地不但景观丰富，
还有中国最活跃的火山群

"尽管中国的火山景观为数众多，有的还堪称精彩绝伦，但真正的活火山却并不多见，新近喷发过的则更少，以致中国火山学界存在着'中国近百年没有火山喷发'的说法。唯一能挑战这个结论的，就是阿什库勒火山群中的阿什山火山。"《中国国家地理》杂志曾经赋予阿什库勒盆地非常高屋建瓴的权威定义。

阿什库勒盆地是个自成一体的小世界：袖珍的火山口、阿其克库勒湖、阿克苏卡子和连接喀喇昆仑山脉的阿

特木特地峡构成一个环形的整体，南侧是通向藏北高原的唯一出口——克里雅山口。

广袤的阿什库勒盆地并不是一马平川，向东行进不久便是地图上标为"喀拉塔什勒克"的火山地带。喀拉塔什勒克是维吾尔语，意为黑石滩，它位于1号火山的西面，长约8千米，宽约4千米，喷发出的火山灰和熔岩堆积出一个个山包，沿着阿其库勒湖南岸一直延伸到色格孜库勒湖湖畔。受其南侧雪山融水的滋润，夏季的黑石滩土地肥沃，野草丛生。

夏季，阿什库勒盆地处处充满了生机：绿色的草地，蓝色的水湾，欢唱的水鸟，野牦牛踏出的道道足迹，无不给这片广袤的高原盆地带来勃勃生机。站在海拔4900米的山梁上环视阿什库勒盆地，色格孜库勒湖一潭潭蓝绿各异的水洼似乎与东边的阿其克库勒湖连成了一片，而在山梁和南侧高耸的雪山之间则镶嵌着一大片绿色草地，山梁东南方向的一座梯形山包醒目地耸立在阿其克库勒湖旁。

昆仑山脉南缘的阿什库勒山间构造盆地，处在三条断裂带——阿尔金断裂带、东昆仑断裂带和康西瓦断裂带的交会之处，地壳活动剧烈，是中国现代火山和地震活动最活跃的区域之一。在这个荒无人烟、到处都是茫茫戈壁的盆地中，隐藏着一个由十余座主火山和数十座子火山组成的神秘火山群——阿什库勒火山群。

这是一个极为年轻的火山群，其中的火山绝大多数形成于第四纪，最"年老"的已经大约260万年了。这些火山几乎都是由中心式喷发形成，造就了圆锥状或截顶圆锥状的火山锥及大量的熔岩台地和熔岩谷，熔岩区面积达200平方千米。

在阿什库勒火山群中，有明显特征的只有三座火山，它们呈"品"字形遥相呼应。昆仑山1号火山也称阿

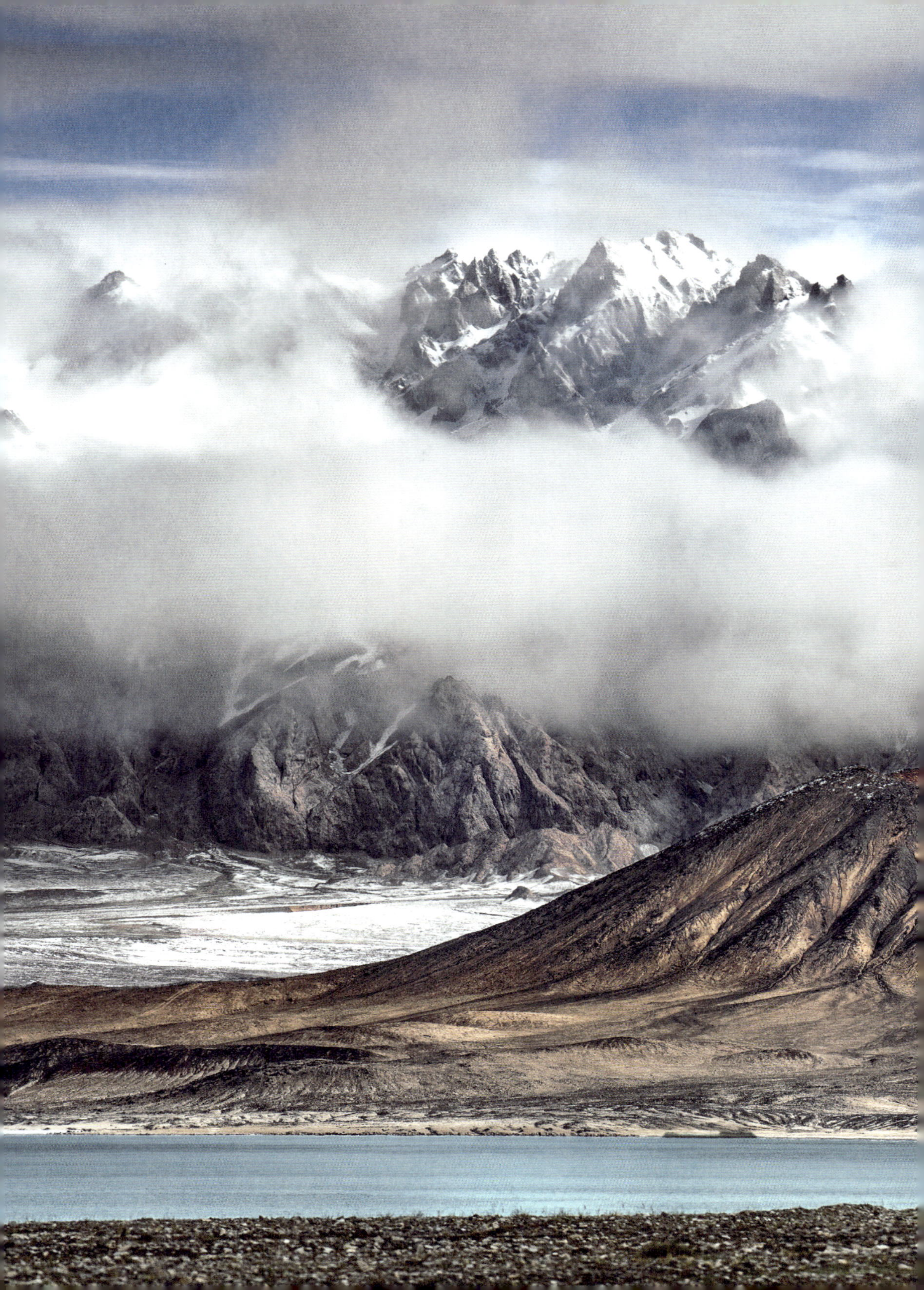

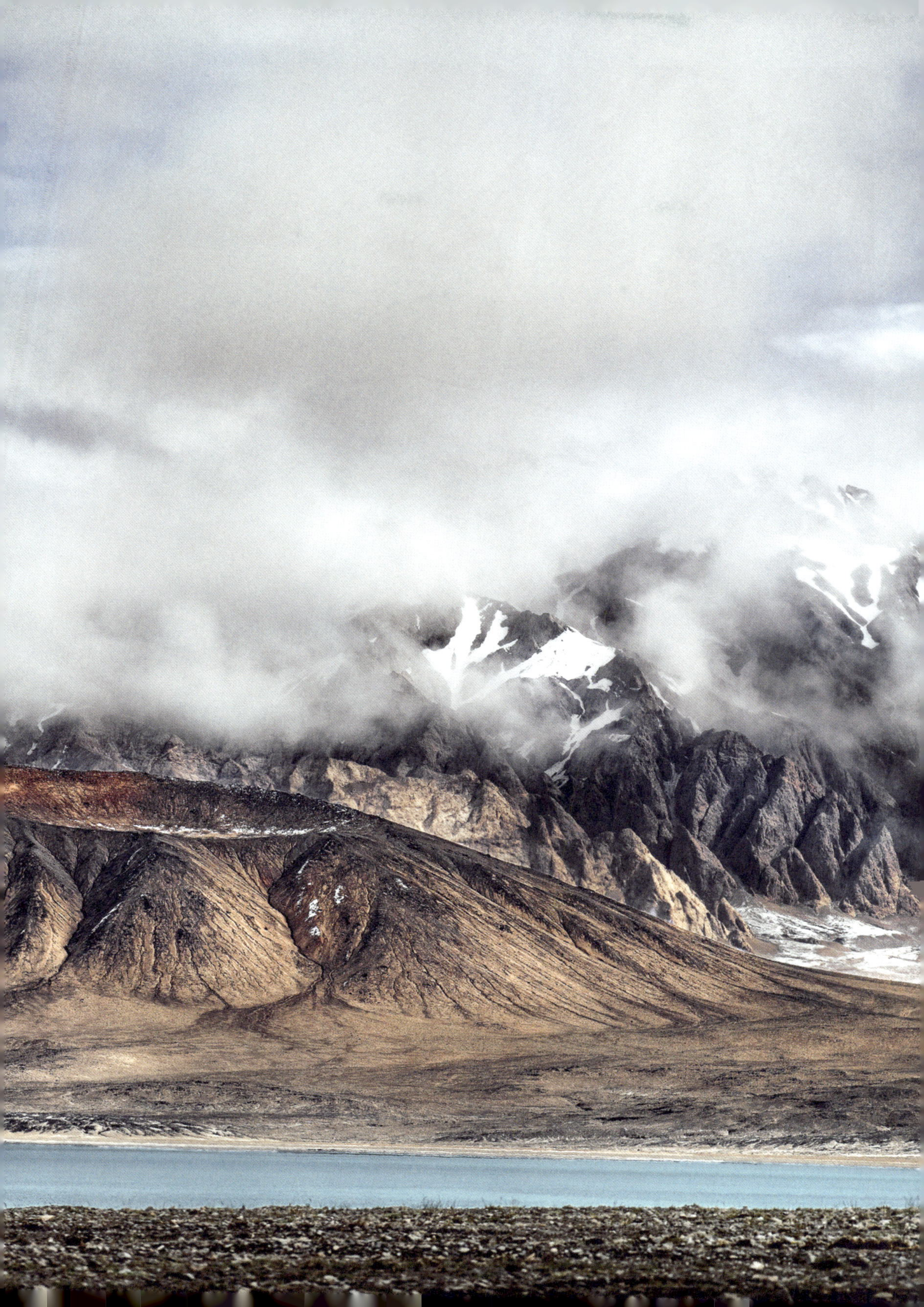

入藏八线

其克库勒火山,是中国最年轻的火山。站在山顶俯视,火山坑犹如一个直径约100米、深约60米的巨大锅底。火山坑南边有一个熔岩溢出的缺口,由于地势东高西低,熔岩大都流向了西侧的阿其克库勒湖和色格孜库勒湖一带,形成了现在的黑石滩。火山坑的四周有许多熔岩洞,坑底和熔岩洞附近,狼粪和动物的尸骨随处可见。

位于盆地中心东北9千米处的2号火山锥体规模较大,相对高度264米,火山口中部裂开,可以反映出火山沉寂后再度复活的历史。3号火山位于乌鲁克库勒湖东北1.3千米处,也保存了较为完整的火山锥体,相对高度仅70米,但它不具备1号火山那样典型的锅底形火山口,只是在北高南低的锥顶有十几米深的内陷,并有积水。一条直达锥顶的牛行小道,说明锥体顶部在一年中大部分时间都存有积水,是本地野生动物,尤其是野牦牛赖以生存的水源地之一。

2005年,探险家王铁男在这里考察时,对于当地的自然环境变化做了如下记录:"色格孜库勒湖是阿什库勒盆地三大湖泊中唯一的淡水湖,它与西面的阿其克库勒湖紧密相连,如今的色格孜库勒充其量是由一个个水洼连成的'湖'。实际上,早在几十年前湖水已基本干枯,只是在夏季阿其克库勒湖的渗水和来自南面雪山融水的注入,色格孜库勒才形成了一个个水洼。"在考察过程中,他还发现了色格孜库勒湖湖畔日本探险家橘瑞超在第三次中亚探险时所选择的营地。

曾到达过这里的世界级探险家很多,2009年的丹麦人马丁(Martin)和瑞典人珍妮(Janne Corax)推着他们的自行车到达过这里,这也是当代探险者最近一次留下记录的考察。

⑤
克里雅山口,
新疆与西藏的天然分界线
和行政分界线竟然都在这里

穿过沼泽和吾拉音湖附近的几个海子,登上一块海拔5446米的高地。根据地图的示意,这个制高点就是克里雅山口了。克里雅河谷夹在两座西北—东南走向的雪山之间,河谷西侧雪山长80千米,雪山的另一面便是和田河的发源地,东侧的雪山长达100千米,两座雪山南边的隘口便是克里雅山口。新疆和西藏在此划出了一个十分抽象的界线,跨过去,就进入了西藏。这个山口在很多地图上都没有标定,这也许是由于它和通常意义上的山口有很大不同的缘故,它不但没有明显的上坡和下坡,也看不出是个隘口。

翻过克里雅山口,就是藏北荒原——著名的羌塘自然保护区。当年,陪着斯文·赫定翻过硫黄达坂、走过阿什库勒盆地的向导,就是在这个地方一夜之间跑光,只剩下与他一起在中亚探险的几名忠仆。因为对于这些新疆向导来说,从这里开始,就等于

上图:
1950年解放军筑路时留下的遗址已经很少了,这是留在苏巴什河谷的营址。
摄影/王铁男

下图:
耸立在克里雅河畔的阿塔木帕夏古堡,其建造年代和用途均找不到公认合理的记录,说不清它是屯兵驻守之地还是放牧人的小屋。
摄影/王铁男

探险队员站在海拔 4921 米的火山口上远眺。

摄影 / 王铁男

离开了故土——这里是新疆和西藏天然的分界线，在人为界定的行政区划制度出现之前，这里就是当地人约定俗成的分界。

克里雅山口与克里雅河谷，构成了克里雅古道上最后的美景。

整条克里雅古道上，保存下来的人类活动遗址只有一头一尾两处，属于"尾"的这处，就是位于克里雅山口以南 40 千米处的阿塔木帕夏古堡。古堡用火山岩石垒砌而成，面积不超过 20 平方米，屋顶已不复存在，部分墙壁也早已坍塌。古堡的年代和作用至今难寻明确的历史记录，也没有资料和图片可供参考，至今也没有专家对此地进行过系统性的考查。

通过近代探险家零星的笔记可以得知，阿塔木帕夏古堡大概始建于公元 7—8 世纪，南抵西藏，北通于阗，扼守古道的南方咽喉，是当时生活在塔里木盆地的回鹘人为阻挡吐蕃人北向俯攻所设，正好和普鲁村的阿拉叫依古驿站与屯兵卡子遥相呼应。还有一种说法来自《新疆图志》，里面记载这是"唐将都督驻兵遗迹"。不过，仅从今天残存的建筑规模来看，这两种

里雅古道到此也戛然而止。

　　沿着茫茫昆仑山中的峡谷一路走来，最后一道难关，是一个"大达坂"。从海拔4900米处跨过阿塔木高原草场，接踵而至的便是无休止的爬坡。除了两侧巍峨的雪山之外，前方的视野被一座座山梁挡住，每当登上一座山梁，呈现在人们眼前的似乎是同样的另一座山梁。在一座接一座的山梁渐渐耗尽体力的同时，精神上的绝望会让人更深地体会到"大达坂"的含义——对精疲力竭的人来说，它是一座"绝望达坂"。

　　到了这里，终于豁然开朗，不像在昆仑山中那样只有一条路径可循，而继续南行，辽阔无垠的羌塘草原就任君驰骋了。不过，从北向南战胜了这条古道的人站在克里雅山口之上，还真不会浮现出想象中睥睨众山、无限风光的荣耀感。这里既没有雄浑的视野，也感觉不到巨大的落差，眼前只有望不到尽头的荒原——这里是亚洲大陆上最为寒冷干旱的核心地带，要想抵达有人居住的温柔乡，还有很远的路途需要跋涉。

　　从克里雅山口向西，可以抵达邦达错和更远处的新藏公路，这是最快"回归人间"的途径；向南，穿过几乎整个羌塘无人区就能到达改则县城；向东，可可西里的山脉和湖泊会再次构成另一个难以逾越的艰险地带，若能冲破险阻，则可投入青藏线的怀抱。不论从哪条路前行，最终所有的道路都会汇聚到同一个终点，那就是拉萨。

说法似乎都有不妥之处：远离本土、不到20平方米的古堡，怎么可能容纳一整队士兵驻扎和生存呢？这仍是一个待解之谜。

　　也有考古学家认为，古堡可能是吐蕃牧民搭建的临时住所，就如同现在遍布青藏高原夏季牧场的那些东扭西歪的牧屋一样。阿塔木帕夏一带水草丰盛，是优质的高原牧场，自古以来放牧者不少。不过略显遗憾的是，如果这个推论得到证实，那么这个遥远而神秘的古堡似乎就扼杀了来访者心中一些浪漫的想象。有迹可寻的克

克里雅古道

提示：每一段路程都是根据作者实际徒步经验安排的，都是每一天徒步里程的上限，如果体力好，这条路适合16天走完。

第一段：普鲁—阿拉叫依古驿站—普鲁河谷（1号营地）23km

第二段：普鲁河谷（1号营地）—苏巴什河谷（2号营地）18km

第三段：苏巴什河谷（2号营地）—硫黄达坂（3号营地）16km

第四段：硫黄达坂（3号营地）—昆仑山2号火山（4号营地）26km

第五段：昆仑山2号火山（4号营地）—昆仑山3号火山—昆仑山1号火山（5号营地）20km

第六段：昆仑山1号火山（5号营地）—阿克苏卡子（6号营地）5km

第七段：阿克苏卡子（6号营地）—阿特塔木（7号营地）25km

第八段：阿特塔木（7号营地）—克里雅山口（8号营地）23km

第九段：克里雅山口（8号营地）—9号营地 20km

第十段：9号营地—10号营地 20km

第十一段：10号营地—邦达错（11号营地）24km

第十二段：邦达错（11号营地）—兽形湖（12号营地）23km

第十三段：兽形湖（12号营地）—万泉河河床（13号营地）24km

第十四段：万泉河河床（13号营地）—羌塘五指山—马头湖（14号营地）24km

第十五段：马头湖（14号营地）—龙木错（15号营地）26km

第十六段：龙木错（15号营地）—界山达坂 22km

苏巴什营地遗址

新疆维吾尔自治区

硫黄达坂

羌塘草原腹地

界山达坂

第十六段

五指山

龙木错 15号营地

马头湖 14号营地

藏羚羊迁徙路线

至日土方向

木桥遗址

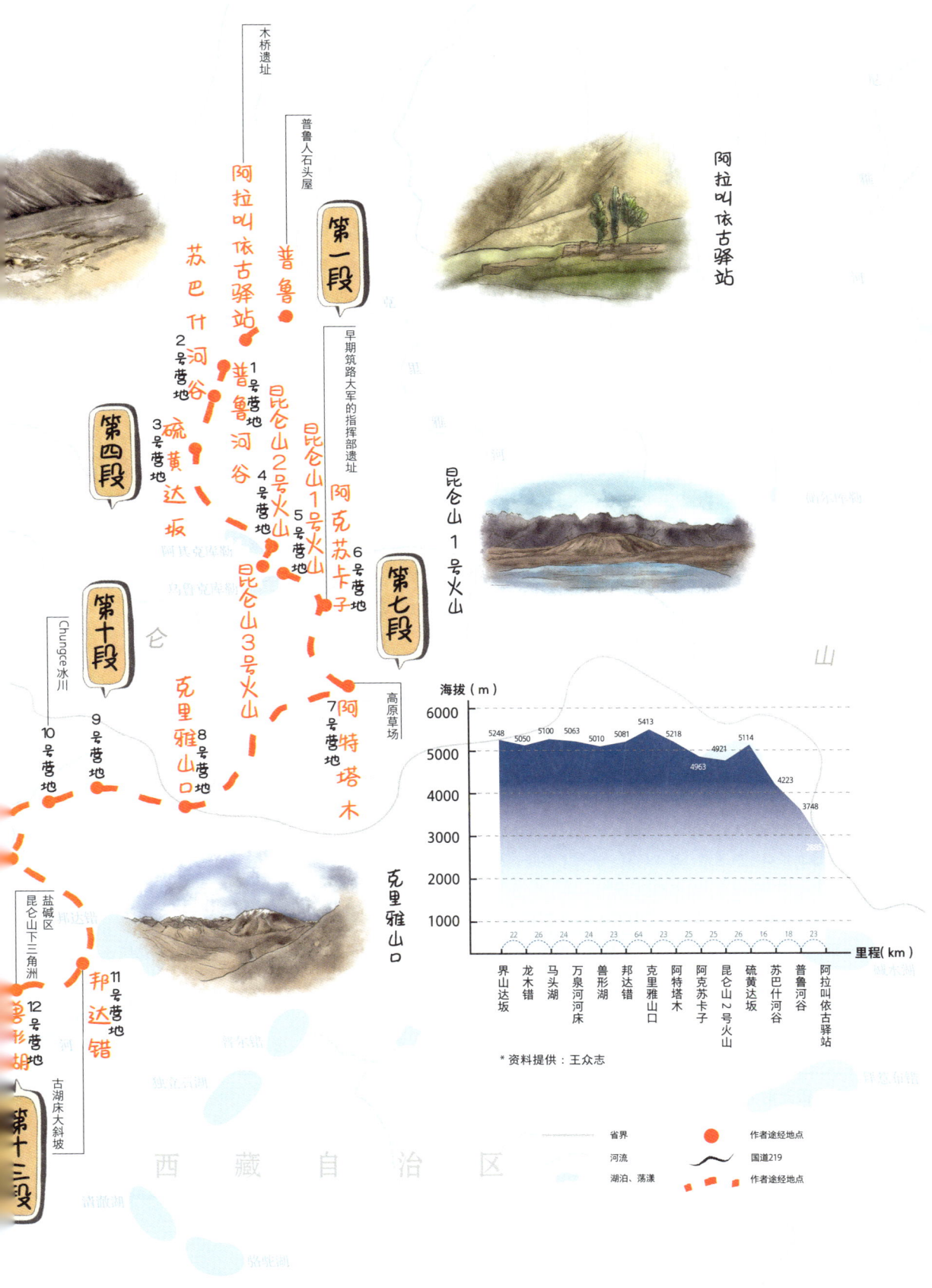

普鲁人石头屋

阿拉叫依古驿站

第一段

阿拉叫依古驿站

普鲁

苏巴什河谷

1号营地

普鲁河谷

2号营地

昆仑山1号火山

昆仑山2号火山

早期筑路大军的指挥部遗址

第四段

3号营地

硫黄达坂

4号营地

5号营地

阿克苏卡子

6号营地

昆仑山1号火山

第七段

昆仑山3号火山

7号营地

阿特塔木

高原草场

第十段

Chunge冰川

9号营地

克里雅山口

8号营地

10号营地

克里雅山口

盐碱区
昆仑山下三角洲

11号营地

邦达错

12号营地

鱼形胡

古湖床大斜坡

第十三段

西 藏 自 治 区

海拔(m)

6000

5248 5050 5100 5063 5010 5081 5413 5218
                                    4963   4921 5114
                                                    4223
                                                    3748

5000

4000

3000

2000

1000

里程(km)
22 26 24 23 64 23 25 26 16 18 23

界山达坂 龙木错 马头湖 万泉河床 兽形湖 邦达错 克里雅山口 阿特塔木 阿克苏卡子 昆仑山2号火山 硫黄达坂 苏巴什河谷 普鲁河谷 阿拉叫依古驿站

*资料提供：王众志

省界 — 作者途经地点 ●
河流 — 国道219
湖泊、荡漾 — 作者途经地点

我每天的徒步极限是多少公里？

与其他进藏路线不同，克里雅古道全程 350 千米左右，完全没有公路可以利用，只能依靠人类最原始的交通方式——步行！

每天徒步 8—10 小时，不超过 30 千米，这是正常人的体能极限，地图中的一段段行程信息就是以这个标准制定的。体力较弱者如想尝试，需要根据团队和当地向导的建议，对每段行程进行适当调整。

前半截行程很有特点

难点——剧烈爬升：旅程大致以硫黄达坂为界，前半部分是从塔里木盆地到昆仑山巅的剧烈爬升路段，垂直落差超过 2000 米，坡陡、水急，是一场对人类体能和意志极限的终极考验。

好处——风景多变：海拔高度的极大变化，意味着风景的多变和精彩。适当停留，看一看周围的景色，付出的艰辛就会变得更值得。

看见火山群就休息一天吧，因为你将进入青—藏—高—原！

在硫黄达坂和克里雅山口之间，阿什库勒盆地是一个极具特色的过渡地带，这里的海拔已经很高，高度变化不再剧烈，独有的火山群景观值得考察，建议在此地休整游览一天，以告别爬山的疲劳，迎接青藏高原的挑战。

正式进藏

过克里雅山口之后，完全是与藏北高原的亲密接触啦——海拔变化不大，但在 5000 米以上的极寒极旱地带跋涉近十天，对人体的挑战依旧堪称极限。风景变化很小，会有审美疲劳。羌塘草原上为数不少的野生动物还能给单调的自然环境增添一丝灵性，但一定不要尝试与它们近距离接触，既是为了确保自身安全，也能避免对极度纯净的原生态的打扰。

徒步装备应该怎么准备？

1. **包装类**：70L 以上的登山包、帐篷、睡袋（舒适温标 -20℃，极限温标 -30℃以上）、防潮垫。
2. **服装类**：冲锋衣、冲锋裤、抓绒衫、抓绒裤、徒步袜（至少三双）、排汗保暖内衣裤、羽绒服（厚）、羽绒裤、高帮防水徒步鞋、涉水鞋、雪套、遮阳帽、魔术头巾、雨衣、手套。
3. **装备类**：头盔、头灯、雪镜、登山杖、炉头、套锅、高山气罐（每人 3 个）、滤水器 / 滤水药、小刀、防水袋、打火机 / 火柴 / 打火石、保温水瓶、水袋（至少 3L）、备用电池、防雨罩。
4. **健康防护类**：防晒霜、基本药品、氧气（根据个人身体情况而定，不过，如果明知自己一定离不开氧气补给，强烈建议不要冒险尝试这条极致路线）。
5. **特殊户外装备**：GPS（全球定位系统）、卫星电话、对讲机、30 米安全绳一根。
6. **证件类**：进出新疆和西藏都必须妥善携带居民身份证，否则将寸步难行。进入西藏阿里地区需要提前办理边防证。

Tips

贴士信息截止时间：2018.09.01。

特别提醒：徒步穿越克里雅古道有很大风险，需在专业向导和领队带领下团队出行，不推荐一般游客只身前往。本书地图仅为示意，不可替代专业地图。

高原气候

高原的气候严酷。硫黄达坂以北属于昆仑山前山地带，受塔克拉玛干沙漠的影响，气候干燥，夏季气温在 20℃ 左右，冬季在 -20℃ 左右。硫黄达坂以南就是青藏高原，夏季在 15℃ 左右，冬季在 -25℃ 左右。克里雅山口地区属典型的高原寒带干旱气候区，气温年、日变化大，年降水量在 50 毫米左右，年大风天数在 200 天以上。这里终年寒冷，冰封土冻，寸草不生，其年平均气温低达 -10℃ 左右，1 月份平均气温更是低至 -20℃ 以下，即使在盛夏，这里的气温也随时会有可能下降至 -10℃ 以下，其最热的 7 月份平均气温也仅 2℃ 左右。

必须提示，经验无价

1. 普鲁村到阿拉叫依古驿站的距离约 10 千米，路况好，绿水青山，但河水很大，需加倍小心，注意安全。从普鲁河谷到苏巴什河谷的路程爬升很大，早期的路基基本已经不存在，只有残损的牧道可以行走。沿途人烟越来越少，将逐渐进入无人地带。

2. 硫黄达坂海拔 5114 米，是路线上的第一道险关。高海拔和大爬升将是一次极限的考验。离开苏巴什河谷后将有约 40 千米路途无法补充淡水，启程前必须准备充足。

3. 阿其克库勒虽然属于淡水湖，但经常年蒸发，使得湖边的小水洼都有很强的咸涩味，且湖边泥泞，无法靠近。

4. 离开火山群后，一路有早期筑路大军残损路基做导向，道路平坦宽阔，加之休整过后体能得到一定的恢复，在此处可行走稍多的路程。

5. 克里雅山口并不明显，没有隘口的标志，现有的资料中也很难查询到克里雅山口的具体坐标。山口一带野牦牛较多，需格外注意，多加小心。前往山口的路上，可以近距离接触冰川。

6. 邦达错湖区水质极差，饮水河附近有泉眼，需要在泉眼附近备足两天饮用水。此后沿万泉河而行，一路上万泉河水会逐渐从咸涩浑浊变得清澈。

7. 羌塘草原平坦空荡，广袤无垠，来访者需要借助包括仪器指示、自然标识等各种手段辨认方向，切不可迷失。途中经过的羌塘五指山是万泉河分岔汇流的重要标志之一，需从三岔口蹚水过河，不可错过。

8. 在羌塘，若运气足够好，可以期待一下高原精灵——藏羚羊的身影。

高—危—预—警，真不是吓唬你！！！

1. 夏季，克里雅河上游的普鲁河水势较大，要准备绳索和渡河的装备，尽量在上午过河，避开水流的高峰。

2. 在普鲁河峡谷中常有落石，在克里雅山口附近常有暴风雪和冰雹，必须配备厚羽绒服，并在峡谷和陡坡处注意观察上坡方向是否有动物活动，以免被踩下的落石击中受伤。

3. 乌鲁克盆地附近的两座高山湖泊和邦达错湖都是咸水湖，该地区的饮用水都依靠冰雪融水，有可能在较长路段没有饮用水。

4. 进入青藏高原后，险地的海拔都在 5000 米左右，很容易引起高山病，因此，在进山前需进行高海拔适应训练，要请专业的医学专家讲授防治高山病的知识，按照攀登高山的要求配备活动药品。

5. 必须做好抵御野生动物袭击的准备。此路线基本都是在藏北高原无人区和昆仑山无人区活动，与野牦牛、狼和棕熊等野兽相遇的概率非常大，需要携带鞭炮作为驱赶工具。

6. 不要独自行动，一定要结队而行，并聘请熟悉当地地形的有经验的向导。

7. 不要夜间行路，不要在寒冷封山的季节贸然进山。

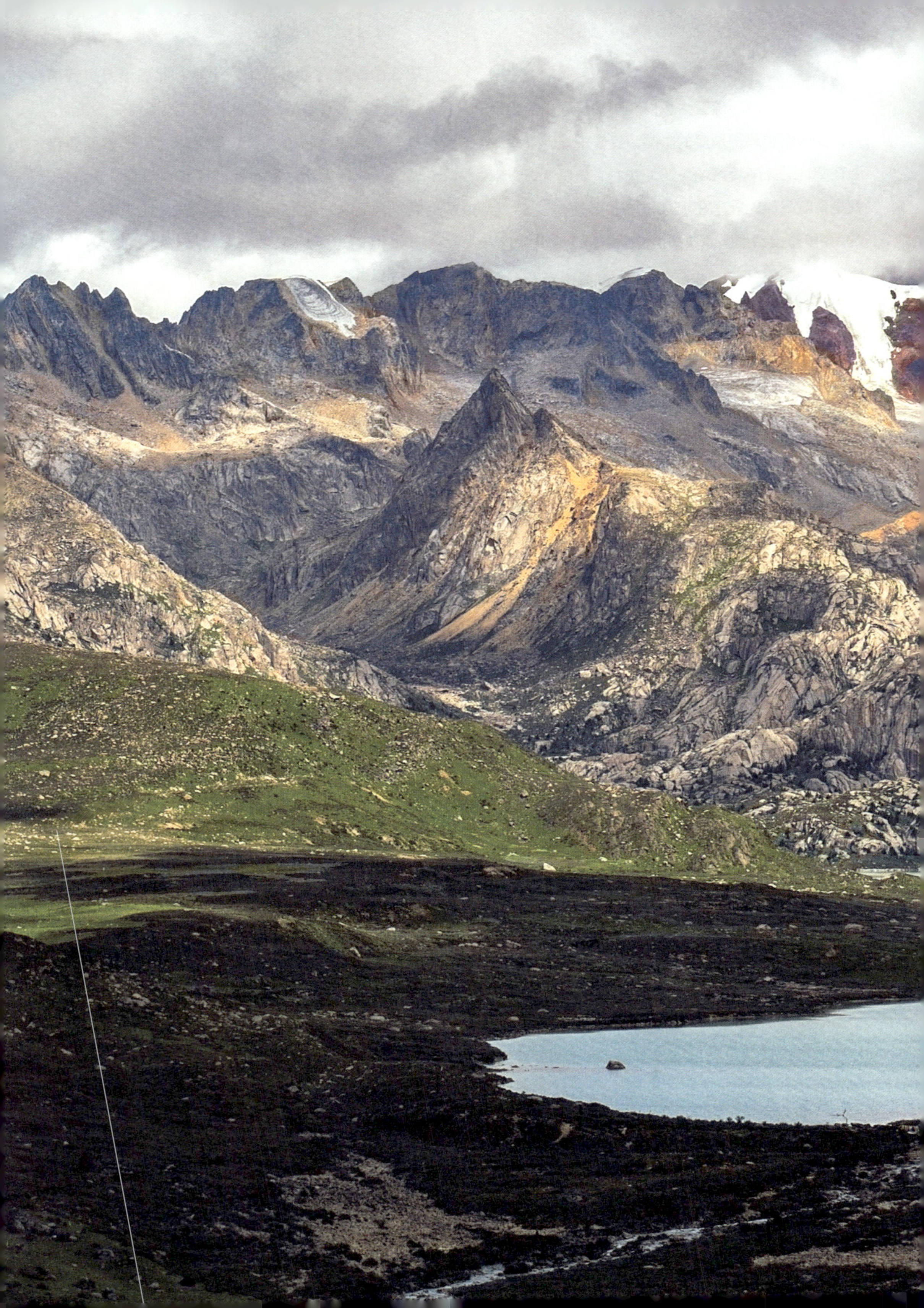

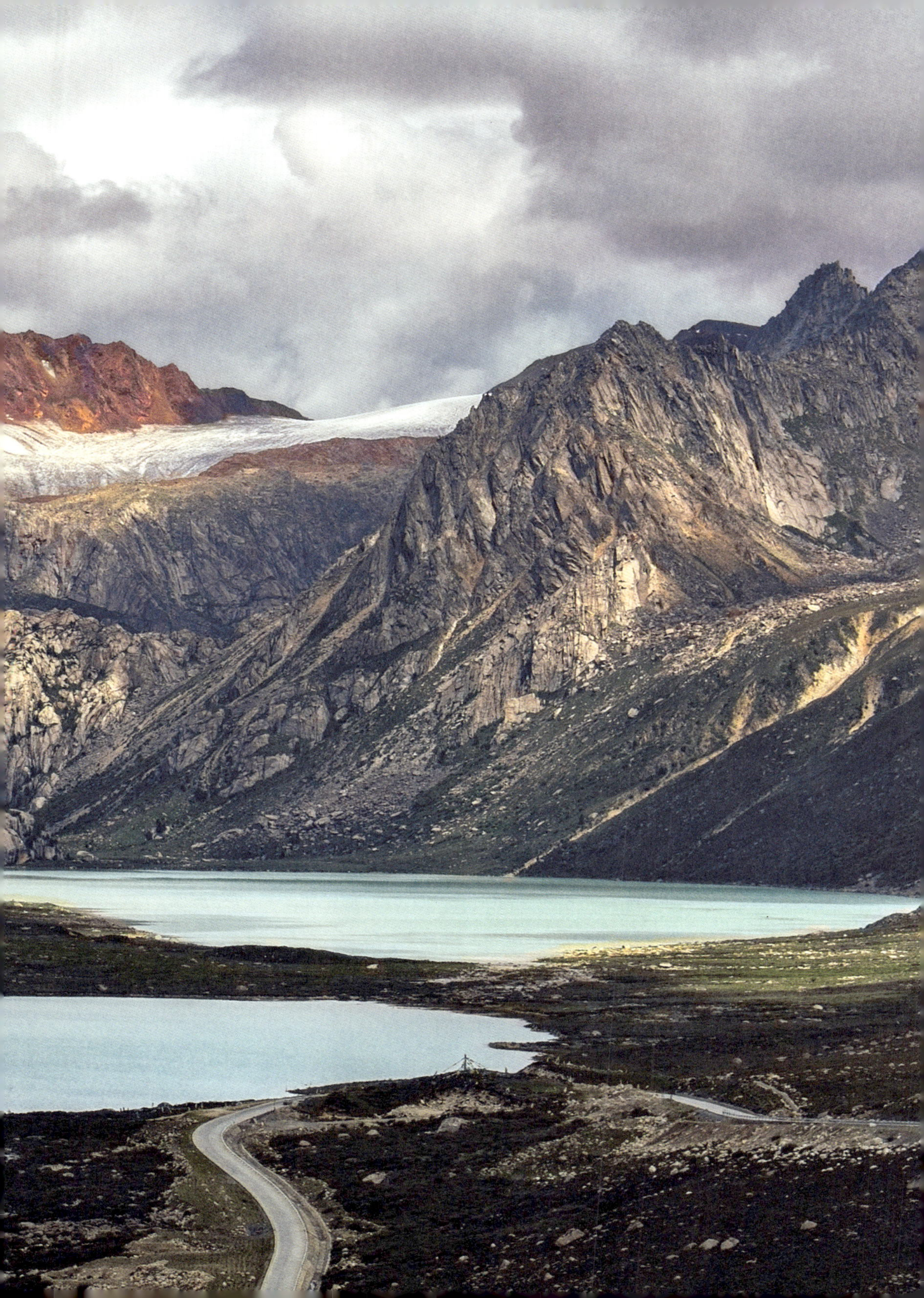

古代官道探索之路
川藏驿道，鲜为人知的隐秘之境

文 杨勇

古时，中央政府与属地间的联络，以及各地间的商贸往来，都离不开驿道和驿站。元代在西藏所修的一条"驿道"，是元朝开国皇帝忽必烈为了让他的上师八思巴前往吐蕃时一路顺利，派大臣答失蛮仿效中原地区的驿传制度，在藏地设立27个驿站，修建的一条直通萨迦的官方驿道。这条驿道的路线，在四川境内大体跟现在的318国道重合，进藏以后则在317国道和318国道之间，沿着藏东芒康山脉、宁静山脉和他念他翁山脉及河流的走势逶迤前行，然后从昌都西行，经索县、比如县夏曲镇，再经当雄到拉萨，横越藏北草甸和草原，大体与今天317国道平行，被称为"大北路"。

到了明代，从昌都到拉萨的大道，已变成多条。除元代的"大北路"，还有由昌都西出类乌齐，走洛隆、边坝、嘉黎、工布江达，通往拉萨的"乌思藏"要道。"乌思藏"是元朝在西藏设立的政区，为明代沿用，其中"乌思"指前藏，"藏"指后藏。

这条要道在明代还不是官道，只能说是一条重要的"茶道"，即商人往返的路线。后来，这条路也常有去往汉地的僧人和明朝官员行走。到了清代，它终于成为中央政府主要的入藏官道，被叫作"川藏驿道"。不过因为有川藏南北线的关系，川藏驿道通常被叫作"川藏中线"。

①
入藏不缺路，缘何推崇川藏驿道

在没有川藏南线、北线的年代，川藏驿道是从四川进藏的唯一线路，也是古老的茶马古道，途中有赵尔丰"改土归流"留下的汉藏通婚的村庄——洛隆县硕督村。"硕督"在藏语中的意思是"险岔口"。硕督村是茶马古道上的重要驿站，清政府和西藏的官员、商人等都要从此经过。作为百年茶马古寨，硕督村一直保留着许多汉族人的生活方式，如腌制咸菜、舞龙舞狮、汉式墓葬、清明扫墓等，并保留着面向东方的清代汉族墓葬群、抵御波密王的"长城"等遗迹。1950年，解放军进藏走的就是川藏驿道，在现今的303省道上，还保留着洛宗战斗遗址、解放军154团硕督宿营地遗址等。

这条进藏道路的很多路段非常不好走，即便是现在，也是超级越野之路。当年十八军从这条路进藏时，要边修路边行进，甚至需要把汽车拆散，用人背马驮的方式渡江河、翻雪山才行。中华人民共和国建立初期，藏区重要人物进京参加政治活动，走的也是这条路，长途跋涉，费时颇多。

> 在没有川藏南线、北线的年代，川藏驿道是从四川进藏的唯一线路，也是古老的茶马古道，途中有赵尔丰"改土归流"留下的汉藏通婚的村庄——洛隆县硕督村。

川藏南、北线的通车，导致川藏驿道沉寂下来，知道它的人不多，敢走的更少，也使它成为一条寂寞之路——这其实情有可原，因为即便是大部分路段都很畅通的317、318国道线，雨季进藏前还是要先了解那些容易发生泥石流、滑坡等地质灾害路段的情况才敢放心出发，更何况是由柏油路、土路、沙石路连接起来的县道、乡道呢！有些地方甚至找不到路，需要绕行废弃的驿道。但这条路上车少，十分安静，有的地段风景十分独特，值得行走一趟，用心感受一次。

②
沿着"打尖"处，复原史料中的川藏驿道

清代，川藏驿道沿途设有粮台、塘铺，主要供驻藏官兵、往来官员和运输入藏粮饷、茶叶的人员使用。这些被叫作"尖"和"宿"的地方，分别可以打尖和住店，就是饭店和旅店分开。《西藏志·卫藏通志》和清朝吴丰培整理的《川藏游踪汇编》，整理出川藏驿道按照官员每日骑马行驶的路程，设置的相对合理的61个打尖地的具体地名和基本地理特征。沿途地名大多至今未改，可供今人了解彼

P070—071：
沿着318国道往巴塘方向走，在理塘翻过海子山后不久，姊妹湖便映入眼帘，它们就像两颗闪耀在高原上的明珠。

摄影／樊觅韵

时路况和各地信息——的确只能了解清朝时的路况和信息，因为从成都到巴塘的这段四川境内的川藏驿道已经很难寻觅。它原本就与318国道大体重合，在318国道修建和不断升级改造后，更是湮灭多半。

根据前人所记，从第一个打尖处"双流县尖"开始，到第25个打尖处"巴塘宿"，四川境内的驿道上都是有饭店和旅店的，还可以更换马匹甚至全班人马。数百年间，沿途山川河流等地貌变化不大，跟今天大抵相仿。从第26个打尖处巴塘县金沙江竹巴龙乡开始，才正式进入西藏。

我从20世纪90年代初开始进藏，各条进藏路线至今已走过无数次，从昌都到工布江达这段夹持在317国道和318国道之间的川藏驿道也走了很多次，而303省道就是沿着明朝的乌思藏古道修筑的一条并行公路，它从昌都西出类乌齐，走洛隆、边坝、嘉黎、工布江达，通往拉萨。我问过多位常年进藏的朋友，他们也走过303省道，但没有走过巴塘至工布江达这段川藏驿道，所以只能从史料中了解其大致情况。

《西藏志·卫藏通志》和《川藏游踪汇编》整理出的川藏驿道的驿站

夏贡拉山是川藏驿道上最著名的大雪山，当年十八军入藏时也曾翻越此山。蜿蜒的道路，显示了它"入藏第一险"的气势。

摄影/李珩

信息是准确的，因为有其他史料可以佐证。比如1846年法国传教士古伯察从西藏返回成都，走的也是这条路，并在《鞑靼西藏旅行记》中进行了详细描述。

这段路途极其艰险，根据古书可以简略进行还原：从巴塘开始，在山水间逶迤前行，至巴塘县竹巴龙乡，其与芒康县朱巴龙乡隔金沙江相望。古人要先坐船渡过金沙江，到达芒康县莽岭乡，然后才能去往下一个打尖处"南墩尖"。这处的记载，透露出几个有意思的信息："过龙新山，春冬多积雪，三十里过邦木，有塘铺、碉房。中有宁静山勒有与西藏分界碣石。南行经大山，五十里至南墩尖。南墩尖即今芒康县帮达乡然堆村。有汉人寺，每年七月，巴察两地客民皆云集贸易，有如庙会。行程八十里。于此更换夫马，换牛。"翻山、川藏间有界碑、汉人寺院、定期开展的藏汉民间贸易、由马换牛，好一个藏汉交界处的鲜活的生活场景。

此后的行程中，有些驿站临近318国道和214国道，如今天的芒康县城嘎托镇，较为方便，可"更换夫马"；而"江卡至山根尖"这个路段，需要翻过大雪山和小山，艰苦备至，

松潘是茶马古道的重镇，茂县又位于通往松潘的主干道上，茂县境内这段凿于半山的古道上赫然可见"松边保障"几个大字。

供图 / 视觉中国

被称为"恶八站"；有的路段在翻越两座大雪山后还没有适宜休息之地，打尖处仍远在八十里外，如"石板沟至阿足塘宿"；一路辗转，到了"巴贡至苦弄山尖"这一段，景象又截然不同："上大山，或降或陟，蹀躞荒山中，六十里至苦弄山根（又名窟窿山）。土石赭赤，如经火煅，俗名火焰山。山多洞穴，大逾寻丈，深不可测。"

"察木多至俄洛桥尖"这段路，距邦达不远，驶上214国道，拐入303省道，就是多数人熟悉的与川藏驿道并行的现代公路了。俄洛即今昌都地区昌都县俄洛乡，位于今214国道沿线、昂曲下游。

③
如果302省道嘉黎县至墨竹工卡县通车，去拉萨就会缩短数百千米

清时，从边坝所辖的甲贡塘（今边坝县加贡乡）到工布江达所辖驿站颇多，依次要经过大板桥、多洞（今多隆久）、竹卡（今嘉黎县擦秋卡）、拉里（今嘉黎县嘉黎镇）、阿咱（今嘉黎县城阿扎镇）、山湾（今嘉黎县境最后一站），然后翻过楚拉山，便是今工布江达县娘蒲乡境第一站——常多。

从多洞开始，就进入了荒无人烟、

下图一：
在四川阿坝，茶马古道遗迹至今仍有数十千米长，人们可以选择骑行的古老方式追寻当年马帮的踪迹。
供图／视觉中国

下图二、三：
茶马古道因修建川藏公路，旧迹难寻。在天全县甘溪坡发现了一处保存完好的遗址，在村口的茶马古道陈列馆里，我们可以看到当时马帮穿行时的情形。
供图／视觉中国

食宿均无的"穷八站"。在今天看来，这一区域都是海拔高、难以逾越的雪山禁区。1951年，十八军先遣支队在副政委王其梅率领下，与西藏地方政府和谈代表阿沛·阿旺晋美、土登列门于7月25日从昌都出发，经边坝向嘉黎进军。在翻越嘉黎县彭达山（今本达拉）时，垭口海拔接近6000米，山顶终年积雪，长途跋涉的解放军战士和运送物资的骡马，因疲劳、饥饿、寒冷等，伤亡众多，因此此山也被称作"死人山""死马山"。

常多在工布江达县娘蒲乡以北约30千米处，地处高山不毛之地，气候恶劣，人烟稀少，柴草供应困难，属江达宗境内条件最差的驿站。

此外，在凝多与工布江达之间，拉松多也曾经是打尖处，即现在的昂巴宗，旧时称王巴统。这里由于设计路线困难，施工条件恶劣，至今仍然没有公路，很多正式出版的地图上虽然标注有路，实际上从边坝县至嘉

古代官道探索之路

入藏八线

上图：
特殊的地理位置使得易贡藏布流域成为了整个高原降水最多、最湿润的地区之一。一路上松柏成林，挺拔高耸，富有自然气息。
摄影 / 谢罡

下图：
214国道和318国道在邦达草原交会。广袤的草原上生长着茂密的草甸植物，怒江支流玉曲河蜿蜒其间，犹如银色的飘带。
摄影 / 刘志刚

P080—081：
在洛隆县俄西乡，怒江呈现出不可思议的马蹄形大拐弯。"俄西"在藏文里是怒江下游的意思，河水滋养了农田，给两岸带来了活力。
摄影 / 李珩

黎县的302省道只通到金岭乡，从金岭乡到嘉黎县的忠玉乡至今不通公路。2010年和2014年，我和同伴试图分别从金岭乡和忠玉乡穿越，但到了河床束垄的公路尽头只好掉头；嘉黎县至墨竹工卡县的302省道，我们2014年走的时候还是一条乡级便道。沿着易贡藏布峡谷的305省道，我和同伴分别从上游忠玉乡和下游八盖乡，试图穿越走通易贡藏布，其中有20余千米峡谷段，因一段滑坡流沙区未修而放弃。从我们实地了解到的这些情况就可以知道，为什么类似"穷八站"这样的官道，会被后人废弃和遗忘。

如今到了边坝以后，都走比如县绕道317国道去拉萨。如果未来302省道嘉黎县至墨竹工卡县的道路改造提升，从这里去拉萨就会缩短数百千米的距离。

2004年的夏天，为了了解路况，我曾特意从昌都驾车前往洛隆、边坝考察，全程虽然都是比较狭窄的土路，但车少路平，非常畅通；2010年10月，我组织亚洲大河考察，又驾车走了一次，并且走通了还没有改造的边坝至比如的乡间公路，然后上317国道到了那曲；2014年，我又成功穿越了嘉黎—墨竹工卡。

有一次我和几个朋友在318国道八宿段遭遇塌方被堵5天，当时就想从被堵处退回去，绕道303省道转317国道去拉萨，可是由于堵车上千辆，我们无法退后打转而作罢。此前，

303省道由于道路等级低，不适合大型车行驶，但近两年如遇318国道塌方，也会有少量小型车选择走303省道。如果303省道改造升级，肯定会成为很多人选择的路线。这样一条几乎没有灾害发生的路线，不应该还是一条鲜为人知的普通公路，应该让更多的自驾旅行的人知道。

前些年，《中国国家地理》杂志评选"最美景观拍摄点"，我推荐了边坝县三色海和洛隆县五指山。这两年，一些自驾玩家又发现了金字塔般的萨普神山，使之风靡网络，吸引着很多自驾者前往，但大多数人是从青藏线转道比如县去的。

④
303省道已升级为国道，沿途风景将不再"私藏"

318国道和214国道在邦达重叠交会后，在邦达机场以北的八宿县索拉村向西，沿303省道，经直曲大草原，翻越横断山脉北部原山脉岭谷的9个大山垭口，跨怒江河谷，穿越宁静山、他念他翁山地质红层里的村落田园，过边坝三色海、念青唐古拉北坡冰川群、怒江上游河谷森林带、比如萨普金字塔神山，在比如县骷髅墙后与317国道连接，全长约700千米。随着自驾西藏旅行的兴起和道路改扩建提升，这条路线日益受到关注，其中隐秘的自然、人文风情诱惑着越来越多的自驾旅行者。

古代官道探索之路

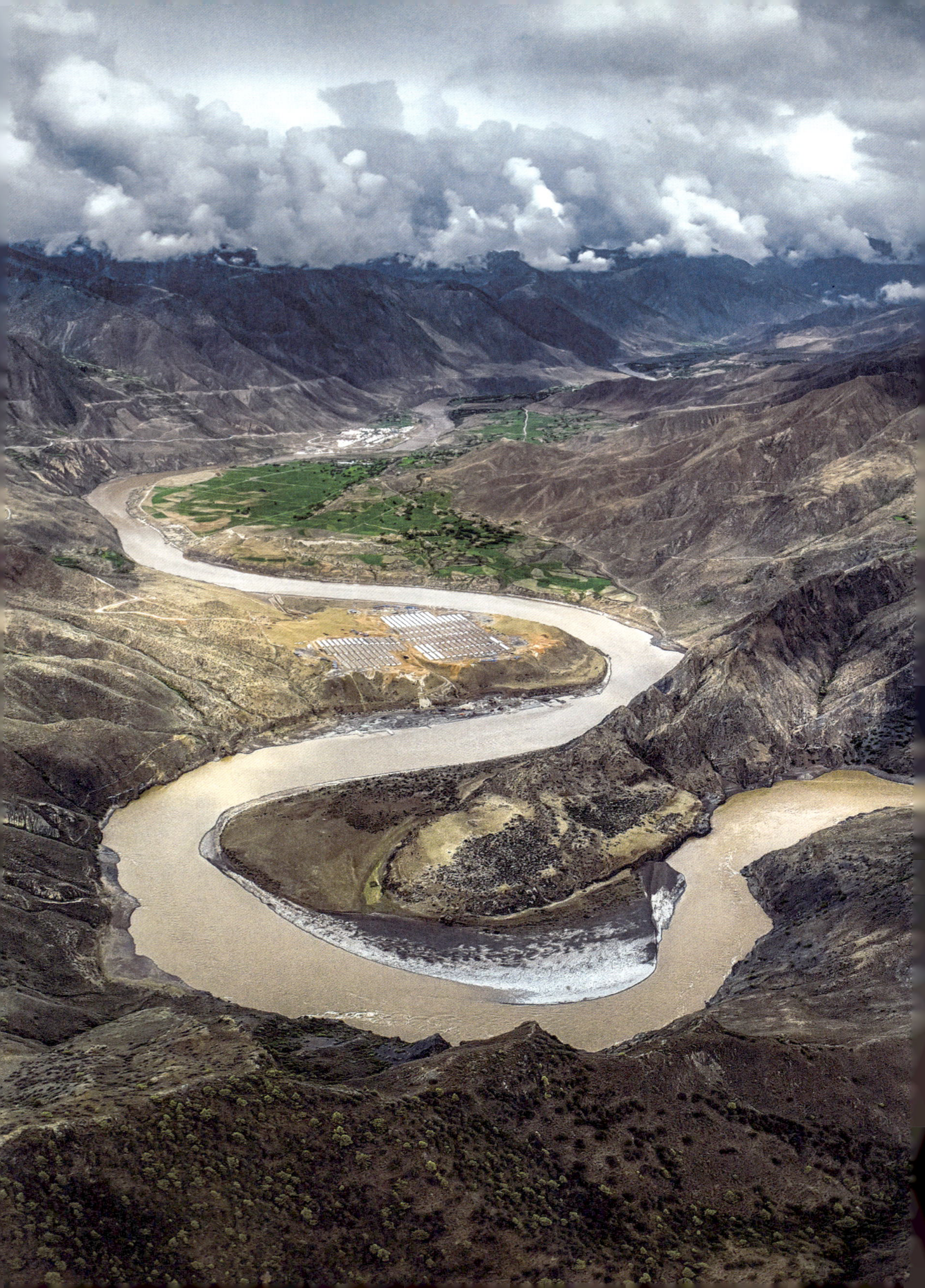

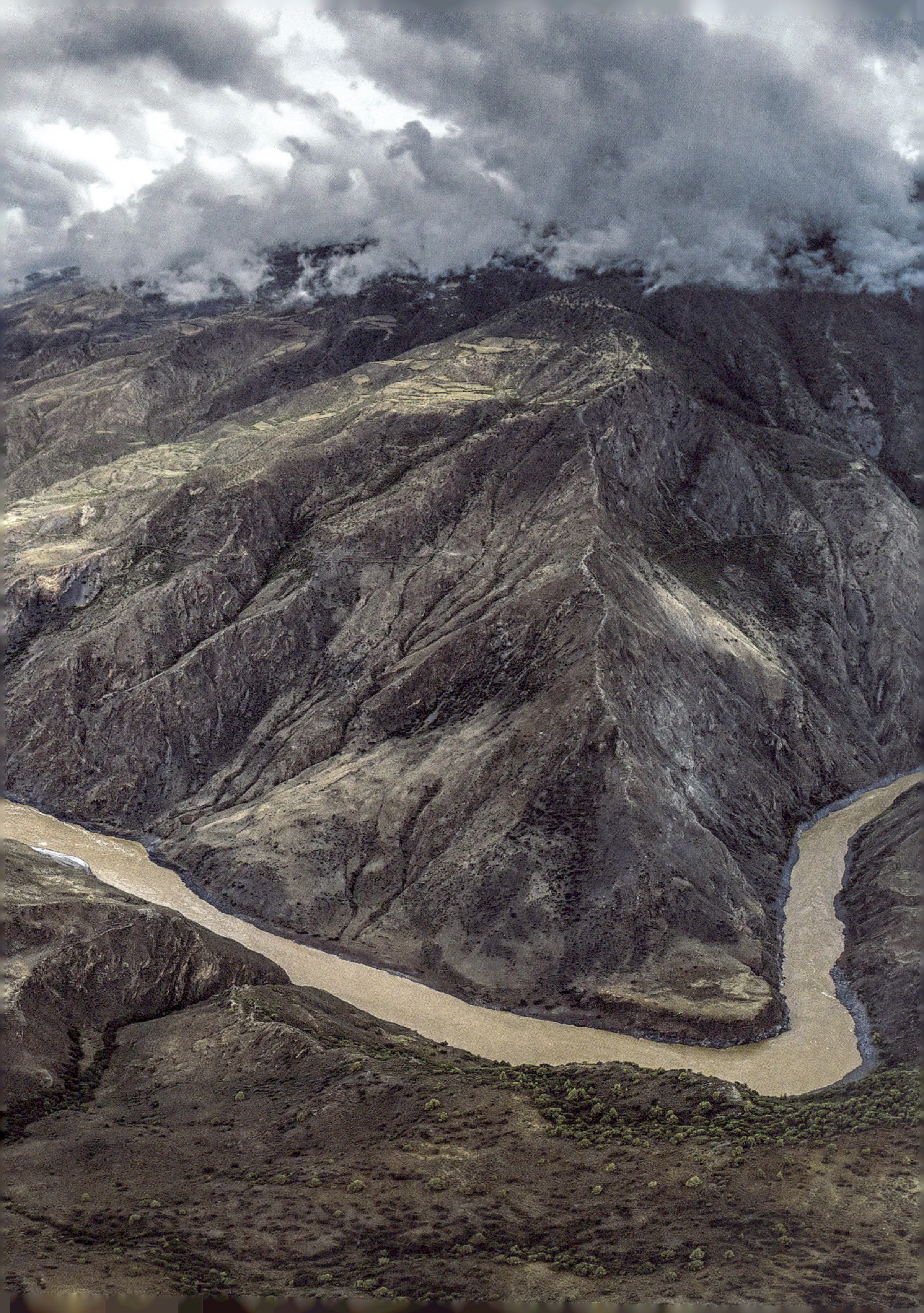

左图：
沿着303省道，可以望见洛隆县的翁西伍中山。山顶石峰突起，令人浮想联翩，因此它又被人们称为五指山、"背水三姐妹"。

摄影/李珩

右图：
沙棘显示了高原上生命的顽强。边坝金岭乡的野生沙棘林不但规模大，而且已有千年历史。

摄影/李珩

P083_右图：
边坝县的三色湖，因湖面在阳光下分别呈黑、白、黄三色而得名。三色的成因还未有定论，更显神秘。

摄影/李珩

从214国道拐入303省道，过了邦达直曲草原，要依次连续翻越横断山脉北部岭谷的9个大山垭口：磨坡拉山垭口（海拔4810米）、查达拉山（海拔4310米）、益达拉山（海拔4320米）、德嘎拉山（海拔4460米）、达翁拉山（海拔4460米）、八里拉山（海拔4790米）、拉丁拉山（海拔4780米）、嘎德拉山（海拔4832米）、夏瓦拉山（海拔4600米）。现在通过改道和穿隧道，已经可以少翻越两个垭口了。

下了第一个垭口磨坡拉山，就进入被地质红层包裹的宽阔、平坦的谷地，视野里是一片耀眼的红色。在康沙镇附近有一座形似五指的山峰，也很像火炬山，兀立的石柱直指苍天，与周围的山峰形态迥异，十分奇特，很远就能看见。行进中，它不断变换形态，引发着人们的联想，但无论从正面还是侧面看，它都像三个背水的姑娘，所以被称为"背水三姐妹"。据说，那酷似背水筒的石峰里存有积水。传说英雄史诗《格萨尔王传》中对此山有记载，所以当地百姓都会来此膜拜。

一路前行，在路边会看见德尼桑都八日神山。这座位于洛龙县马利镇久休村境内的大山，是藏东神山，形状十分独特。行进中，神山的形态不断变换，先是如同牦牛心脏被劈成两半，传说是格萨尔王开仓取宝造福人间时一箭劈开的。山上有自然形成的"嚓萨"，也就是泥做的菩萨像，还有长寿泉水和长寿石瓶。这里只有一棵树，孤零零的，当地人相信是格萨尔王向魔鬼射箭时，胯下的快马拔掉拴着它的桦树，并把这棵桦树一起带来了。逐渐地，神山又变换成人形，肚子、胸部、脖子、五官和头发俱全，完全像一尊仰卧的菩萨像。

深入到卓玛朗错，这里距洛隆县城36千米，是洛隆县与波密县交界的念青唐古拉山脉东北坡倾多拉山下的冰川湖，海拔4300米。这座大湖隐藏在森林尽头，湖面长5千米，最

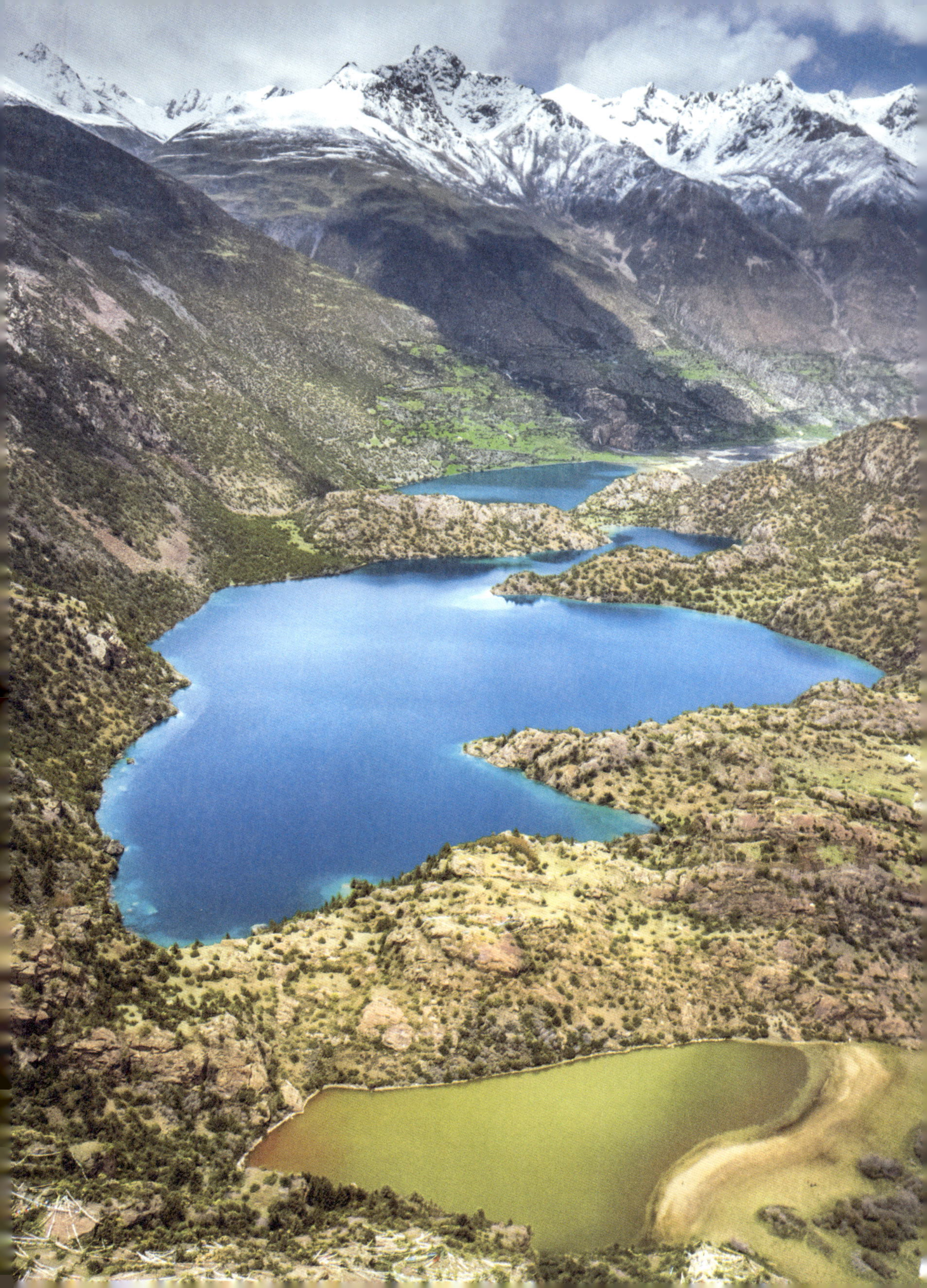

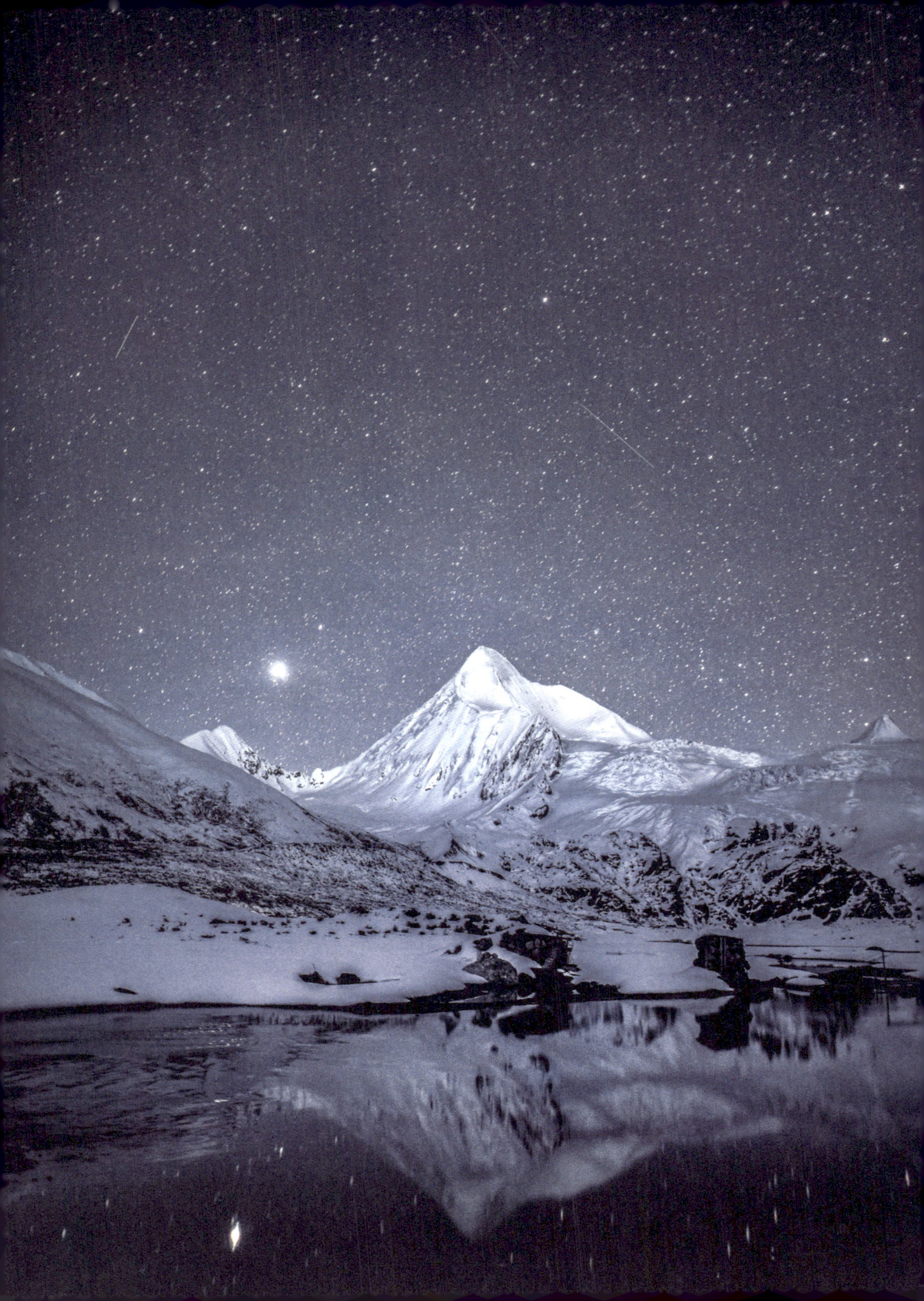

宽处1.5千米，由大小21个湖泊组成。卓玛朗错被誉为洛隆县的"母亲湖"，也是藏东圣湖。卓玛朗错的湖水不会干涸，也不会溢堤，是个"装不满，漏不干"的宝葫芦，当地人相信这是度母菩萨落下的幸福的眼泪，所以是藏东很有影响的淡水湖泊，也是西藏为数不多的国家级湿地之一。卓玛朗错的春季十分短暂，只有夏季才会褪去银装素裹的外衣，到处变得郁郁葱葱。

> 卓玛朗错是个"装不满，漏不干"的宝葫芦，当地人相信这是度母菩萨落下的幸福的眼泪。

三色湖位于边坝县拉孜乡函木曲左岸，海拔4200米，因湖面呈现黑、白、黄三种颜色而得名。站在环抱黑湖的山头，由近及远，黄湖、黑湖、白湖尽收眼底。黑湖的深邃，白湖的华丽，黄湖的神秘，让三湖充满神秘，与周边茂密的森林、河流组成一幅迷人的山水画。

三色湖的成因，目前还没有定论，有说是水深各异造成的，有说是因为湖边岩石里矿物质的不同，有说是湖底水生植物颜色的关系。

边坝县金岭乡有一片沿夏曲河两岸自然生长，绵延十余千米、3000多亩，有着上千年历史的沙棘林。千年的沙棘林和绿茸茸的草地，以及山间溪流、崖壁挂瀑，在云雾缭绕的远山映衬下，赏心悦目。

距边坝县城95千米，位于边坝县金岭乡西部的金岭千年冰湖，是串珠状冰湖群，有着悠久历史和神奇传说。它是念青唐古拉山脉北坡的海洋性冰川冰舌端冰碛物堵塞形成的冰碛湖，湖中漂浮的冰块最厚处达20米，湖面面积约5平方千米。夏季，冰湖四周绿树常青，湖中漂浮的冰块却终年不化，犹如一颗颗晶莹剔透的蓝宝石，镶嵌在冰湖之中。

在边坝县与比如县交界处的杰曲峡谷，一大片原始桦树林带沿两岸延绵数十千米，每个季节都有不同的美。

萨普神山圣湖位于比如县羊秀乡普宗沟尾的雪山冰川群，同样不容错过。萨普神山海拔6065米，是念青唐古拉山脉西段冰川的中心，也是本教神山。它在群峰之间呈金字塔状，巍峨挺立于棍拉嘎布冰川之上，周围雪山环绕，主峰被尊为当地的"神山之王"。

神山下的撒木错海拔4750米，是由千年冰雪融化形成。它自山脚延伸，分为上、下两湖，其中靠近山脚的上湖为冰川湖泊，终年不化；下湖湖水清澈洁净，湖尾有一个小村叫庄央夺村。每年5月15日，萨普神山下的撒木错附近会举行隆重的转湖祈福活动。相传，在每年的这一天，撒木错湖面一夜之间会全部解冻，然后又在9月15日一夜之间全部冻结。这一现象十分罕见，千百年来吸引着远近的人们前来转湖，朝拜祈祷。

左图：
303省道上的萨普神山是本教的圣地。璀璨星空下，圣山倒映在圣湖中，显得庄严肃穆，直击人心。

摄影／杨勇

沿着驿道，拉萨河进入西藏的腹心，观者往往会被它的雄伟瑰丽所震撼。当夜幕降临，华灯初上，拉萨也渐渐呈现出另一种面孔。

摄影/姜曦

距比如县城20千米的帕拉晶塔，位于比如县良曲乡怒江北岸的山坡上，属于贡萨寺所有，建于1611年，历史悠久。帕拉晶塔主塔高约30米，四周环绕着150多座小塔，塔群占地面积达300平方米，藏地罕有。帕拉晶塔是藏区著名的宝塔，不但外观宏伟，而且塔内文物十分丰富，其中的一尊水晶塔堪称稀世珍宝。站在帕拉晶塔上眺望，滚滚东流的怒江就在不远处，对岸就是贡萨寺。

比如县境怒江河谷左岸，有一个更加罕见的去处——骷髅墙，据说这是世界上唯一的骷髅墙。骷髅墙是用人头骨堆砌成的围墙，是天葬习俗的产物。天葬台就建在达尔木寺附近的山坡上，三间房坐北朝南，房内两侧各建一座尼泊尔式佛塔，门前、窗前都挂着代表天、地、水、火、风的五色经幡。南面靠西侧的半边墙，人头骨似砖块一样一层一层垒砌起来，真的是一面骷髅头骨砌成的墙！

藏地实行天葬的历史悠久，但达尔木寺天葬后保留头骨的做法，时间不算太长，只有一百多年。为何只有此处天葬后保留头骨，还没有找到说得清原因的人。

行走在藏地，有时候会看见藏族人在修建房屋、寺院，他们一边干活一边翩翩起舞，舞蹈节拍和劳动动作完美结合，韵律感很强。这种将劳动与歌舞完美结合在一起的歌舞叫"达布阿谐"，据说是在1920年修建比如县的珠德寺时，由达布白玛白扎活佛创作的劳动歌舞。"达布阿谐"不但在农牧区广为流传，乃至在全西藏自治区也属于较受欢迎的民间文艺精华。"达布阿谐"于2008年6月7日被批准列入第二批国家级非物质文化遗产名录。

离开了神奇的怒江上游河谷，317国道就在前方。目前303省道已经升级为国道，正在改造中，我希望让更多人知道这条路的心愿就要实现了。

帕拉晶塔（比如）

硕督村
五指山
八冻措湖
卓玛朗错

三色湖
炯拉错
边坝寺
丹达山神庙
沙棘林

萨普神山圣湖
帕拉晶塔
达尔木寺骷髅墙
珠德寺

那曲　第五段　索县　　第三段　丁青　类乌齐

当雄

比如

拉萨

墨竹工卡　第七段　工布江达　嘉黎　　边坝　洛隆　波密

林芝

嘉乃玉错国家湿地公园
格萨尔王战马场
阿扎湖

盐井盐田（芒康）

国界　　　公路途经地点　　　公路
省界　　　作者途经地点　　　作者线路
河流　　　争议线路地点　　　争议历史线路
湖泊、荡漾

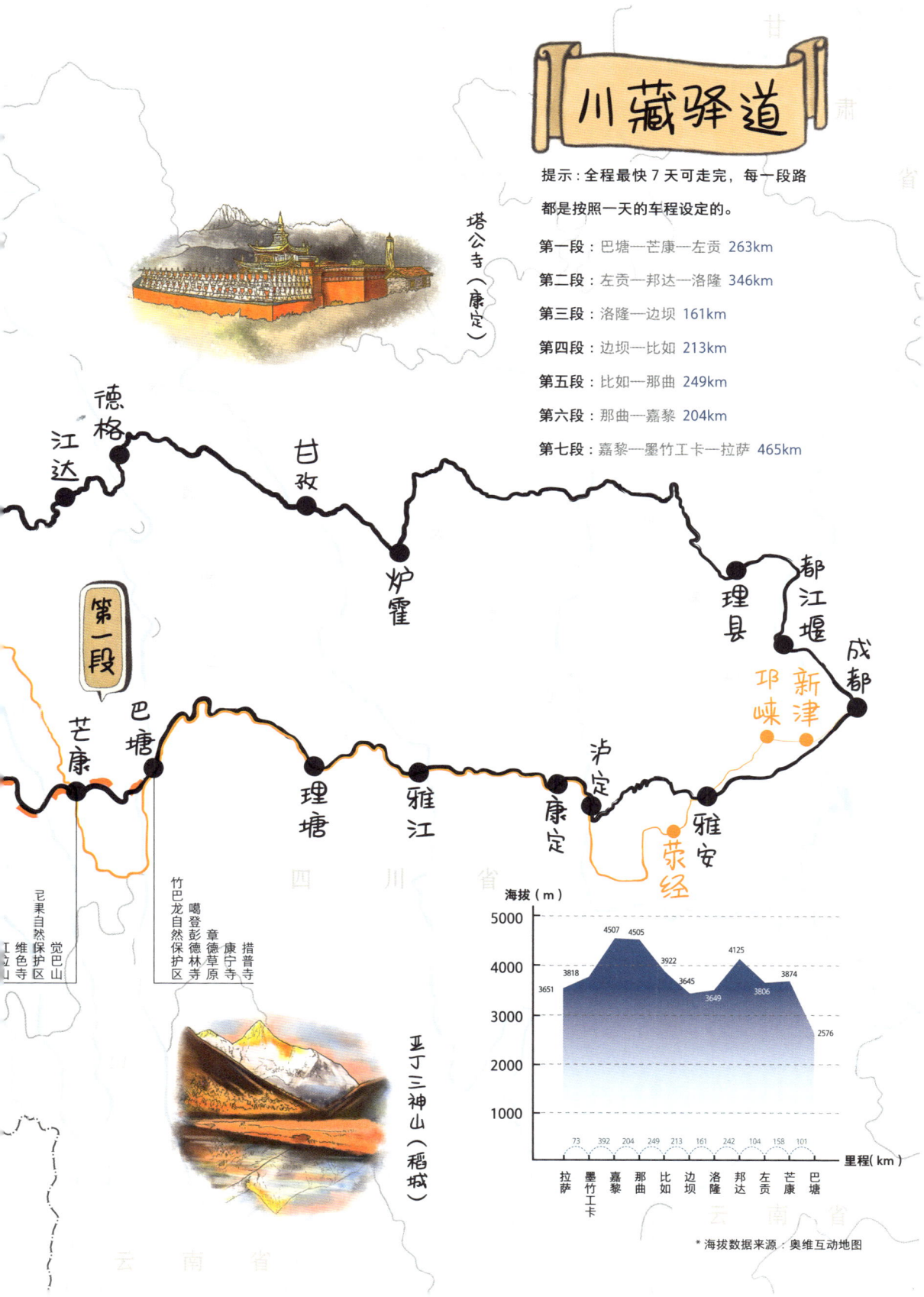

川藏驿道

提示：全程最快7天可走完，每一段路都是按照一天的车程设定的。

第一段：巴塘—芒康—左贡 263km
第二段：左贡—邦达—洛隆 346km
第三段：洛隆—边坝 161km
第四段：边坝—比如 213km
第五段：比如—那曲 249km
第六段：那曲—嘉黎 204km
第七段：嘉黎—墨竹工卡—拉萨 465km

塔公寺（康定）

江达　德格　甘孜　炉霍　理县　都江堰　成都

第一段

芒康　巴塘　理塘　雅江　康定　泸定　雅安　邛崃　新津　荥经

己果自然保护区　觉巴山　维色寺　芒江寺
竹巴龙自然保护区　噶登彭德林寺　章德草原　康宁寺　措普寺

亚丁三神山（稻城）

海拔（m）

4507　4505
3922　　　　4125
3818　　　　　　　　　　3874
3651　3645　　　　3806
　　　　3649
　　　　　　　　　　　　2576

里程(km)
73　392　204　249　213　161　242　104　158　101

拉萨　墨竹工卡　嘉黎　那曲　比如　边坝　洛隆　邦达　左贡　芒康　巴塘

*海拔数据来源：奥维互动地图

今天最难走的进藏路，为什么却是古人的官道？

从昌都到拉萨，要翻越横断山脉，跨过澜沧江、怒江，山高路险，万难穿越，边坝境内的夏贡拉山更被称为"入藏第一险"。但是，古人为什么不选择地势更为平缓的北线和海拔更低、气候更温暖的南线，而要冒着生命危险从中间穿行，清代官府甚至以这条路线为官道呢？

在没有汽车的年代，快捷才是王道。从滇、川入藏的各种路线中，经邦达西行的这条路线是最短、最便捷的。清军往往驻扎在硕督（古称硕班多）到洛隆一线，如遇紧急事情，翻过大山就可直下工布江达抵达拉萨。行走在乡间，还能见到路边和山上土坯犹存的兵营遗址。这一线还是西藏的产粮地，有"藏东粮仓"之称，便于补给。夏贡拉山虽险，但地势有起有伏，翻过去后，去往拉萨的路上只有米拉山一个高山口。因此，这条如今弃用的古道曾是当年官差、军士、商队穿梭往来的要道，一派繁忙。

"穷八站，富八站，不穷不富又八站"

这句流传于川藏驿道上的民谚，说的是昌都到拉萨的古驿站。"八"是个虚数，具体何指众说纷纭，甚至是"不穷不富"八站还是"不穷""不富"共十六站，支持者也各执一词。大体来说，通常认为昌都到边坝条件一般，是"不穷不富"；边坝经嘉黎到太昭古城（也就是今天的工布江达县江达乡江达村），路况最恶劣，是"穷八站"；太昭到拉萨条件最好，是"富八站"。

"穷八站"名副其实，想要重走这条古道异常艰难。边坝到嘉黎的公路没有完全贯通，嘉黎南下工布江达的公路也在建设中，想要驱车追寻历史的遗迹不得不曲折绕行。而"富八站"的路线则基本与318国道重合。太昭古城就在国道旁边，是"富八站"的开端，也是古代从东面进入拉萨的必经之地。整条川藏驿道，四川段几乎与318国道重合，入藏后北上昌都、边坝、嘉黎，一番迂回，才于太昭重新回归。

驿道路线：车不能至，徒步攻略

边坝到嘉黎的公路不通，指的是边坝县金岭乡到嘉黎县忠玉乡之间的道路被河流截断，无法通行。这条古道不沿河，而是翻越边坝、嘉黎间的鲁贡拉山。鲁贡拉现在叫努岗卜拉，藏语里是"西雪山"的意思，和"东雪山"夏贡拉相对。山上小路隐藏在冰雪和碎石之间，只能徒步或是骑行穿越。可以先开车到金岭乡，然后沿乡道与河流至阿兰多，再向右往山林深处行驶可到加贡乡（即古时的甲贡）。沿村后小路行 30 千米左右，过桥到达一片牧场，再往深山处一直走，有小路翻越鲁贡拉山，经擦秋卡（古称竹卡）到嘉黎镇（古称拉里）。鲁贡拉山海拔 5000 米以上，没有明显道路，翻越时间长，最好先于牧场借宿，一早出发。

另一段不通的公路是嘉黎到工布江达的娘蒲乡。这段路也是古道，将会翻越被称作"死人山"的楚拉山。从嘉黎县的治所阿扎镇出发，沿阿扎错南行，先会到达阿扎镇 6 村，也叫门门改。出村后，沿村前小河前行，至河水分流处转向西南，便可翻山。楚拉山的另一边便是工布江达的帮玉雄村，此处有乡间公路到娘蒲乡，再到工布江达。

作者路线：野路发烧友的"梦之旅"

整条路线乡道、县道、省道、国道混杂，沿途有碎石路、搓板路、泥沼、陡坡……复杂的路线和多变的路况对野路发烧友来说，是挑战，更是满足。

入藏以后，沿 318 国道而行，为柏油路面，总体路况良好。巴塘到竹巴龙弯多路窄，个别地方路基易塌陷；芒康觉巴山易有落石，雨季需注意泥石流。由邦达转入 214 国道，再从索那村转入 303 省道到洛隆，这段路为双车道，路况不错，仅少量破损路段，轿车也可通过。

出洛隆以后路途艰险，越野车和 SUV 可走，小车需由"骨灰级"车手来驾驭。边坝到比如全程土路，路面狭窄，很多路段仅容单辆车通过。翻山路段极险，几处涉水，大量悬崖烂路，尘土飞扬，跟车能见度不到十米。比如到那曲段，全程柏油路面，不过 317 国道转 303 省道后部分滑坡路段的路面为土路，小车能谨慎通过。那曲到嘉黎为乡间公路，路烂难行。目前嘉黎旅游的制约体现在交通上，新的公路也正在建设中，藏东、藏中环线打通在即。

Tips

贴士信息截止时间：2018.09.01。

特别提醒：本线路多段公路截稿时处于建设、升级阶段，变化频繁，出行前请务必确认最新路况信息。

下篇

PART TWO

传统进藏路线 •••

传统路线不是古代留下的路线，
"传统"是相对的，
是指经过探索和道路不断优化以后，
被广为接受的常走路线。
它们是一条条平整的国道，
并结合了省道和沙石路等。
但因海拔高、路况复杂，
这些路线其实都不是坦途。

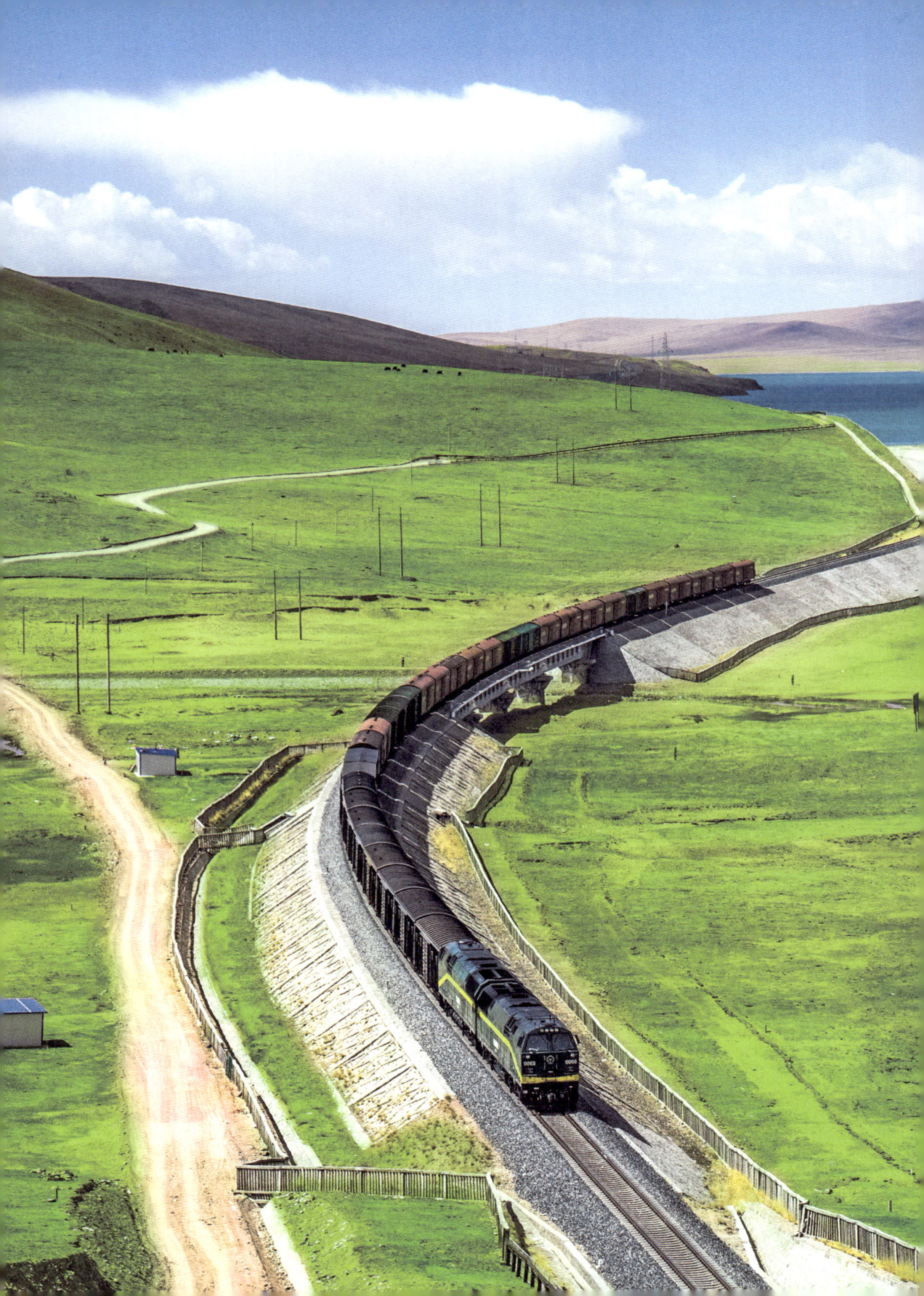

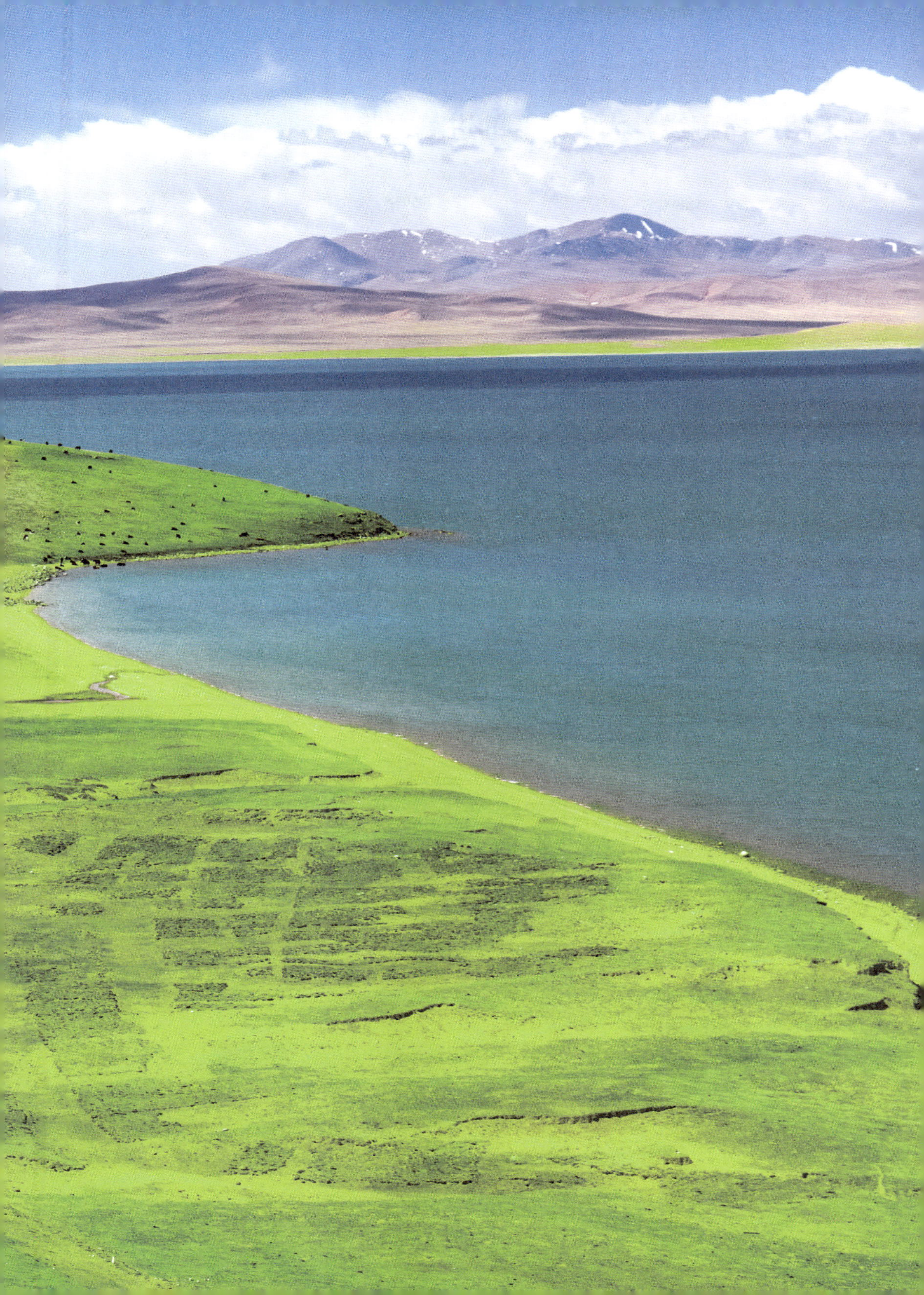

野生动物寻踪之路
"天路"青藏线，大气磅礴的进藏之路

文 杨欣

我的父亲在西藏有过 5 年的军旅生活，那是他一生最为自豪的经历，他的西藏故事令我对西藏十分神往。20 世纪 80 年代初的学生时期，我偶得翻译书《野外避险手册》，里面的一句话让我至今记忆犹新：如果没有去过西藏，算不上到过中国。如此充满诱惑的文字，加上童年累积的想象，激发了我要去西藏。

1986 年，我有幸参加中国长江科学考察漂流探险队，终于实现了去西藏的梦想。我坐火车从成都出发，经兰州、西宁到格尔木，又从格尔木坐汽车沿青藏公路到达沱沱河、雁石坪，再赶着牦牛徒步走进长江源头的冰川，开始荡气回肠的长江漂流。6300 千米，175 天，在付出 10 条生命的高昂代价后，人类第一次也是唯一一次划着橡皮筏全程漂流了长江。我是这次漂流壮举的参与者和见证者。此后，长江烙印在我的血脉中，我的心和魂都留在了长江源。

32 年来，"绿色江河"在青藏线上的可可西里建立了中国民间第一座自然保护站——索南达杰自然保护站，在青藏线的长江正源沱沱河沿建立了中国民间第二座自然保护站——长江源水生态环境保护站，我已经数不清有多少次行返在青藏线上。

①
从夏都西宁出发，最值得锁定的是环行青海湖

在多条进藏线路中，青藏公路不受季节限制，可全年通行。无论人员进藏还是货物运输，均可首选青藏线。青藏线因里程较短、路况最好、安全系数最高，成为西藏连接内地的交通大动脉，并承担了西藏80%以上的货运和客运。109国道的起始点是北京，终点为拉萨，青藏公路其实是109国道的西宁—拉萨段，全长1900多千米。

青藏线在2006年之前特指青藏公路，之后青藏铁路开通，青藏线也就包括了青藏铁路。这两条线路并驾齐驱，一路延伸到拉萨。青藏线翻越了昆仑山、唐古拉山、念青唐古拉山，其中有近1000千米路段高踞海拔4000米以上，被称为"天路"。

青藏线的起点西宁是青海的省会城市，它沿着湟水河两岸修建。湟水河又名西宁河，为黄河上游最大支流，也是黄河的第三大支流。湟水河流域是青海省的政治、经济、文化和交通的聚集区域，并集中了青海省近三分之二的人口，是中国省会城市人口占全省总人口比例最高的城市。西宁海拔2200米，夏季凉爽，空调无用武之地，因此也被称为夏都。来西宁最好是夏天，走青藏线最好也是夏季。

从西宁出发，沿青藏公路溯湟水河而上，两个小时就到了日月山。日月山并不高大，但非常重要，是青海一个重要的地理分界线：在气候上是季风区与非季风区的分界线，在自然地理上是黄土高原与青藏高原的叠合区，还是青海省内流河与外流河的分界线，以及农业和牧业的分界线。日月山与四川的折多山类似。在四川康定，人们就用折多山分出了关内和关外，以及汉区、农区和藏区、牧区。

翻过日月山，可以遥望青海湖。青海湖是中国第一大湖泊，青海省也因此得名。

翻过日月山，可以遥望青海湖。青海湖是中国第一大湖泊，青海省也因此得名。一直以来，受气候变化和人为影响，青海湖的面积就没有停止过变化，并在4000多平方千米的范围里波动。从20世纪50年代到2000年，湖面面积逐年缩小；从2000年到2017年，湖面逐年扩大，这从另一个角度见证了青藏高原气候变暖、降水增加的变化。

青海湖周长360千米。围绕这个巨大的湛蓝色的水体，在不同角度、不同季节，景色变化万端。青藏公路沿青海湖南岸伸展。每到7月，公路与湖岸间连片的油菜花盛开，在蓝色的湖水和蓝色的天空映衬下，十分纯净、安详。游人纷至沓来，纷纷拍照，但很少有人知道油菜是外来品种，那里曾是放牧的草原。

P094—095：
那曲地区安多县措那湖旁边的青藏铁路，一辆列车刚好经过。一种安静的流动似乎穿透了画面，直抵内心。

摄影/张一飞

如果不是周围有连绵的群山，西宁市内楼群密集的地段跟内地大城市已然没有什么区别。

摄影／姜曦

青海湖北岸相对南岸冷清许多，至今仍以传统放牧为主，蓝天、湖水、草原、白色的羊群是基色。当年王洛宾就是在这样的环境中，创作出经久不衰的民歌《在那遥远的地方》。

青海湖的东岸是延绵60多千米的沙丘，有研究者认为这片沙丘是早期青海湖湖水退缩后，湖底物质被风吹到湖岸形成的，年代已经非常久远。沙丘边缘及北岸，栖息着国家一级保护动物——普氏原羚。普氏原羚雄性有角，由于其羊角尖转向内侧相向对应，被青海环保人士葛玉修称作"中华对角羚"。普氏原羚曾经广泛分布在内蒙古、甘肃、宁夏、青海等地，由于人为猎杀和栖息地减少，其数量急剧下降，目前仅栖息在青海湖的环湖地区，因此普氏原羚被国际自然保护联盟列为"世界极度濒危物种"。20世纪90年代，普氏原羚仅剩下300来只，而同期公布的大熊猫都还有1000多只呢。经过多年保护，普氏原羚的数量已上升到2000多只，保护的效果十分明显。环绕青海湖行驶很可能会经过它们的栖息地，驾车一定要小心避让。

青海湖地区有200多种鸟，总计在16万只以上，主要是斑头雁、棕头鸥、渔鸥、鸬鹚、赤麻鸭等。青海湖鸟岛位于青海湖的西北角，在布哈河口以北4千米处，距离青藏公路黑马河约70千米。青海湖有两个鸟岛，西边的小岛叫作海西山，又叫小西山，因是斑头雁、棕头鸥等候鸟集中产蛋的地方，也叫蛋岛。蛋岛东边的大岛叫海西皮，也叫鸬鹚岛。鸬鹚岛东侧临湖矗立的崖壁上是鸬鹚的领地，上面筑满了巢穴，一个连一个，俨然一座鸟儿的城堡。从 2018 年起，为了更好地保护鸟类，鸟岛暂时对外关闭。

青海湖盛产青海裸鲤（俗称湟鱼），裸鲤每年 6—7 月从青海湖洄游到出生的河流中产卵，是食鱼鸟的食物。由于曾经过度捕捞，裸鲤产量逐年下降。目前，青海湖已经禁止捕捞，因此青藏公路沿线餐馆所售卖的湟鱼要么是假的，要么是非法捕捞的，所以行走青藏线，不在沿线餐馆点食湟鱼，这也是我们对湟鱼保护唯一能尽的力量。

上图：
青海湖沙岛，沙丘颜色各异，景观独特。
摄影／刘宏

下图：
青海湖上的鸬鹚岛。
摄影／周卫林

F100—101：
7 月，从青海湖湖畔的南山上俯瞰二郎剑景区，可以清晰地看见湖岸的形状和岸边耕种过的土地。
摄影／姜曦

099　　　　　　　　　　　　　野生动物寻踪之路

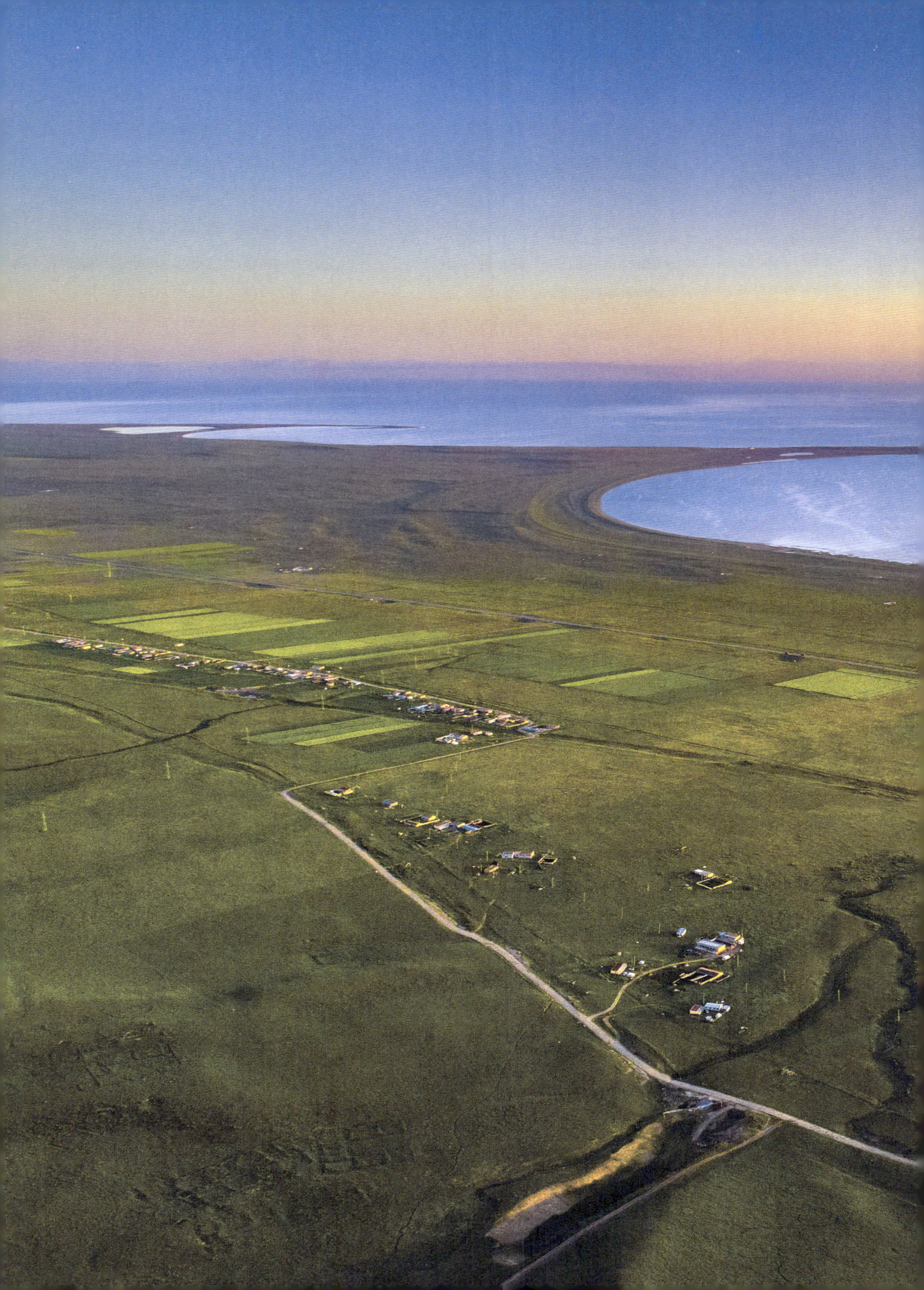

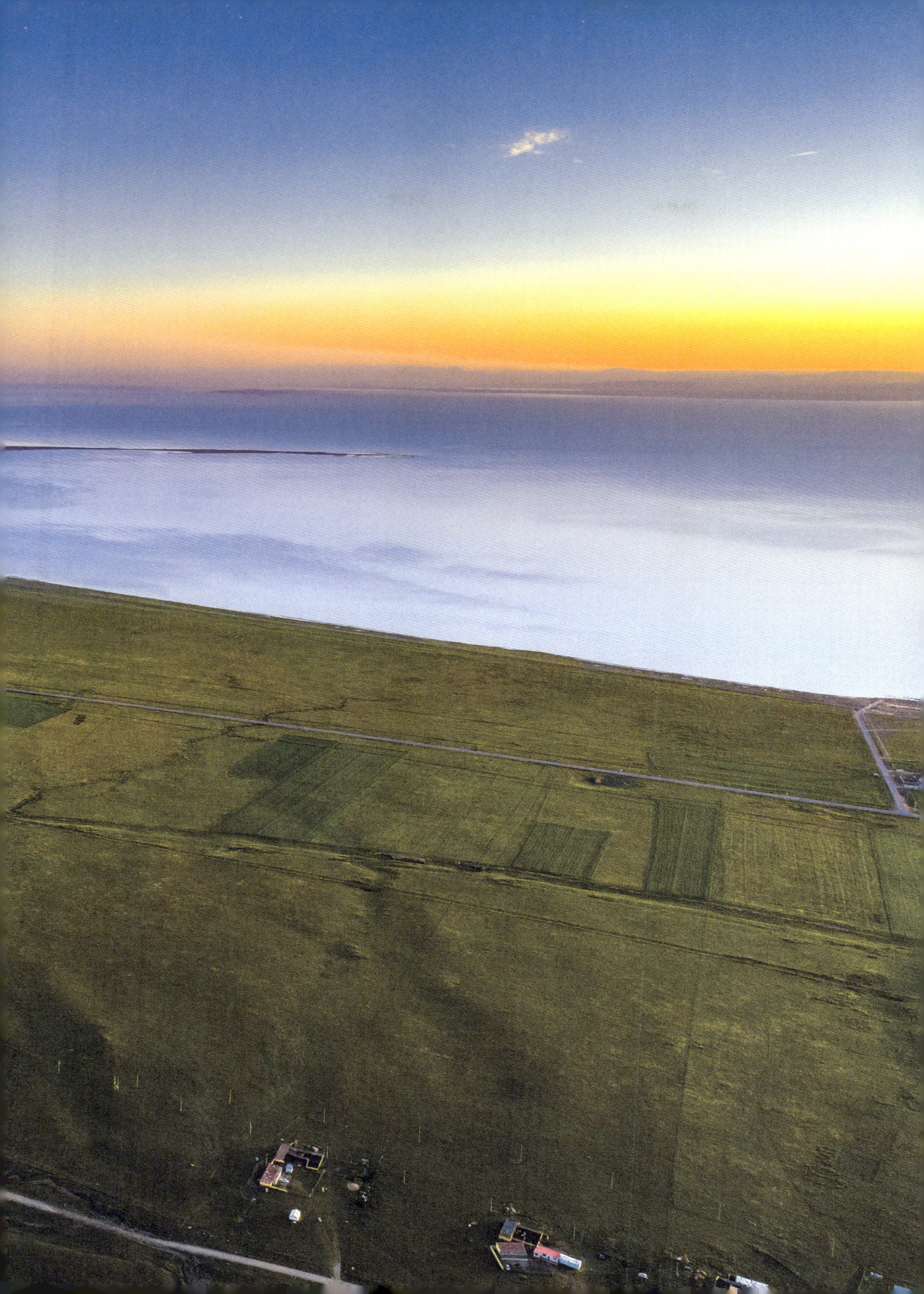

上图：
储盐量巨大的茶卡盐湖观赏性十分强，完美地倒映出天空，被称为"天空之镜"。
供图／视觉中国

离开青海湖，翻过橡皮山，过大水桥，沿着青藏公路行进 80 千米，远远就可以看见泛着白光的茶卡盐湖。茶卡盐湖位于茶卡镇，面积 105 平方千米，海拔 3100 米。茶卡是藏语"盐池"之意。茶卡盐湖为天然结晶盐，颗粒大，质地纯正，盐味醇香，乾隆年间就已开采，迄今已有 250 多年历史。茶卡的食盐储量超过 4 亿吨，可以供全中国人食用几十年甚至上百年。茶卡盐厂在生产食盐的基础上，还开展工业旅游。2016 年，茶卡盐湖因拍出的倒影照片宛如"天空之镜"而走红，成为继青海湖之后，青海又一个热门景点。

②
穿越柴达木，
感受几大戈壁绿洲
和贝壳梁带来的惊喜

从青海湖到格尔木，青藏公路有近 600 千米是在柴达木盆地腹地的戈壁荒原上延伸的，大多数路段相当平直，甚至有 19 千米路段是标准的"中规中矩"。

柴达木盆地位于祁连山和昆仑山之间，干旱少雨，青藏公路柴达木段两侧植被稀疏，几乎没有天然的乔木。在戈壁荒原单调的环境中行驶几个小时后，公路两侧开始出现高大的白杨树，让人顿时神清气爽，精神为之一振。依靠昆仑山的冰雪融水，青藏公路沿线出现了都兰、香日德、诺木洪、大格勒等戈壁绿洲。香日德被誉为"柴达木粮仓"，这得益于昆仑山丰富的冰雪融水灌溉和强烈的光照，为农作物生长提供了得天独厚的条件。20世纪70年代，香日德就连续三次创造了春小麦单产全国纪录。除粮食外，这里蔬菜、水果的产量都很高，如萝卜一根能有20斤，大蒜一头也能有1斤重。"蒜如拳头豆如蒜，一亩白菜收两万"，在当地并不稀罕。

青海地广人稀，20世纪50年代

到80年代，这里的荒原戈壁开发出不少劳改农场，距离格尔木140千米的诺木洪就是其中之一。十年前我第一次走进诺木洪，到处可见当年的建筑，如干打垒、土坯房、高围墙及几十号人居住的土炕大通铺。那些房屋、环境使我想起作家张贤亮的小说《男人的一半是女人》，诺木洪简直就是书中描述场景的翻版。可惜2017年再去时，房屋大多已经拆除了，诺木洪也已转产从事枸杞种植。

诺木洪绿洲外围的努尔河附近，有一道长约2千米、宽约70米的长土丘，被当地人称为贝壳梁。刨开表

下图：
柴达木盆地不都是"一盘散沙"，还可以看见这种盐土积聚的荒漠景观。

供图 / 视觉中国

103　　　　　　　　　　　　　　　　　　　　　　　　野生动物寻踪之路

面薄薄一层盐碱土,下面竟是厚达20多米、从指甲盖到一元硬币大小的贝壳堆积层!远古的柴达木盆地曾经是海洋,在青藏高原隆起过程中,海水消失,低地成湖,湖水最后也干枯了,无数贝类生物死亡之后堆积在那里。用"沧海桑田"这个成语来形容这里,是最适合不过了。

③
慕生忠将军,
青藏公路和格尔木城的缔造者

格尔木,海拔2800米,在蒙语里的意思是"河流密集的地方"。格尔木市面积近12万平方千米,单从面积来说,已经超出中国的多个省份。

格尔木位于柴达木的戈壁之中,年降水量只有50毫米,且日照强烈,因此大到一个单位小至一户人家,定居下来以后首先想到的就是植树,希望通过植树来改善居住环境。一人如此,一家如此,一个城市的管理者也如此。格尔木人种树的意愿远比其他地方的人强烈得多,所以在格尔木看见的树,要比人多得多。格尔木街道两旁的树木不是一排,而是几排;不是几米一株,而是一米一株。炎炎夏日,即便是正午走在格尔木街道上,也是凉风阵阵,感受不到烈日下戈壁应有的灼热。

柴达木盆地中的沙漠公路,一直延伸至天际,同时展现了粗犷和婉约之美。
供图／视觉中国

野生动物寻踪之路

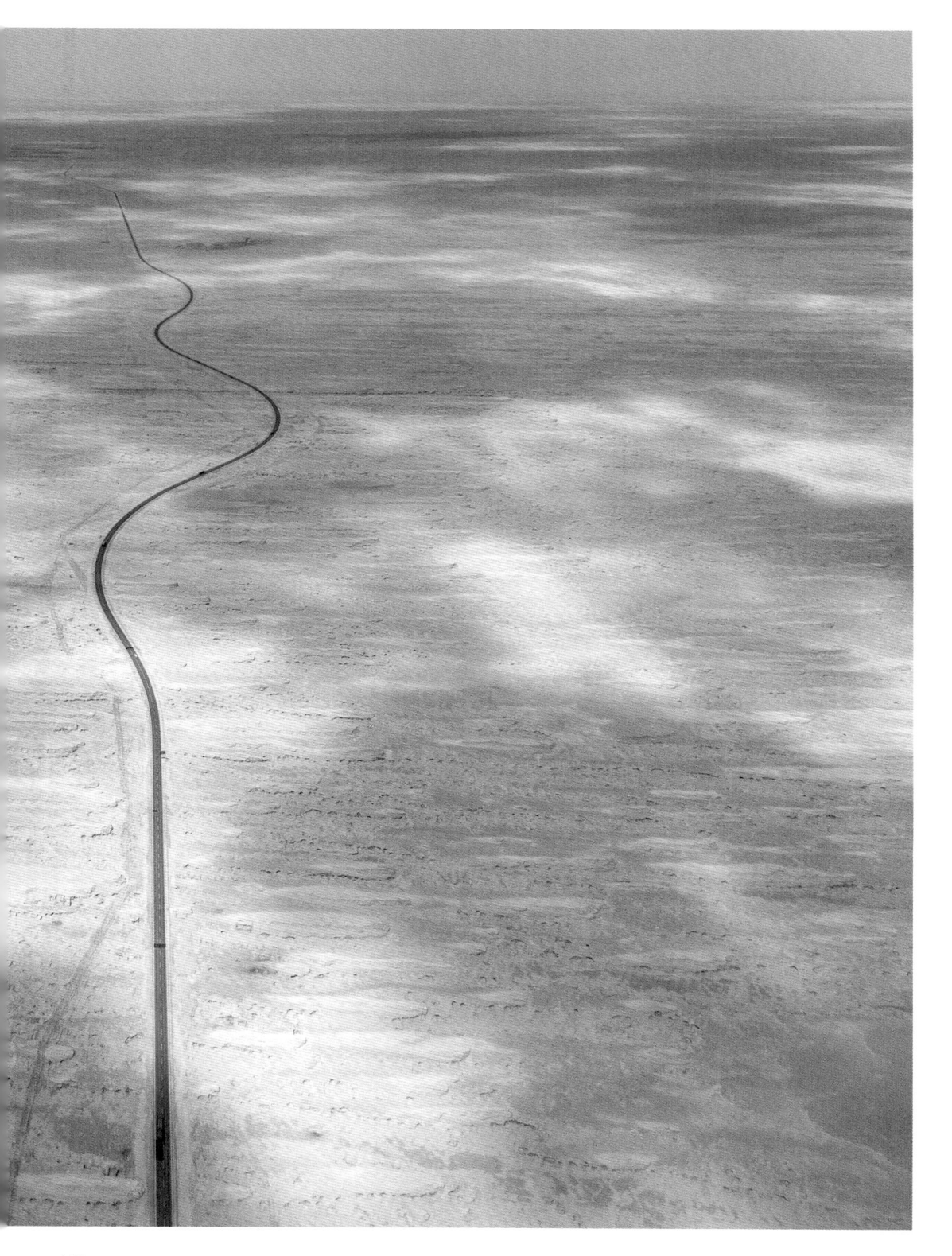

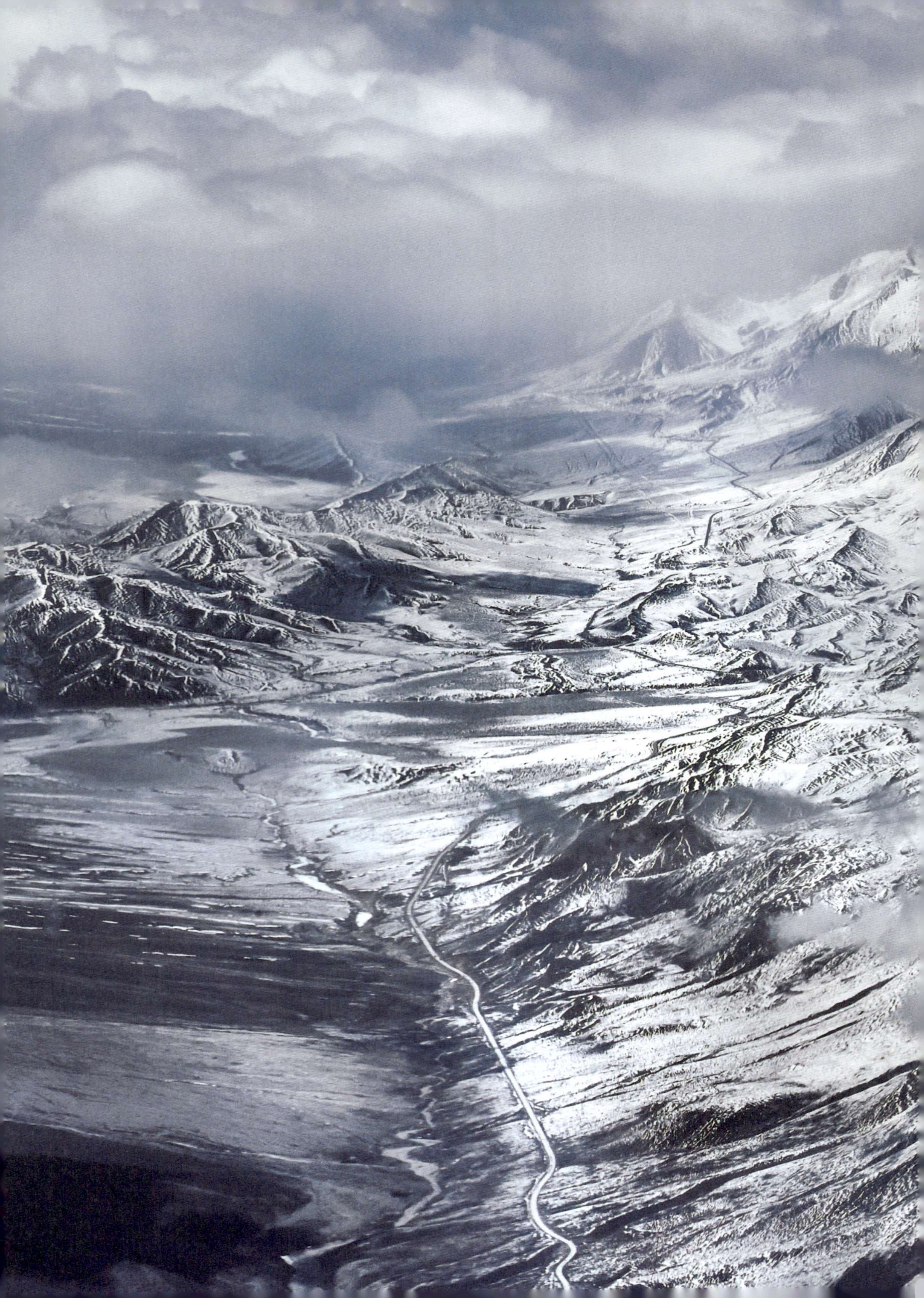

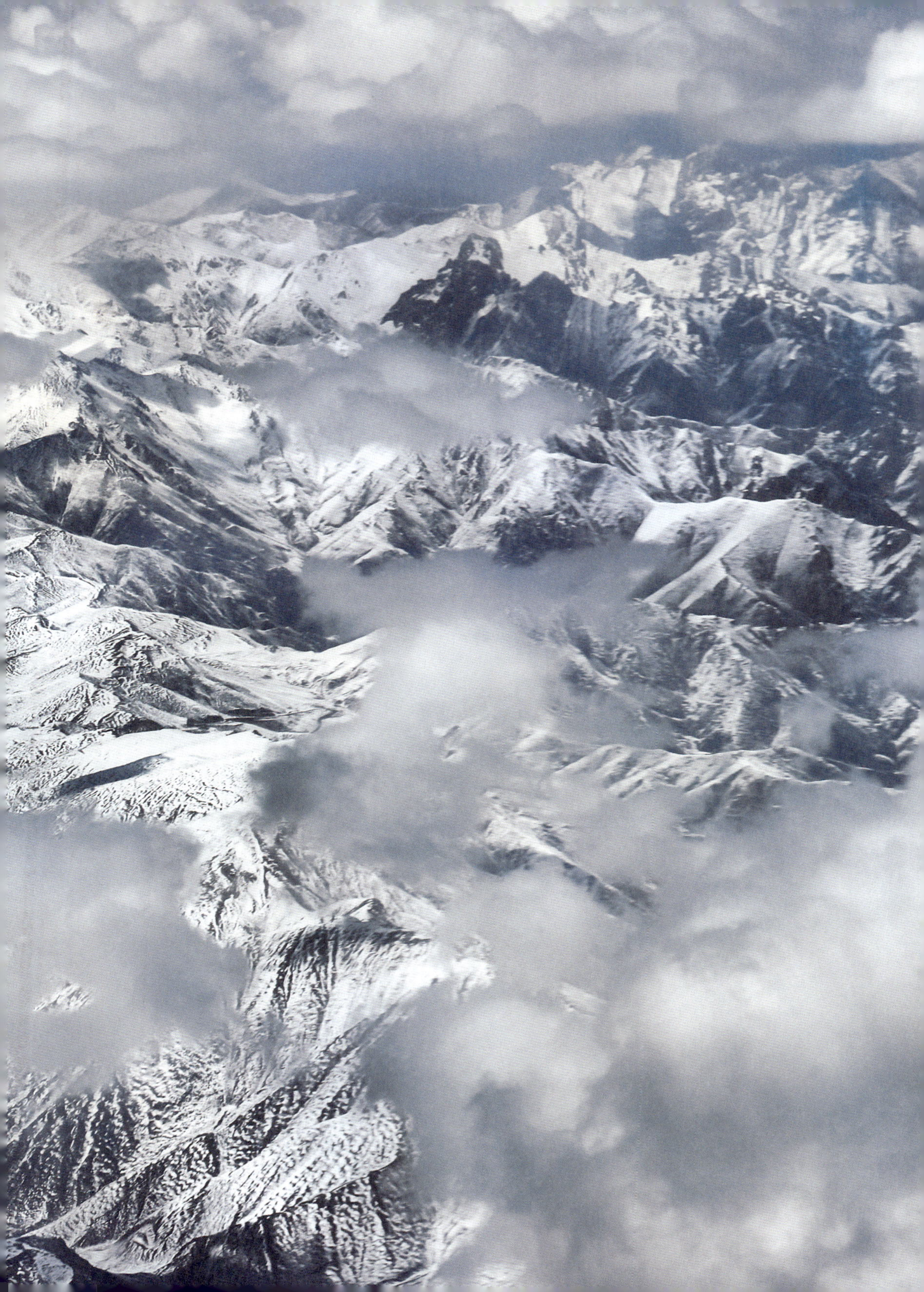

P106—107:
昆仑山自古被尊为"万山之宗",昆仑山口是青海、甘肃两省通往西藏的必经之地。巍巍昆仑,气势磅礴,群山连绵。
摄影/曹申星

下图:
青藏铁路经过可可西里无人区东缘,沿途可以看见很多野生动物,遥望大群藏野驴的情况较容易出现。
摄影/何启金

格尔木这座城市的历史很短,是车轮催生的移民城市,有了青藏公路才有格尔木。1953年,为了援救饥饿中的驻藏部队和工作人员,中央政府委托当时的西北局(中共中央西北局)组建西藏运输总队,征购全国各地的骆驼,向西藏赶运粮食。慕生忠将军兼任运输总队政治委员。慕生忠率领西北军区部队第一次进藏时,从香日德穿越昆仑山、过黄河源进藏,这一路线沿途高寒、多沼泽,环境和气候恶劣,损失惨重。第二次进藏时从格尔木出发,人们赶着骆驼翻越昆仑山、唐古拉山、念青唐古拉山走进西藏。结果,骆驼不适应高海拔气候,沿途也没有适合骆驼啃食的草,同样损失惨重。于是,慕生忠将军萌生了修建青藏公路的大胆想法。

慕生忠通过一己之力进京游说,在老领导彭德怀的支持下,获得第一笔资金30万元、10名工兵、10辆十轮卡车,加上征集的民工,只用了79

天，就修通了格尔木到可可西里的300千米路段。之后，他再次游说到200万资金、100辆卡车和1000名工兵，用7个月零7天时间，完成1280千米的青藏公路建设，并在当年12月与川藏线同时通车，创造了公路修建史上的一个奇迹。慕生忠将军因此也被誉为"青藏公路之父"。

由于青藏公路的通车，格尔木得到迅速发展，从一个只有几顶帐篷的物资转运站，发展为青海第二大城市。

④
青藏高原生命线上的独特景观，不仅有察尔汗盐湖等，还有令人尊敬的绿色驿站

格尔木所在的柴达木盆地内有上百个大大小小的湖泊，其中察尔汗盐湖面积最大。察尔汗盐湖同时也是中国最大的盐湖，总面积5800平方千米，盐层厚2—20米，湖中储藏着500亿吨以上的氯化钠，可供全世界60亿

人口食用 1000 年。

察尔汗是盐的世界。盐统治着这里的一切，使一切植物都不能生长，甚至当地公路都是用盐铺成的，有"万丈盐桥"之称。在这寸草不生之地，盐湖集团的办公楼前却种植着几排低矮的植物，这是把容器埋在土里，再装上从外地运来的土，使之与本地含有盐碱的泥土彻底隔绝，才让植物勉强成活。

由昆仑山的雪山融水汇聚而成的格尔木河，最终与面积如此广阔的察尔汗盐湖相遇，并将清凉的淡水注入察尔汗盐湖。湖边的钾肥厂因为生产的需求，在格尔木河与盐湖之间修筑了一道堤坝，把盐水和淡水分开，使淡水区域形成了滩涂和一个狭长的湖泊。筑坝几年后，淡水湖的生态环境得到改善，目前已经变成一个候鸟迁徙的"中继站"。每年 11 月前后，赤麻鸭等候鸟会在这里聚集。我第一次看见在一片水面上足有上万只赤麻鸭，另外还有大天鹅、潜鸭等。当地人说，这里鸟类数量最多时能有 10 万多只。

青藏公路经过格尔木市区后拐了个大弯，由往西改为向南，经过纳赤台、三岔河、野牛沟、西大滩到达昆仑山口。青藏公路从格尔木市区到昆仑山口约 150 千米，海拔上升了将近 2000 米，从 2800 米到了 4768 米。

昆仑山格尔木一侧的山体纵深 120 余千米，海拔逐渐升高，其间沟壑纵横，降水也逐渐增加，从 50 毫米到 300 毫米以上，植被类型也逐渐从戈壁荒漠植物过渡到高寒草原植物。

青藏公路过三岔河大桥后，会经过一条被称为野牛沟的峡谷，其纵深达 100 多千米。顺着野牛沟有一条公路直通西王母瑶池，约 110 千米，传说那儿是道教的发源地。是否为道教发源地并非我能断言，但走进野牛沟，确实可以看见野牦牛。一次，在野牛沟的玉虚峰下，我甚至看见了上百头的野牦牛群。

野牦牛是青藏高原最大的动物，体重甚至超过 1000 千克，可以轻易挑翻一辆小汽车。野牦牛也是青藏高原最具攻击性的野生动物，其次才是熊，而狼是不伤人的。随着国家对野生动物保护的加强，野牦牛也慢慢接近人的生活区域。目前，野牦牛已经走出昆仑山，走近青藏公路和铁路，胆大的距离公路还不足 100 米。

除了到野牛沟看野牦牛，还可以去西大滩，那里是观赏昆仑山东段玉珠峰及冰川的最好位置。海拔 6178 米的玉珠峰，是登山入门级的山峰。

从格尔木到拉萨近 1200 千米的青藏公路，既是青藏高原交通运输的生命线，同时也是青藏高原最大的一条垃圾带。2015 年，通过政府主导、

> 察尔汗是盐的世界。盐统治着这里的一切，使一切植物都不能生长，甚至当地公路都是用盐铺成的，有"万丈盐桥"之称。

这是一组由民间环保组织"绿色江河"提供的画面，分别是绿色江河志愿者在可可西里进行藏羚羊种群数量调查、可可西里冬季巡山、正在通过青藏公路的藏羚羊、长江源水生态环境保护站。

摄影／杨欣

民间动员、社会力量参与的方式，民间环保组织"绿色江河"沿青藏公路设计了18个绿色驿站，其中8个在青海境内，10个在西藏境内。目前，青海境内由政府和民间投资已经建成6个，并投入运转。

青藏绿色驿站是以垃圾回收、宣传生态资源及环境保护为主要目的的公益性站点，通过提供免费厕所、免费热水、免费网络、免费充电等公益性服务，吸引长途货运司机、自驾车游客短暂停车休息，并把自己车上的垃圾投放到绿色驿站的垃圾分类回收箱。同时，站点工作人员及志愿者通过垃圾分类、压缩打包，借助青藏公路空返车辆的低价运输，把可回收垃圾运至格尔木集中处置，为生态脆弱的青藏高原探索出一种彻底解决垃圾污染问题的办法。行走千里青藏线，做高原绿色使者，参与式的生态环保旅行，将成为青藏高原旅游的新主题。

⑤
**翻越昆仑山口，
可可西里段是人和野生动物
最有可能和谐相处的公路段**

青藏公路翻过昆仑山口，地势

在长江源第一镇——唐古拉山镇，青藏铁路和青藏公路并行延伸，并与长江交汇。

摄影/姜曦

趋于平坦。以这段青藏公路为界，东侧为三江源国家级自然保护区，西侧为可可西里国家级自然保护区。2017年，这两个保护区都划归三江源国家公园。

可可西里为蒙语，意思是"青色的山梁"。也有翻译成"美丽的少女"

的，因口音差异，翻译的结果也不一样。元朝蒙古铁骑驰骋于柴达木、翻越昆仑山向西藏进军途中，留下不少蒙语地名，如可可西里、格尔木（蒙语"河流汇聚的地方"）、柴达木（蒙语"盐沼"）等。

青藏公路有250千米贴着可可西

滥挖，对可可西里的生态环境造成极大破坏。此后，盗猎者毁灭性捕杀青藏高原特有物种、国家一级保护动物藏羚羊，每年至少有两万只藏羚羊遭遇不幸，使得可可西里藏羚羊数量锐减三分之二以上。

　　1993 年，玉树州治多县县委副书记索南达杰走进可可西里，开启了藏羚羊的保护工作。1994 年 1 月 18 日，索南达杰一个人与 18 名偷猎者枪战，寡不敌众，中弹牺牲，至死还握着枪。可可西里零下 40 ℃的低温，把他凝固成一尊不屈的冰雪雕塑。

　　1994 年，我在第五次长江源考察中听闻了索南达杰的事迹后，情不自已，并到他的灵前祭奠。作为探险家和摄影师，我觉得自己有义务为可可西里的藏羚羊保护做点什么。1995 年，我在北京做保护藏羚羊的演讲时，只有几个科学家知道藏羚羊，在场的记者和听众更是第一次听说这种动物、第一次知道可可西里这个地名。1997 年，我通过写书、义卖书的方式筹款，在可可西里东侧青藏公路 2952 千米处，建成中国民间第一座自然保护站——索南达杰自然保护站，作为可可西里反偷猎最前沿的基地。同年，可可西里升级为国家级自然保护区。"绿色江河"独立运转 5 年后，将索南达杰自然保护站无偿转交给可可西里自然保护区管理局，成为可可西里的中心保护站。目前，索南达杰自然保护站成为可可西里国家级自然保护区及藏羚羊保护的标志建筑，也成为

里东缘而过。可可西里腹地是无人区，它和新疆的阿尔金山保护区、西藏羌塘自然保护区连为一体，面积超过 20 万平方千米。这个区域是中国藏羚羊、野牦牛、藏野驴种群数量最为集中的区域之一。20 世纪 80 年代，可可西里发现金矿，数以万计的淘金者狂采

野生动物寻踪之路

青藏线自驾途中必停的旅游景点。

转眼至今，藏羚羊得到有效的保护，数量大幅增加。在青藏公路可可西里段，全年都可以看见它们的身影，冬季可以看见它们交配，5月可以看见它们在五道梁与楚玛尔河之间穿过铁路桥和公路，从公路的东侧向西侧的可可西里迁徙。8月，能看见母藏羚羊又带着初生的小羊从可可西里再次穿过公路和铁路回到原来的栖息地。

行驶在这段路上，能清晰地感受到人和野生动物的距离在显著缩短——它们距离公路的距离，野牦牛不足100米，藏羚羊不足20米，藏原羚、藏野驴干脆就在公路边上吃草，对汽车不再惊恐或好奇，简直有点熟视无睹了。

索南达杰保护站见证了野生动物和人类关系的巨大转变，人与野生动物和谐相处，在国内也是可以实现的。

⑥
长江源区，
适宜停留的唐古拉山镇
和野生动物天堂沱沱河三角区

中国以"三江"命名的区域和地名不少，早期最有影响力的是东北三江平原，随后是云南三江并流，再就是后来居上的青海三江源。2003年成立的三江源国家级自然保护区，成为中国面积最大的自然保护区。2017年，三江源国家公园管理局挂牌，这里成为中国第一个真正意义上的国家公园试点区域。

三江源国家公园试点区域由长江源、黄河源、澜沧江源部分区域组成，面积约12.31万平方千米。昆仑山与唐古拉山之间的宽谷为长江源区，约400千米，可可西里也有部分属于这个区域。青藏公路翻越昆仑山口，就会进入长江源区的不冻泉、索南达杰自然保护站、五道梁、二道沟、沱沱河沿（唐古拉山镇）、雁石坪、唐古拉山兵站，直到唐古拉山口。这一区间的海拔很高，最低海拔在索南达杰自然保护站，也达4479米，最高海拔则在唐古拉山口，为5231米。初来者在这里不但会被高原反应折磨，还会被听来的一串相似地名弄糊涂——沱沱河、沱沱河沿、唐古拉山乡、唐古拉山镇等，是出现频率最高的。

其实这四个名字，指的都是同一个地方。不同的称谓背后，有着不同的来历："沱沱河""沱沱河沿"是青藏公路建设时期的产物，是公路建设者命名的，有点后来者居上的意味；"唐古拉山乡""唐古拉山镇"是继承行政区划而来的名称。不过当地人习惯把沱沱河大桥边有吃有喝的集镇称作沱沱河，把整个行政区域称作唐古拉山镇。沱沱河是点，唐古拉山镇是面，在此，可不能望文生义。

青藏公路通车60年后，唐古拉山镇就成了青藏线重要的中继站。青藏铁路这条"天路"贯通后，唐古拉山镇已汇聚上百家商店、饭店、旅馆、

上图：
夏天的三江源地区，河水透彻、清冽，花草繁茂，远离污染。
摄影／周力

下图：
怒江、澜沧江和长江都发源于唐古拉山东段南北两麓的冰川，这样的冰川数量很多。
摄影／杨欣

野生动物寻踪之路

入藏八线

菜店、加油站、杂货店等，是自驾青藏公路的重要驿站。沱沱河上的青藏铁路大桥日落，更是长江流域日落的最佳拍摄点。夏天，自驾车辆和铁路、公路乘客数量急剧增长，每年7、8两月，当地旅馆爆满，一铺难求。旺盛的需求，使沱沱河沿的市场异常活跃。有赖于格尔木及周边丰富的物产、牧业供给，和青藏两路便捷、高效、成本大幅降低的物流支撑，这里的当季水果和蔬菜，甚至比上海等大城市还要便宜。

青藏公路和青藏铁路并行，并在唐古拉山镇与长江交汇。唐古拉山镇作为万里长江第一镇，在为司机、旅客提供中继服务之时，还给人留下难以磨灭的印象，如其独一无二的地理位置，以及诸多"第一"：长江第一水文站、长江第一气象站、长江第一环境保护站、长江第一桥、长江第一火车站、长江1号邮局等。凡是镇上能叫得出名称的单位，都当之无愧地可以称作"长江第一"。

沱沱河，长江正源，来自冰川雪山；当曲，长江南源，来自沼泽草甸。流经300多千米后，沱沱河与同样流经300多千米的当曲，汇流成通天河。沱沱河、当曲、楚玛尔河、通天河流域构成长江源区，面积14万平方千米，并成为三江源国家公园最重要的组成部分。

青藏公路在109国道3153千米处跨过沱沱河，沱沱河大桥为长江第一桥。沱沱河大桥上游30千米处有一个仅有4.5平方千米的湖泊——班德湖，为斑头雁的繁殖地。斑头雁是世界上飞得最高的鸟，全球种群数量为7万只。班德湖4.5平方千米的水域聚集着超过3000只的斑头雁，其数量占到全球种群总量的4%。每年4月，斑头雁从越冬地印度连续8小时飞越喜马拉雅山，到青藏高原繁殖。班德湖是斑头雁在青藏高原最主要的繁殖地之一。

在沱沱河大桥下游50千米处，沱沱河与当曲汇合，成为通天河的起点。沱沱河、当曲、通天河，三条流向不同的河流形成一个大三角地带，即通天河三角地。三条河流又把这个大三角地分割成三个小三角区域，地貌分别是山地、台地和洼地，为不同的野生动物提供了各自理想的栖息地。

通天河三角区是一处野生动物的天堂。当曲—通天河三角区域是继可可西里的第二个藏羚羊产羔地，每年有数百只藏羚羊在那里集中产羔。沱沱河—当曲三角区域是白唇鹿在长江干流分布的海拔最高区域，每年秋季，上百只白唇鹿在那里交配。沱沱河—通天河三角区域及周边的岩石山，是岩羊和捕食岩羊的雪豹的主要栖息地。长江源不愧为长江野生动物的天堂和避难所。

⑦
唐古拉山脉，
三江并流的大河源头

从沱沱河沿出发，一路缓缓爬坡，

左页图：
在长江源头和通天河口能看见很多野生动物，这是处于生物链上游的雪豹和班德湖鸟岛的斑头雁。
摄影／杨欣

上图：
那曲地区的高寒草原，是中国最美的草原之一，也就是常说的羌塘地区。

摄影／周焰

P120—121：
纳木错海拔4000多米，是中国第二大咸水湖。由于空气没有污染，能见度高，纳木错的星空格外美丽，就好像童话故事里的景象。

摄影／孙军

过海拔4700米的雁石坪、海拔5000米的唐古拉山兵站，直到青藏公路的最高点——海拔5231米的唐古拉山口。

青海有三江源国家公园，三条江分别为长江、黄河、澜沧江，其中长江北源的可可西里为世界自然遗产地，云南的长江、澜沧江、怒江三江并流地区，也是世界自然遗产地，而且这三条江都出自唐古拉山。

唐古拉山脉长约500千米，西段为藏北内陆水系与外流水系的分水岭，东段则是印度洋和太平洋水系的分水岭。怒江、澜沧江和长江都发源于唐古拉山东段的南北两麓。

唐古拉山脉主峰是各拉丹东雪峰，"各拉丹东"的藏语意思是"高高尖尖的山"。围绕这座海拔6621米巨大雪峰的，是南北长达50余千米、东西宽30余千米、海拔6000米以上的20余座雪峰，并攒集着104条冰川群。在这片海拔5400米以上的巨大冰体中，最有影响力的是岗加曲巴冰川和姜根迪如冰川。

岗加曲巴冰川为各拉丹东雪峰的东坡冰川，也是长江源流中最大的一

入藏八线

条冰川。姜根迪如冰川位于各拉丹东雪峰西南侧，由南北两支冰川组成，它们就像是螃蟹的两只大钳子，中间被一道山脊隔开。其中南支冰川长 12.5 千米、冰舌宽 1.6 千米，北支冰川长 10.1 千米、冰舌宽 1.3 千米。若干年前，这两条冰川还是一个整体，随着全球气候变暖，冰川消融、退缩，逐渐被分为两支。走进冰川，宛如置身于一个冰雪艺术世界，大自然的鬼斧神工，创造出冰塔、冰凌、冰笋、冰蘑菇、冰湖等各种形象。巨大的冰川在太阳的照射下不断融化、汇聚成长江的源流——沱沱河。

姜根迪如冰川最低处海拔 5400 米，而植物生长的最高界限为 5600 米，所以在这个高海拔的荒漠地带，常年栖息着以雪豹为旗舰物种，包括猞猁、棕熊、兔狲、岩羊在内的诸多野生动物。

自 1986 年开始，我先后十多次到达长江源头，考察和监测长江源冰川 30 年。近年气候变暖在青藏高原引起了强烈的连锁反应，位于青藏高原腹心地带的长江源，升温效应更加明显。长江源最大冰川——岗加曲巴冰川，在近 40 年中退缩距离达 4000 米以上，长江源的其他冰川基本也都处于消退状态。冰川是生物多样性的最顶端，一旦冰川消失，长江源的生态环境将发生不可逆的灾难性巨变。

⑧ "父为山，水为母"，纳木错与念青唐古拉

翻过唐古拉山，过安多，到达藏北重镇那曲。那曲，藏语意为"黑河"。黑河为怒江的上游，因河水呈黑色而得名。那曲是由元朝蒙古军队的驻地发展起来的城镇，是藏北重要的交通枢纽，除了拥有南北大动脉青藏公路和青藏铁路以外，往西有阿黑公路，通往阿里狮泉河，往东有黑昌公路，连接昌都川藏北线和青海玉树。

青藏公路从那曲再往南 160 千米是当雄，念青唐古拉山和纳木错就在眼前了。念青唐古拉山脉位于西藏高原中部，不但是雅鲁藏布江和怒江水系的分水岭，还将西藏分为藏北、藏南、藏东南三大地域。青藏公路和青藏铁路都从念青唐古拉山下通过，其主峰念青唐古拉雪峰就矗立在眼前。

念青唐古拉山坐拥曾经的西藏第一大湖泊——纳木错。藏语"纳木错"和蒙语"腾格里海"，都是"天湖"的意思。在当雄县城离开青藏公路，翻过海拔 5190 米的那根拉山口，远远就可以看到一片钢蓝色湖水，这就是纳木错。

纳木错湖面海拔 4718 米，面积约 1920 平方千米，仅次于青海湖，

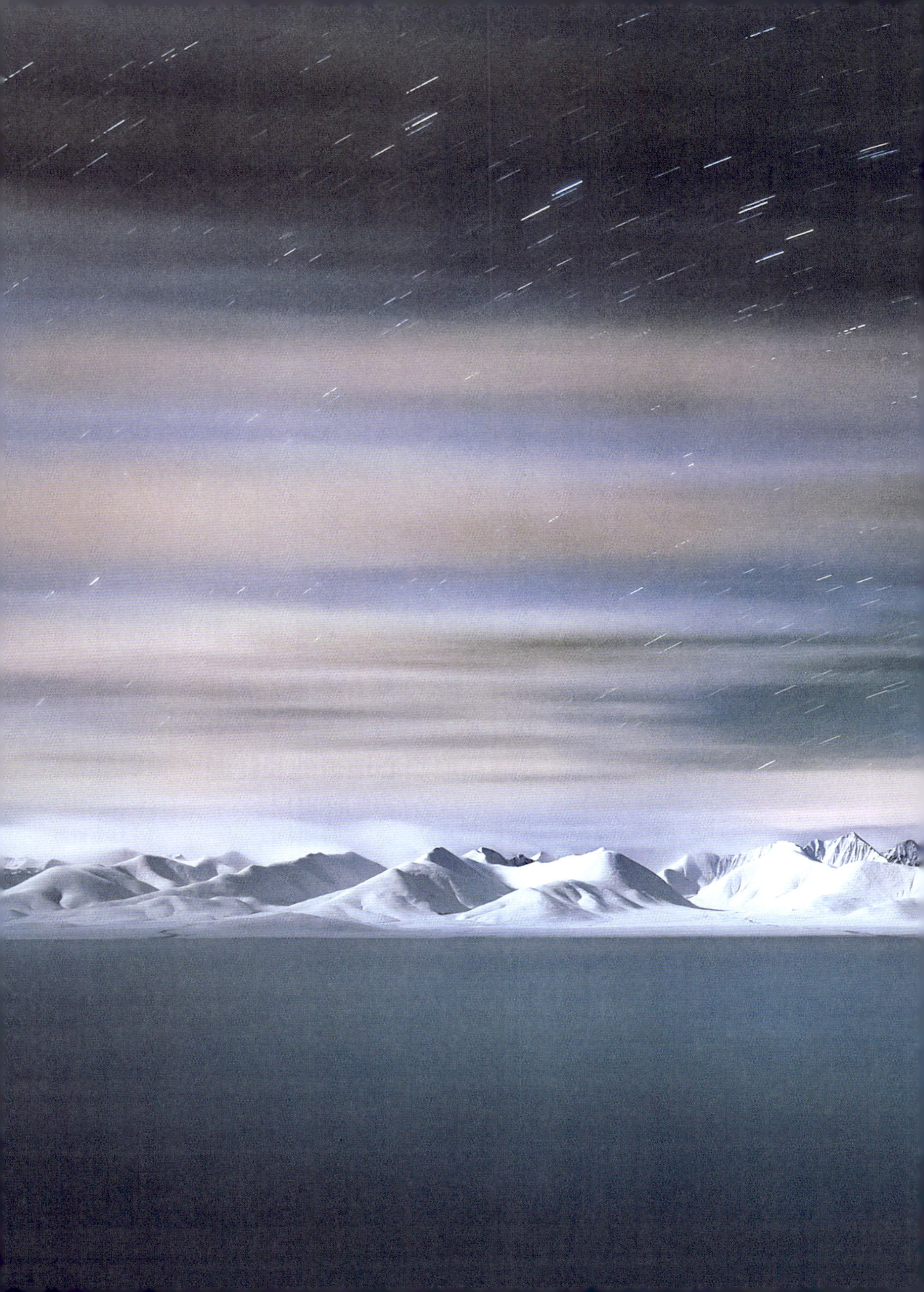

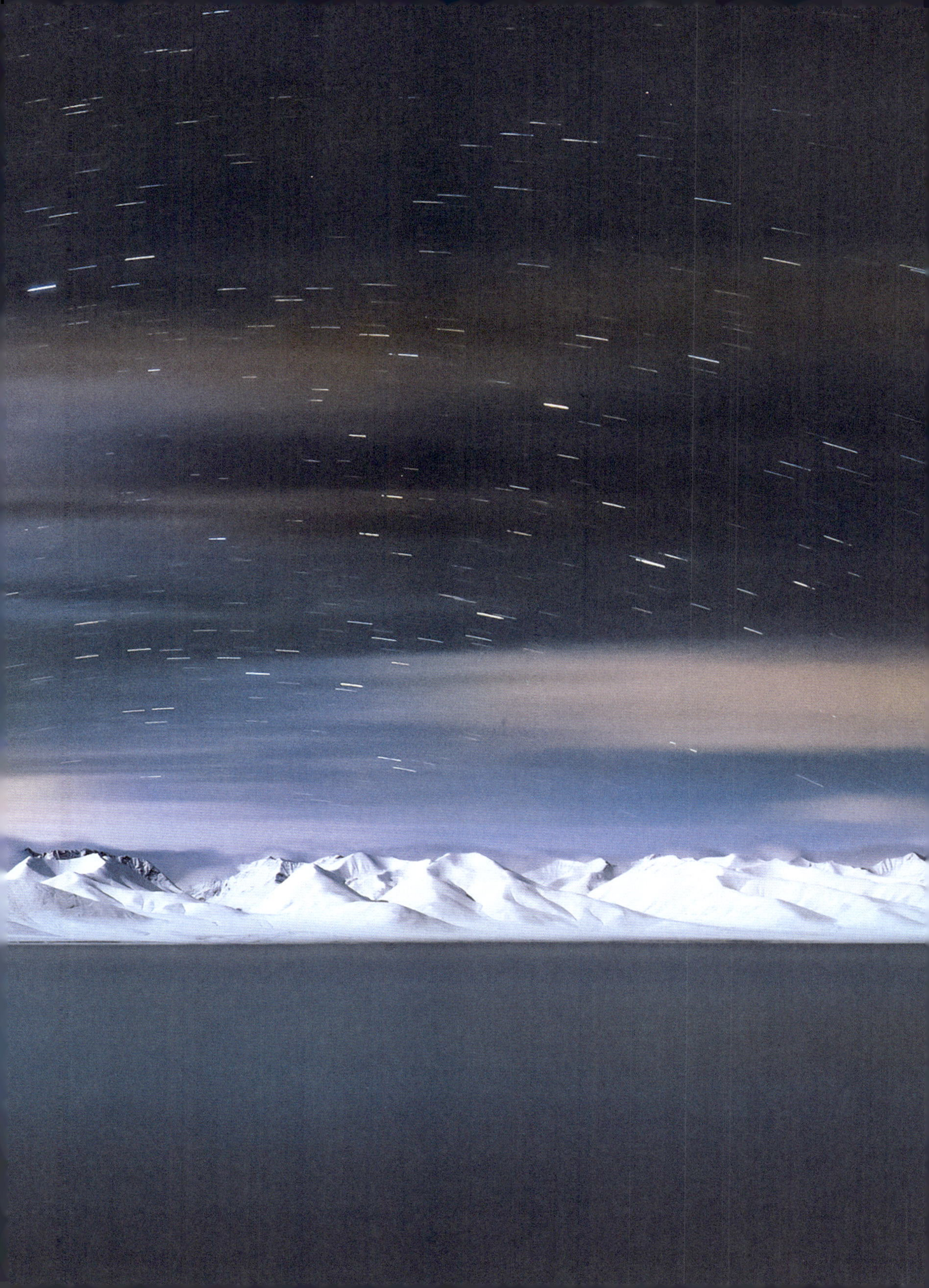

军车运输队正在通过唐古拉山口附近。青藏线不受季节影响，全年通车，是运输进藏物资的最主要通道。

摄影／姜曦

是中国第二大咸水湖。湖中主要鸟类有棕头鸥、斑头雁、赤麻鸭、燕鸥等。

在全球气候变暖的作用下，青藏高原的反应更为强烈。降水和冰川融水的同步增加，改变了青藏高原的水热条件，对于植物的生长十分有利，使草原的牧草生长逐年转好，并随着雪线的上升而往更高的海拔提升，相对增大了草场面积。河流水量增多，同时湖泊面积也在增大。

念青唐古拉是藏地"三大神山"之一，纳木错是西藏的"三大圣湖"之一，在藏地文化中，"父为山，水为母"，念青唐古拉与纳木错仿佛一对恩爱夫妻。

⑨
羊八井，雪山深处有温泉

从当雄出发，一个小时车程就

几分惬意。温泉中含有多种矿物质，泡温泉可以治疗多种疾病。不过，温泉加速血液循环，使人易疲劳，在高海拔区域泡温泉更要注意时间不能过长。

羊八井的温泉除了泡澡外，还用于发电。1978 年，羊八井地热电站第一台试验机组发电，中国第一座地热发电站开始运行。地热电站海拔 4300 米，地热田位于地下 200 米深处，热蒸汽温度高达 172 ℃。截止到 1991 年，羊八井地热站共完成 8 台 3000 千瓦机组建设，装机容量约 2.4 万千瓦，成为拉萨电网的主力发电站，也是中国最大的地热发电站，同时是世界上海拔最高的地热发电站。

目前，青藏公路、青藏铁路基本满足了西藏的交通运输需求，西宁到拉萨 400 千伏的输电线路解决了西藏的电力供应，同时西藏的大型水电建设也在同步进行。

过羊八井，穿越堆龙曲峡谷，沿青藏公路进入堆龙德庆县。青藏公路两侧又可以看见农业种植的景象了，不过河谷两侧的上坡为牧业，河谷平坦之地才是农业。古荣糌粑就是农业发达的堆龙德庆的特产。糌粑是牧区的主要食物，可以想象在青藏公路修建之前，这里有多少商旅赶着牦牛驮运粮食和畜牧产品，翻山越岭往返于农区与牧区之间。

堆龙德庆的海拔已经降到 3700 米，拉萨近在眼前。

到羊八井，远远就可以看见升腾的蒸汽。西藏的地热资源及温泉数量居全国之首，其中最具代表性的就是羊八井。羊八井有喷泉、间歇喷泉，以及比较罕见的爆炸泉和间歇温泉等。

来羊八井看风景成了次要，感受高原温泉才是首要目的，尤其在冬季，温泉、热泉、沸泉、热水湖都很吸引人，在户外飞雪中泡温泉，更多了

野生动物寻踪之路

青藏线

提示：全程最快5天可走完，每一段路都是按照一天的车程设定的。

第一段：西宁—青海湖—黑马河 148km

第二段：黑马河—格尔木 548km

第三段：格尔木—昆仑山口—不冻泉—五道梁—
风火山口—唐古拉山镇 422km

第四段：唐古拉山镇—唐古拉山山口—安多—那曲 426km

第五段：那曲—当雄—羊八井—堆龙德庆—拉萨 330km

第一段

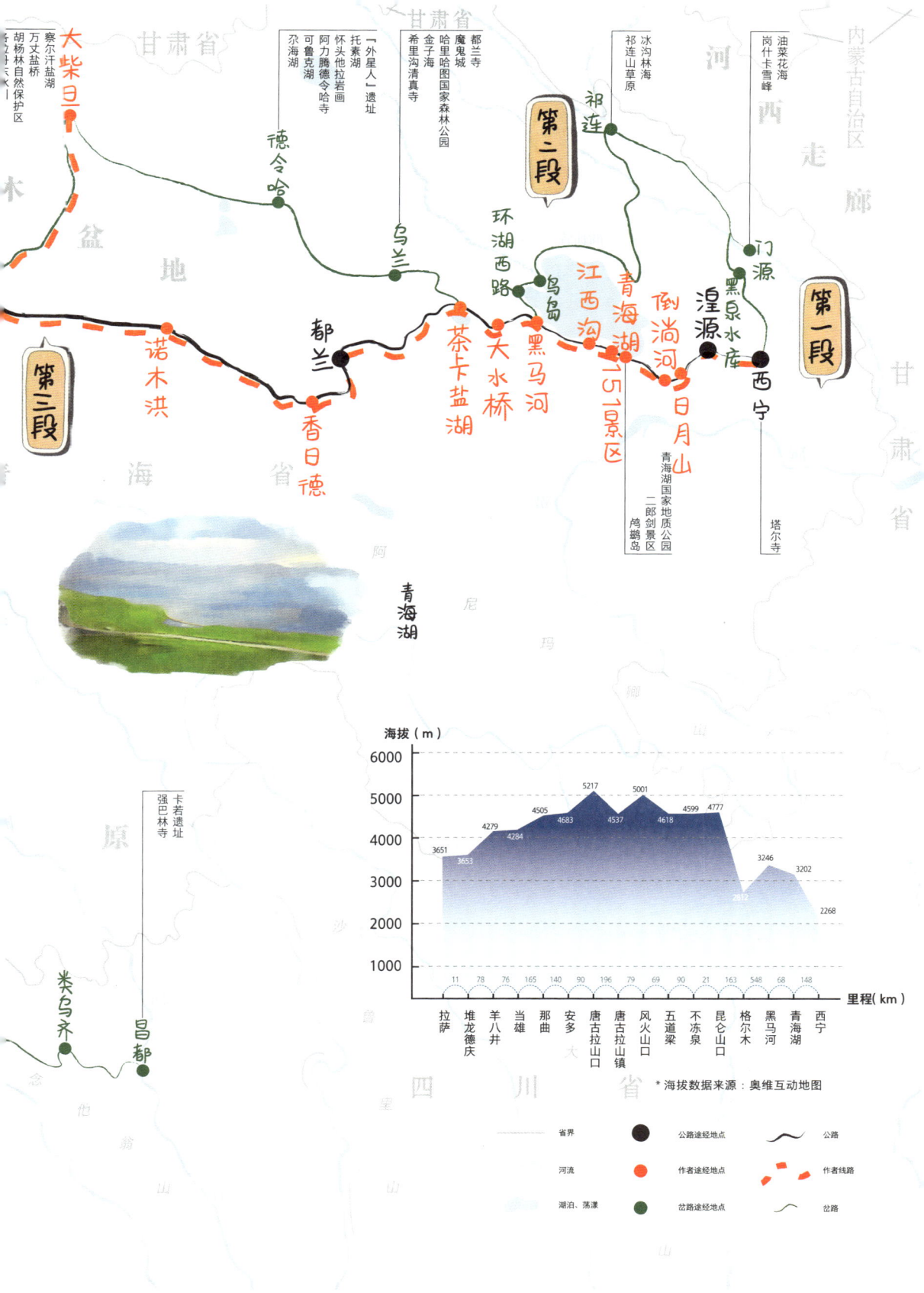

西宁 — 塔尔寺 — 湟源 — 黑泉水库 — 门源 — 祁连

第二段

日月山 — 青海湖国家地质公园 二郎剑景区 — 鸬鹚岛 — 倒淌河 — 江西沟 — 青海湖151景区 — 黑马河 — 大水桥 — 茶卡盐湖 — 鸟岛 — 环湖西路 — 乌兰

第三段

香日德 — 都兰 — 诺木洪 — 大柴旦

景点标注

- 大柴旦：察尔汗盐湖、万丈盐桥、胡杨林自然保护区
- 德令哈：托素湖、怀头他拉岩画、阿力腾德令哈寺、可鲁克湖、哈里哈图国家森林公园、杂海湖
- 都兰：「外星人」遗址、金子海、希里沟清真寺
- 祁连：都兰寺、魔鬼城、冰沟林海、祁连山草原
- 门源：油菜花海、岗什卡雪峰

海拔（m）

地点	里程(km)	海拔
拉萨		3651
堆龙德庆	11	3653
羊八井	78	4279
当雄	76	4284
那曲	165	4505
安多	140	4683
唐古拉山口	196	5217
唐古拉山镇	92	4537
风火山口	79	5001
五道梁	69	4618
不冻泉	92	4599
昆仑山口	21	4777
格尔木	163	2812
黑马河	548	3246
青海湖	68	3202
西宁	148	2268

*海拔数据来源：奥维互动地图

图例

- 省界
- 河流
- 湖泊、荡漾
- 公路途经地点
- 作者途经地点
- 岔路途经地点
- 公路
- 作者线路
- 岔路

卡若遗址、强巴林寺 — 类乌齐 — 昌都

路况最好，景观磅礴

青藏线是所有进藏公路中路况最好的一条，虽然每年都在修路，但大部分的路段已经是柏油路面。格尔木到拉萨这一段路，全程几乎都为二级公路干线，路基宽 10 米，坡度小于 7%，担负着 80% 的进藏物资的运输，具有"世界屋脊上的苏伊士运河"之称。一路上的景观独特且大气磅礴：能看见青藏公路和青藏铁路并行的景象；翻越昆仑山、唐古拉山、念青唐古拉山三座山脉，其中昆仑山脉是中国最长的山脉，可以欣赏长达 100 千米的大比例尺山脉景观；三江源和怒江源，均在唐古拉山；穿越可可西里、羌塘、三江源三大自然保护区，一路可以看到很多珍稀野生动物。

旅行的黄金季节

青藏线全年都可通车，但以游玩为目的的自驾，最佳时间还是夏季，宽泛一些的话，每年的 4 月底至 10 月中旬是比较适合的时间。冬天的青藏线基本就是白茫茫的雪景，景色不但枯燥，还要忍受严寒的天气，所以冬天自驾的很少。

西藏的旅游旺季，集中在 5—10 月份，这段时间，无论是食宿还是购物，价格较高。但这段时间也是西藏各地景色最美的季节，雪顿节等重要的节日也多集中在这段时间里。

冬天的西藏，游客较少，食宿购物都相对便宜。如果喜欢安静，12 月份进藏也是一个不错的选择，那时西藏的冬日暖阳非常舒服。

出行准备

自驾青藏线这样的传统路线，全程路况良好，沿途的服务设施相当完善，走一趟下来，跟在内地的普通自驾游其实没有很大的区别。带上一个懂车的人同行，可能会避免不少爆胎、托底之类常见问题的出现；如能掌握一些简单的汽车维修技巧，更是必要。通常来说，自驾上高原之前，你需要做好以下这些准备：

1. **证件**：身份证（或其他身份证明）、驾驶证。
2. **药品**：内服药——板蓝根冲剂、消炎药、藿香正气水、泻痢停、黄连素、感冒药、头痛药等，外用——云南白药、正红花油、创可贴、红药水。
3. **服装**：薄厚、长短，按季节和个人需求准备。需要提醒的是，挡风遮雨的冲锋衣和轻便的运动鞋，哪个季节出行都需要准备。
4. **防护**：保湿霜、防晒霜、遮阳帽、墨镜、口罩、眼药水、唇膏。

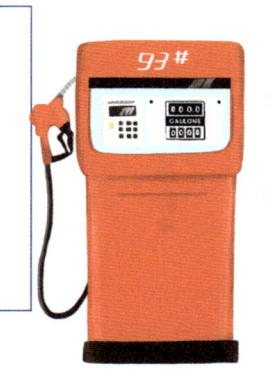

住宿与餐饮

青藏线沿途的住宿都可以保证，条件较差的像西大滩、五道梁也有招待所和兵站可以住宿，平时随到随住，夏季七八月有一铺难求的时候。过了唐古拉山口，到了安多一带，还有条件好些的宾馆。

沿途川菜馆和回民餐馆很多，只要不是特别荒凉的路段，有村庄或部队的地方，等待十几分钟就可吃到热饭、热面，而且沿途小卖部很多，方便补充水和食物。

如果错过食宿点，可以向就近的保护站和道班寻求帮助。青藏线沿途有五个保护站，最出名的是索南达杰自然保护站。每隔100千米左右就有一个道班，负责道路的修建与维护，一般都能解决食宿。

第一次来到藏区，有哪些注意事项？

1. 藏地稍微大一点的寺院里都有成排的转经筒，可以触摸也可以转动，一般转动方向——向右，也就是顺时针方向，但是雍仲本波佛教向左转，也就是逆时针方向。

2. 玛尼堆在藏族人心目中十分神圣，有的玛尼石上刻着六字真言等咒语，还有的画着佛像，均是敬奉的圣物，不可拾取玛尼石，更不可坐在玛尼堆上（雍仲本波佛教叫"玛智堆"，刻着八字真言）。

3. 进入寺院，殿堂外可以拍照，殿堂内不允许拍照。

4. 在藏族人家做客，请你喝茶或饮酒时，如果确实不能喝，要婉言谢绝。在接受哈达时，要双手接过，如果对方直接戴在你的脖子上，不要立即取下。注意不要摸小孩的头，藏族人的头一般只有高僧才能触摸，意味着给予美好祝福等含义。

Tips

贴士信息截止时间：2018.09.01。

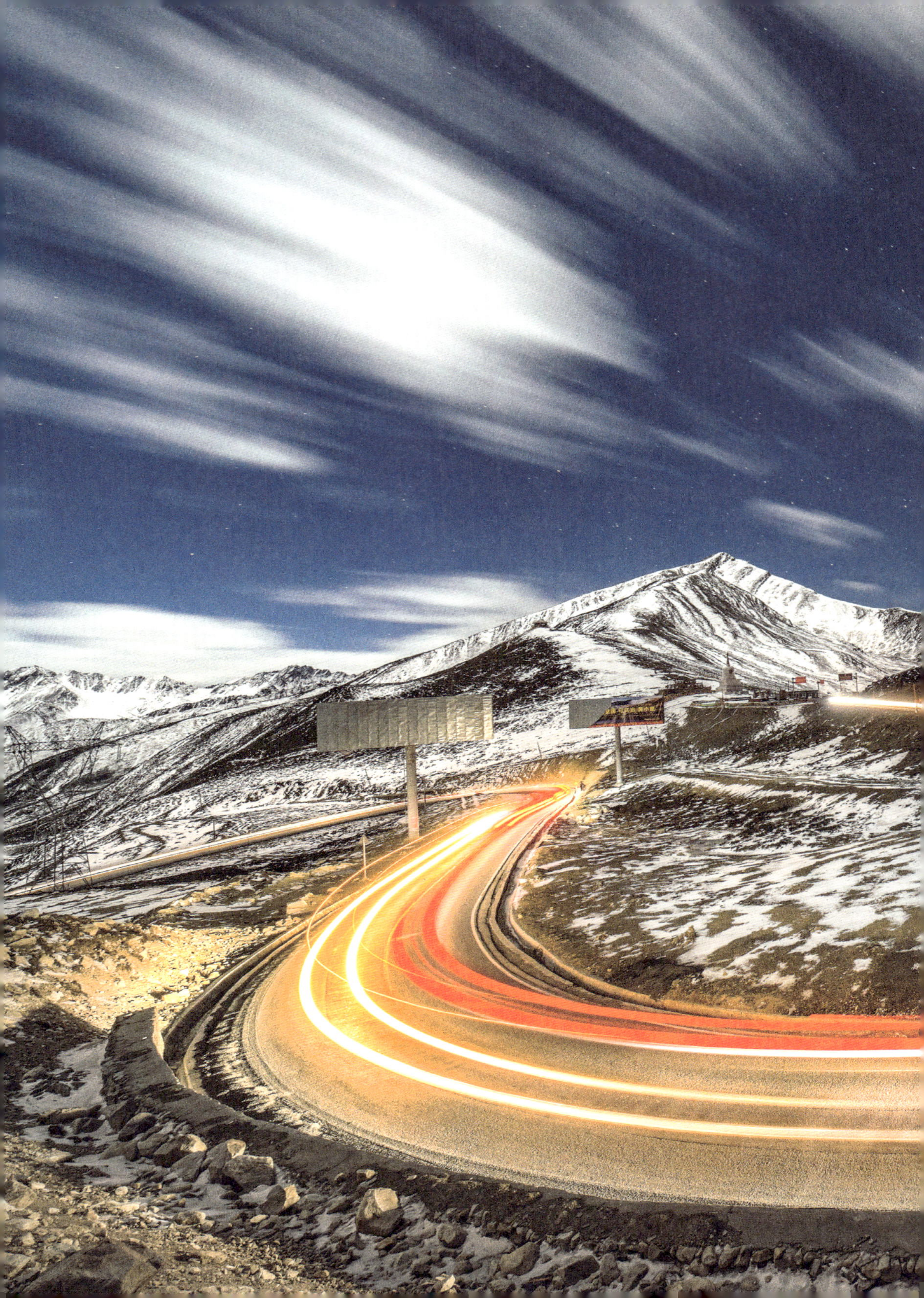

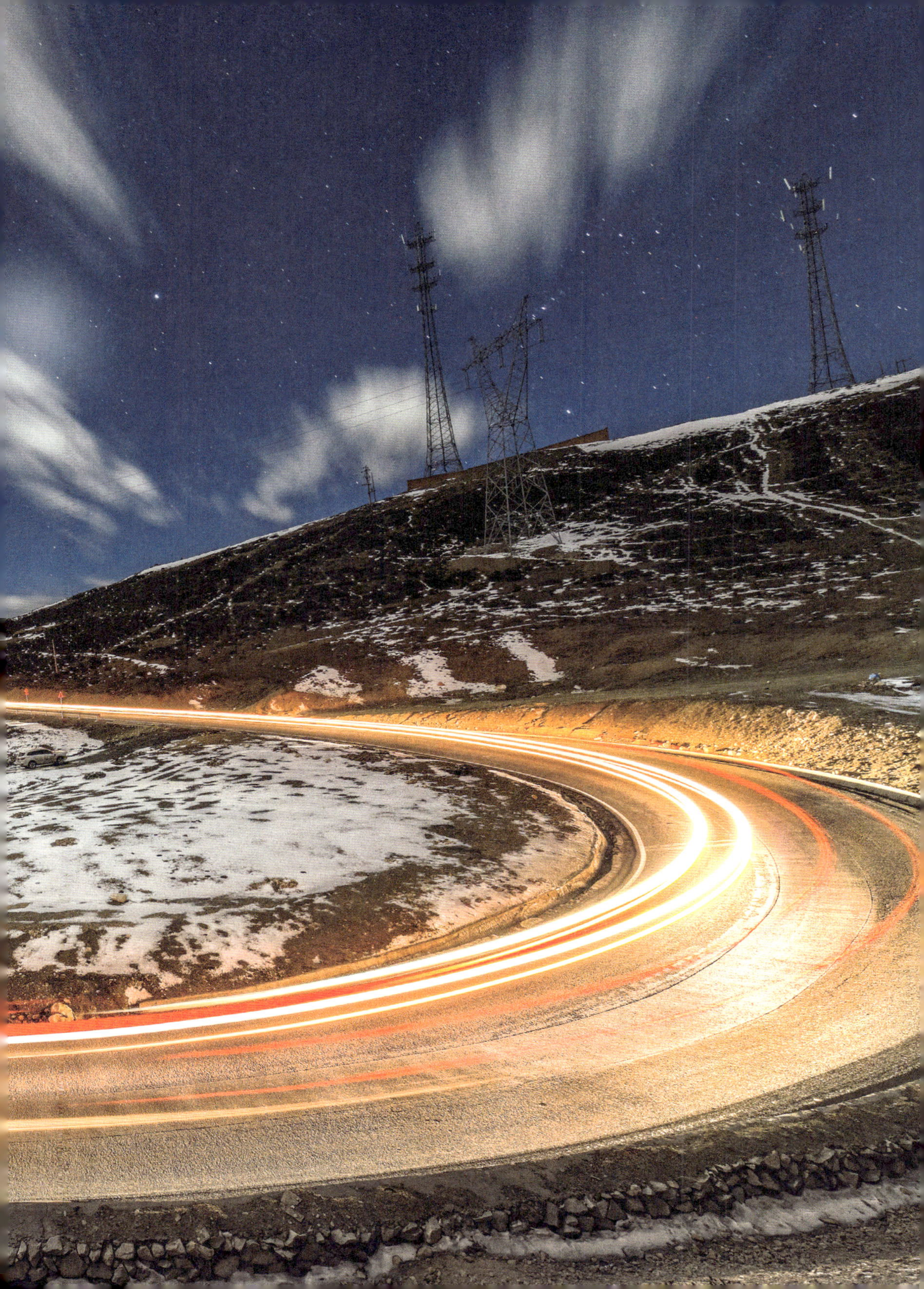

绚丽色彩行摄之路
川藏南线 318 国道，穿越岭谷的景观大道

文　杨勇

20 世纪 60 年代末，我在一本画报上看到川藏汽车兵在拉月排龙天险遭遇泥石流壮烈牺牲的事迹，给了我对川藏公路的最初印象。从 20 世纪 90 年代初开始，我就开着车来回不知走了多少趟川藏线，塌方堵车、泥石流围困、弃车逃命、车坏饥寒……几乎什么倒霉的事情都遇到过。但是西藏的诱惑总让我放不下脚步，年复一年地在这条线上来来回回，川藏线几乎成为我说走就走的旅行。

318 国道穿越的青藏高原东部横断山脉地区，是世界上地形最复杂和最独特的并行展布的高山纵岭谷地区，自驾旅行其中，犹如"心灵在天堂，身体在地狱"。由于地形复杂，地域广阔，岭谷相间，自然多元，很多地方令人心神激荡，就像一首气势磅礴的交响诗，向人类展示着独特的西南山地风光。

318 国道几乎就是沿着北纬 30 度线行进的。那些绝美的景观不是在道路的两旁，就是在道路南北不出百千米的范围内。一出成都平原，高山、峡谷、雪山、冰川就频频出现：贡嘎山、海螺沟千米大冰瀑、折多山冰川 U 形谷、稻城三大雪峰（仙乃日、央迈勇与夏诺多吉）、海子山古冰帽、海子群、措普温泉谷、念青唐古拉海洋性冰川、墨脱秘境……在这条线上，海拔 7700 多米的南迦巴瓦峰、加拉白垒先后进入眼帘，出拉萨再向西行，世界 8000 米以上的 4 座雪峰——马卡鲁峰、卓奥友峰、珠穆朗玛峰、希夏邦马峰不断扑到眼前……

①
连接蜀藏两地，沟通汉藏交流

从二郎山下的天全开始，大山挡道，意味着要像过山车似的从海拔 700 多米上升到 3000 多米。根据山脉屏障和沟谷走向，天全成为一个交通枢纽，"西行康巴，南抵南诏"，并成为史学家认定的茶马古道和南丝绸之路的起点之一。

唐宋茶马互市时期的二郎山下，商旅云集，会馆林立，背夫万千，热闹非凡，一条天梯险路从二郎山脚下向二郎山中延伸。背夫们从天全起程，开始在岭谷起伏的横断山脉迂回前行，历尽艰辛，把大批茶包运往康巴大门打箭炉（今康定），又从打箭炉分运到藏区各地，直至南亚佛国印度。背夫、马帮、驿站与雪山、峡谷、森林、草原，在青藏高原上演绎着千年的茶马史话，谱写出藏汉人民至诚交往、生死相依、甘苦与共的恢弘史诗。

清朝末年，川康边务大臣赵尔丰曾倡议修建从成都至康定的骡车大道；辛亥革命后，主川的尹昌衡又倡议建川康马路，累议未果。直至 1935 年，国民政府重庆行营将川康路列为十大干线之一，限期修筑，下令四川公路管理局修筑雅安至康定段公路，并派员对二郎山段进行勘测。1936 年 6 月，薛岳部工兵在雅天（全）段开掘土石方，后因经济困陷于停顿，于 1937 年 4 月草草结束。1938 年蒋介石电令重庆行营："大规模计划兴建西康公路，拨款先修川康路。"经复勘测，雅安经天全到康定，全线里程为 219 千米，先后共征调民工 13 万余人开挖路基土方工程，常年招雇 8000 余石匠建设路基石方及桥涵等，最多时达 2 万余人。可是川康公路修通后，有用无养，塌方、损毁时常发生，有时数月乃至半载不能通行。

1950 年，为支援进军解放西藏，西康省交通厅决定恢复川康公路，并派工程技术人员配合天全县人民政府支前委组织民工，与人民解放军工兵一起抢修塌陷路段。在"一面进军，一面修路"的军令下，川康公路段基本抢修通路，同时成立了天全、新沟工务段，数万筑路大军分散在川藏沿线同步施工。1969 年，川藏公路全线贯通。

一直到 20 世纪末，川藏公路一直是进藏的交通和运输大动脉，它时而沿旧时古道延伸，时而与古道并行，时而离古道绕行，新、旧两条道路见证着进出西藏的艰辛与悲壮，见证着历史进程日新月异的变迁。

川藏公路是世界筑路史上工程最

> 318 国道穿越的青藏高原东部横断山脉地区，是世界上地形最复杂和最独特的并行展布的高山纵岭谷地区。

P128—129：
康定折多山被誉为进藏第一关。折多山既是大渡河和雅砻江的分水岭，也是汉藏文化的分界线。翻过折多山，就正式进入了康巴藏区。

摄影／樊觅韵

入藏八线

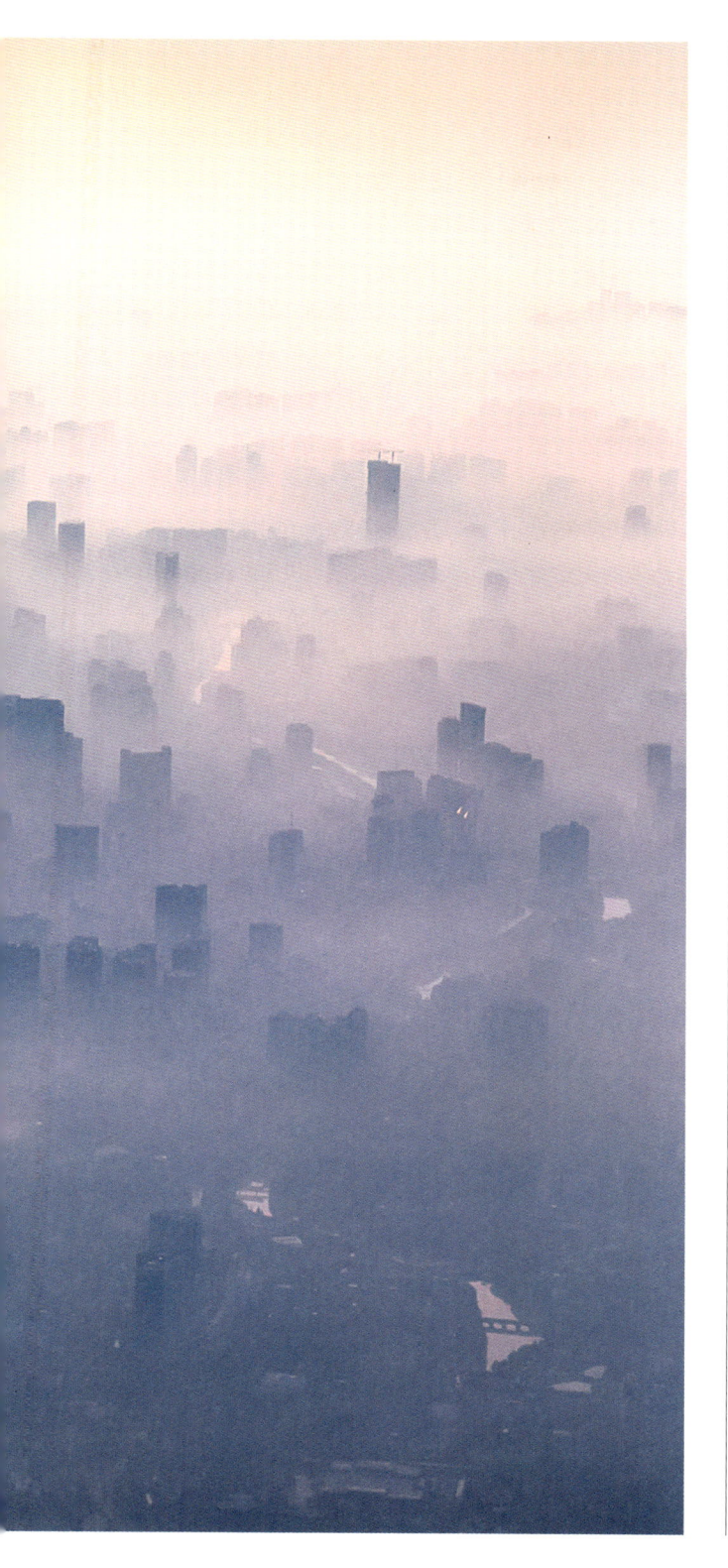

艰巨的公路之一，仅20世纪50—60年代的修路过程中，就有3000多人牺牲。

318国道是中国乃至世界的一道景观长廊，道路沿线的美景高度集中，自然景观类型多样，异彩纷呈，世界罕见：从盆地、平原到高原，从丘陵到低山、中山、高山、极高山，从雨林到灌丛、草原、草甸、荒漠……优美与壮丽同在，幽静与荒野并存。

这条路还是一条人文的巡礼之路，也是一条历史的隧道，东西汉藏、南北羌彝，无分尊卑，多元一体。随环境变化的山寨民居、服饰衣着、风情习俗、语言乃至宗教信仰，多姿多彩的人文景象与迥然不同的自然景观交相辉映，触目可及，让人沉浸在一个丰富多彩的自然生态王国和民族走廊里。不知从什么时候开始，在川藏线自驾、骑行、徒步成为时尚旅行的风向标。

②
**从成都到新都桥，
跨越时空的上升**

318国道全程翻越的横断山脉山岭达12座，跨过江河多达11条，最新里程约2000千米。

进藏第一岭夹金山，是成都平原到青藏高原的第一道屏障。跨过山

群山环抱的成都平原，包括四川省成都市全域和德阳、绵阳、雅安、乐山、眉山等地的部分，是西南三省最大的平原，也被叫作川西坝子。

摄影／李珩

绚丽色彩行摄之路

口，就是闻名遐迩的二郎山。

2017年以前，很多人把这一段视为进藏第一关。到这里后，一部分人会打道回府，另一部分人则另寻他路，只有少数人勇往直前。如今，雅（安）康（定）高速已经甩开盘山公路，在桥涵间穿越岭谷，但依然可以体验和观赏一个不同的二郎山。

二郎山最高海拔3437米，属于夹金山脉南段与大相岭相连的过渡段，距成都172千米，是青衣江、大渡河的分水岭，也是四川盆地与青藏高原的自然、人文与地理的天然分界线。

二郎山山势雄伟，峰峦叠嶂，古树野花，千姿百态，山溪淙淙，穿峡入谷，百转千回。莽莽林海之中有千余种珍贵树木，是珍禽异兽繁衍生息、出没戏水的乐园。二郎山山高路险，原始生态与环境保护很好，动植物种类繁多，山雄水秀，原始古朴。

从成都到二郎山，东西直线距离不到200千米的范围内，海拔从500米一下跃升到3000多米，向中国地形的第二级台阶至第三级台阶过渡。路况也好了很多，由从前的漫漫长路升级到如今3小时就能走完的高速通道，使人们能快速进入青藏高原东部山区，海拔7556米的"蜀中山王"——贡嘎山近在咫尺。

牛背山观景平台在二郎山东面，是全方位欣赏四围的峨眉山、瓦屋山、四姑娘山、贡嘎群峰和大相岭的最佳位置。

摄影/姜曦

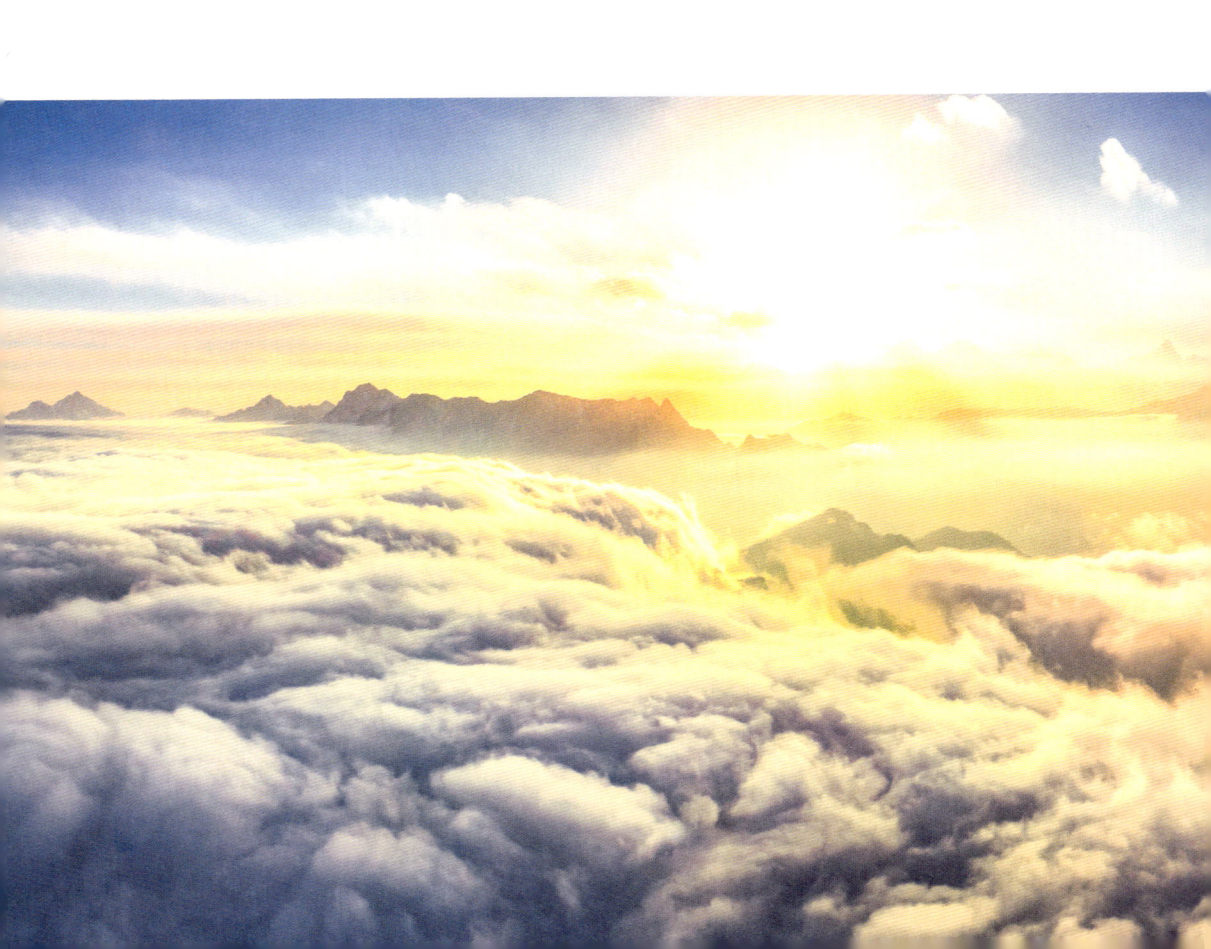

③
360 度最佳观景平台，多维度的牛背山

"二郎山，高万丈……"这首脍炙人口的歌曲，唱出了出征西藏的人间奇迹和人们对二郎山的敬畏。它的艰险，已经被很多历史照片所定格。1996 年，我就有在二郎山被暴雨泥石流所困的经历。后来打通了 4176 米长的二郎山隧道，人们不用再盘旋上山顶，但是长坡路上巨大的车流量也让人感到长路漫漫、惊心动魄，塌方堵车也是常态，车祸人亡时有发生。如今，雅康高速已绕开九曲回肠的二郎山盘山公路，长达 13349 米的隧道把东西两侧桥隧群连接起来。现代交通在"时光隧道"里缩短了大山之间的距离，把人们带入更加迷人的景观新天地。在如此方便的交通下，从成都出发 2 小时即可到达牛背山。

近年来发现的牛背山，是位于二郎山以南的一个 360 度最佳观景平台，观赏品质完全超过原 318 国道经过的二郎山垭口。在这里，可以东看峨眉山、瓦屋山，北望四姑娘山，西观云海中的贡嘎群峰，南眺大相岭，夜空中群星闪烁，大渡河涛声回响。

二郎山下的大渡河如今已不再奔腾，这里建设起梯级电站，使高峡变

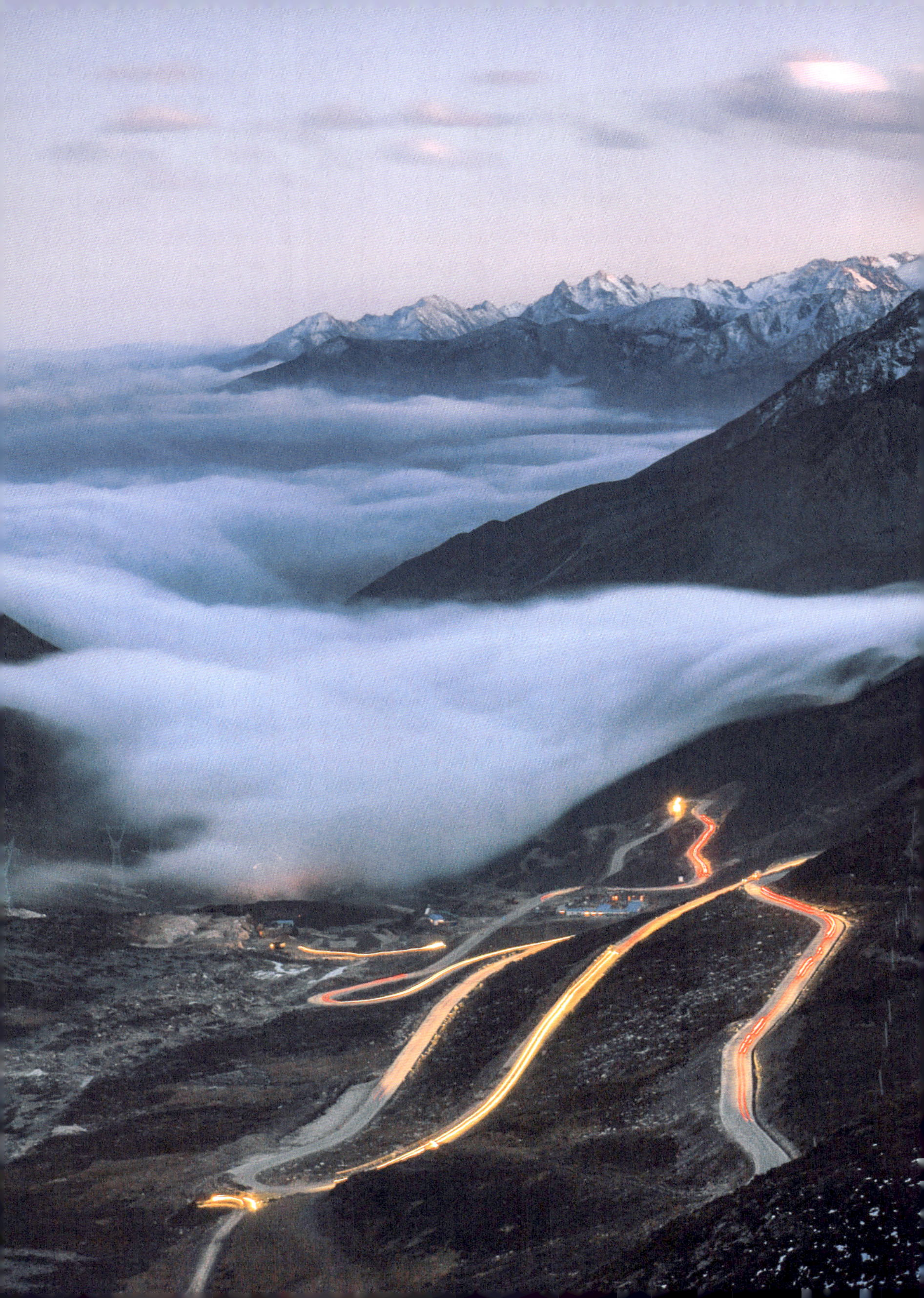

左图：
折多山山路盘旋，云雾缭绕，是川藏南线的第二道天然屏障。
摄影／姜曦

上图：
新都桥被称为摄影师的天堂，可以取景的地点很多。
摄影／游建中

138 — 139：
"蜀山之王"贡嘎山，是四川第一高峰。这是航拍勇敢者正在攀登那玛峰的情景。
摄影／姜曦

平湖，移民新村就沿水库而建。大渡河流域是史学界俗称的"藏彝走廊"的组成部分，其中分布着藏族支系的嘉绒部落。沿大渡河上游往北，可至四川省阿坝藏族羌族自治州的大、小金川和岷江流域的羌族聚居地，下游西南则是大凉山彝族聚居区域。

到了康定和新都桥，川藏南北线上有许多交叉点，连通着318、317国道的省、县、乡公路网，根据兴趣可以有很多选择。如喜欢山川河流、雪山冰川、森林峡谷，可以继续选择南线318国道；如果喜欢宗教寺庙、人文风情、草原湖泊，可以改走北线317国道；如果喜欢古朴原始、神秘荒芜，可以在新都桥选择215省道，南去九龙木里乡；如果喜欢随意而行，深度自驾，可以选择交叉来回，走向更深的秘境。

④
冰川公园贡嘎山
与摄影家乐园新都桥

沿大渡河峡谷穿行，眼前是第二道屏障——大雪山山脉的折多山，其海拔从1350米的谷底，直至海拔4300米的垭口。不过，大雪山的主峰是贡嘎山，其海拔7556米，高出大渡河河谷6000米，周边簇拥着6000米以上的山峰45座，是四川省最高的山峰，被称为"蜀山之王"。

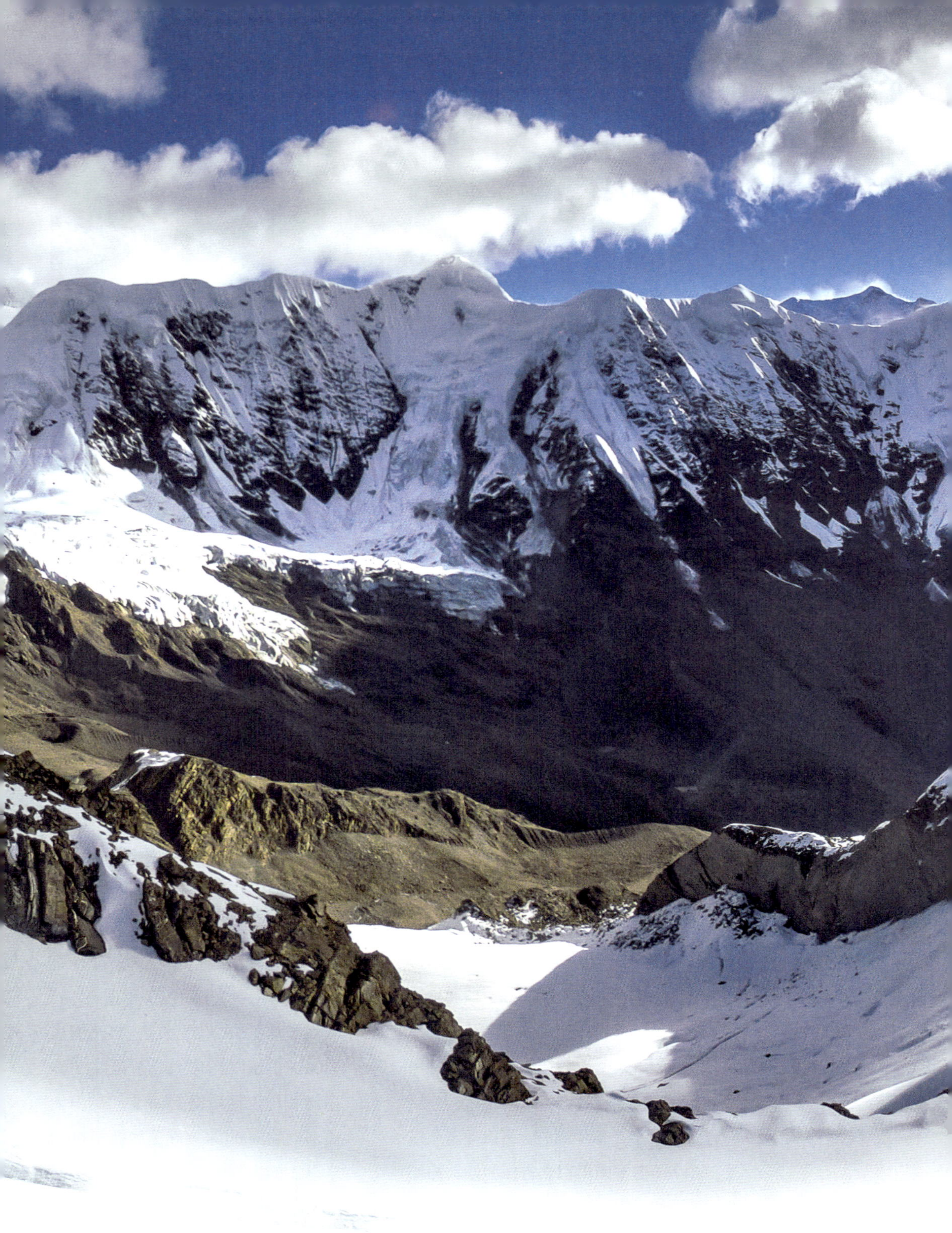

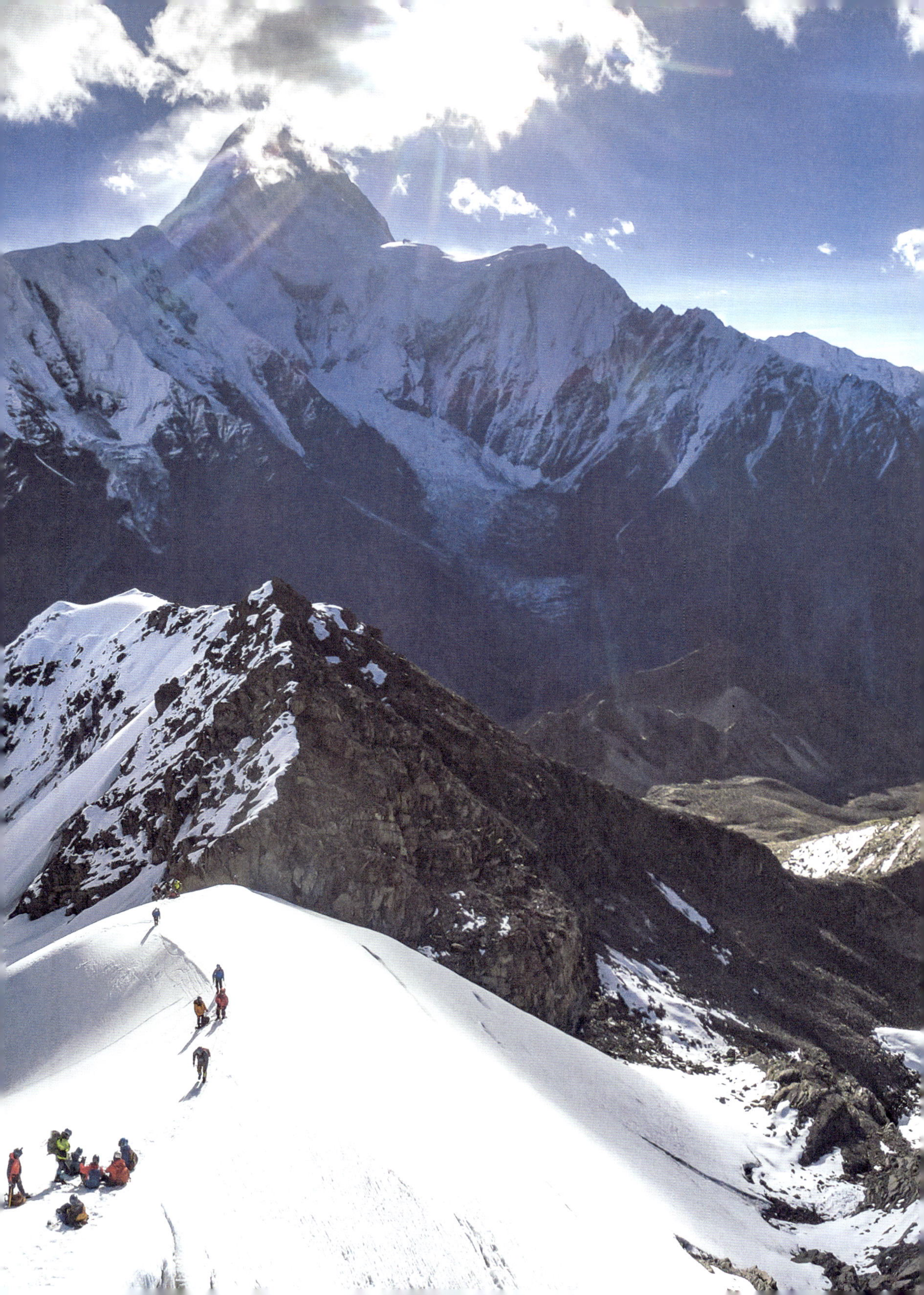

贡嘎山的标志性景点有很多，东坡海螺沟冰川公园尤为著名。那里有世界著名的冰瀑布，有跨越冰川的千米索道，也有融入冰雪的神汤温泉，还有工农红军长征路上绝处逢生的红色遗址泸定桥、安顺场等；燕子沟、红石滩、雅家埂是近年来开发的新景区，那是冰川植物和雪山的大观园；西坡是户外天堂，子梅岭、贡嘎寺、泉华滩等是户外骄子们的欢聚之地。

从大渡河谷底翻越到海拔4300米的折多山垭口，可以看到以折多山为界，西面为高原隆起地带，高原原面完整，其间流淌着雅砻江和金沙江；东面为以贡嘎山、雅拉山为中心的高山峡谷地带，大渡河由北向南奔腾而来，地形崎岖。折多山是茶马互换时期藏汉分界线，大山两侧的人口分布、生产方式、生活习俗、宗教信仰等方面都有显著的差异。

下了折多山，西坡谷底是新都桥。康定机场就建在西坡海拔4250米的高原面上，它是世界上高海拔机场之一，也是近距离观赏贡嘎群峰的最佳位置。

新都桥常年碧空如洗，阳光灿烂，河面波光粼粼，桦树林随风摇摆，牛羊在起伏的山坡上安详地吃草……因此，这里被称为"光与影的世界""摄影家的乐园"。如果你贪婪"好色"，千万不要错过大自然的恩赐！

新都桥是一个交通节点，南下可去贡嘎山西坡，直至九龙、西昌、木里，北上能与317国道会合，西行则继续318国道的行程。

过了新都桥往北行驶，很快就来到雅拉神山下的塔公草原。塔公草原的藏语意思为"菩萨喜欢的地方"，这里的石林、河流、草原、森林、雪山、寺庙、藏寨相互映衬，构成一幅绝妙的风景画。出新都桥向西，前往高尔寺山的隧道已贯通，不再艰险，如果要去高尔寺山上的黑石城观赏贡嘎山西坡和雅拉神山的雄姿，沿着老318国道上行30余千米即可到达。

出了高尔寺山隧道，沿着河谷一直下行，可到达雅砻江峡谷袖珍之城——雅江县城。跨越雅砻江大桥，就穿行在漫长的剪子弯山。这里是横断山脉中保存比较完整的高原原面，公路在起伏的草原、森林间盘旋，两条隧道直接贯通连绵的高山，避免了冰雪的困扰。

⑤
理塘、巴塘，
从高原反应的"试金地"
到藏区江南

从剪子弯山隧道钻出来，就到达理塘毛垭坝草原和海子山平缓起伏的古冰帽区。

理塘位于雅砻江、金沙江分水岭上的一个高原宽缓盆地，素有"世界高城"之称。实际上，县城的海拔只有3999米，却成为人们自驾和骑行西藏途中高原反应的"试金地"。不少高原反应严重者都会在这里打道回

P141_右图：
毛垭坝草原段318国道，地形平缓得多，这样小的起伏就是平坦的好路。

摄影／赵高翔

入藏八线

140

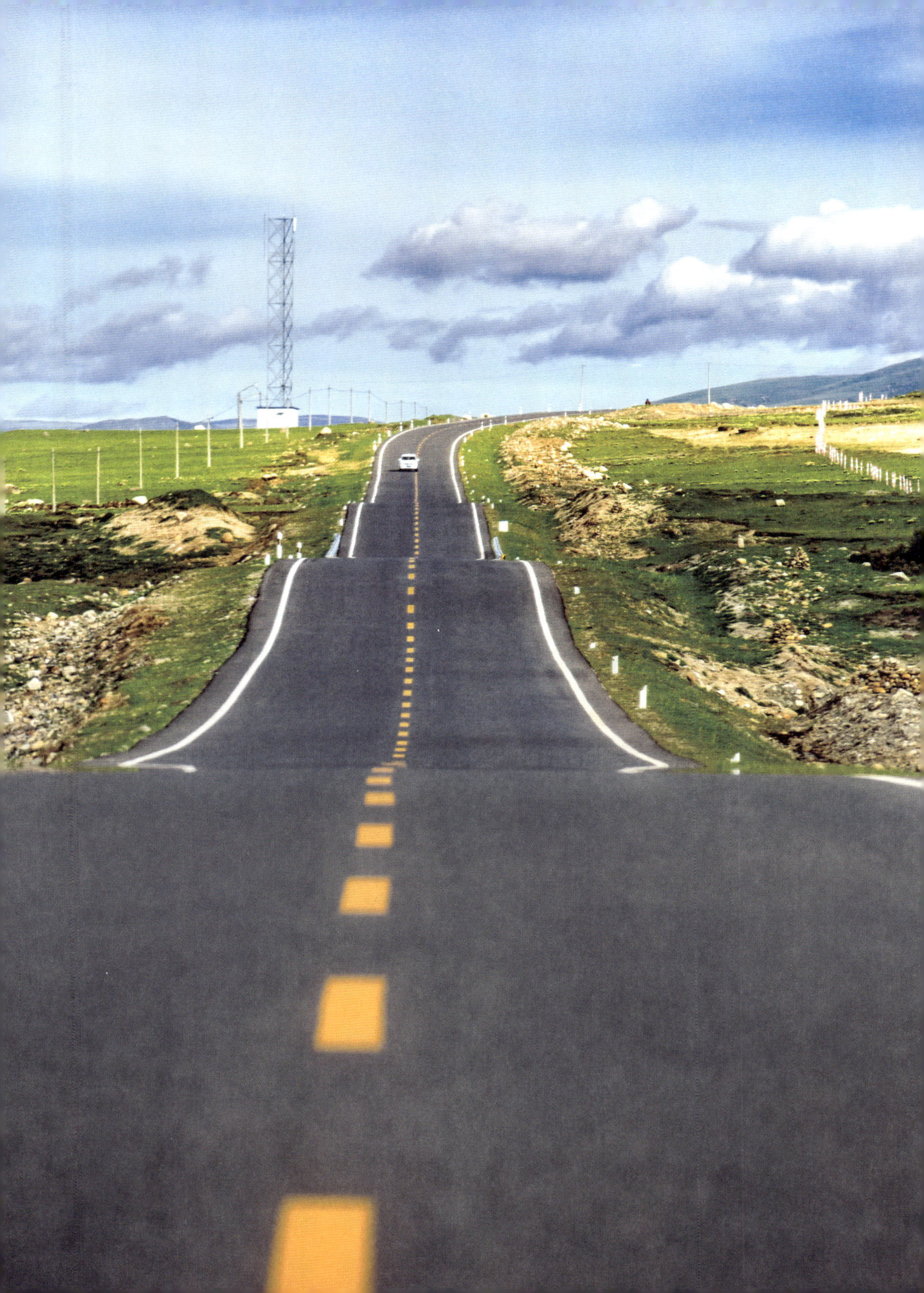

入藏八线

府，或南下稻城进入云南。从理塘县往北可到新龙和甘孜，往南则达稻城亚丁、乡城和云南香格里拉，向西则继续西藏行程。理塘还是七世达赖和十世达赖的转世之处。即使再匆忙，长青春科尔寺都是必去之地。

沿318国道继续前行，进入毛垭大草原。这里平均海拔4000米以上，地形却相对平缓，公路沿雅砻江支流缓缓上行，远处格聂雪山忽隐忽现。穿过毛垭大草原，翻越4760米的海子山垭口，可拐道去措普沟温泉谷和冰川湖。沿途有上百个温泉眼和大小冰川海子，镶嵌在森林山谷中。

再度回到318国道主线上，可在川藏交界处、海拔3780米的"藏区江南"巴塘休整。发源于青藏高原唐古拉山脉的金沙江、澜沧江和怒江与宁静山、芒康山，在东西不到百千米的范围内，构成"两山夹三江"的三江并流奇观。

318国道和214国道在芒康会合，并重叠至邦达。由此可南去云南。

⑥
金沙江干热河谷和藏东红土地

金沙江从青海玉树一路奔流，在四川、西藏、云南三省形成了全长有2300余千米的金沙江干热河谷。河谷两岸全是破碎裸露的黄色、灰色和红色的岩土，植被覆盖率不足5%，主要生长仙人掌、霸王鞭等有刺的植物，生态条件恶劣，水土流失严重，地质灾害频繁。河谷里密集分布着地震、崩塌、滑坡、台地和堵江等遗迹，对长江中下游存在着极大的隐患。

离开巴塘，过金沙江大桥，沿着海通沟这一目前318国道地质灾害最严重路段，翻越芒康山和宗拉山垭口，跨过奔腾的澜沧江谷底，又连续翻越觉拉山和川藏线上最高的垭口——海拔5109米的东达山垭口，下左贡，沿玉曲河谷来到红层高地邦达。318国道和214国道在邦达结束重叠各自分向，北去昌都、青海与317国道会合，西下怒江去拉萨。这里有世界上海拔最高的机场——邦达机场，海拔4350米。

翻越海拔4650米的业拉山口，经著名的九十九道拐，下行到海拔2700米的怒江沟天险，再至八宿县城。八宿藏语意为"勇士山脚下的村庄"，海拔3910米。

如乘过山车一样穿行在金沙江、澜沧江、怒江三江并流的岭谷间，视野里只见一片多彩的山脉和峡谷，峡谷里矗立着悬崖般的壁壁，江中流淌着红

上图：
318国道巴塘附近可以看见"两山夹三江"的地质景观，并欣赏绚烂的金沙江晚霞。
摄影／师鹏

下图：
四川与西藏交界的金沙江段干热河谷，能看见红色的岩土，体验藏东红土地的魅力。
摄影／姜曦

业拉山的盘山公路十分出名，被称为中国公路的奇迹，多个"之"字形到底拐了多少个弯，说法不一，有说72道拐，有说99道拐，也有说108道拐，是集中体验蜀道难的公路。

摄影／熊可

色激流。惊愕于这片以红为主色调的山水，不知是山染红了水，还是水浸润了山。大地寸草不长，浑浊的河水义无反顾地远去，那份烈火般的色彩燃烧着所有的过客。实际上，江水呈现出褐红色，是由于这片区域广泛分布着侏罗纪、三叠纪沉积岩地层，岩层中富含以铁元素为主的多种氧化金属，在长期氧化剥蚀环境条件下出露呈现的大地色彩，并且以红色出露居多，因此被地质学家和文学家称为藏东红层和藏东红土地。

⑦
然乌湖、波密与鲁朗，
多种美景共赏的景观大道

帕隆藏布江上游的然乌湖是著名的高原冰川堰塞湖群，面积22平方千米，海拔3850米，呈串珠状分布。湖畔是茂密的原始森林和雪山冰川，碧蓝的湖水中森林倒映，清澈见底，湖面上水鸟成群，宛若仙境。

然乌湖周边有许多冰川景观，如拉古冰川、米堆冰川等，都是可以自

左图：
波密和林芝之间的桃林闻名天下，每到花开季节，大批游人会慕名前来。

摄影／谢焱

右图：
然乌湖是一座堰塞湖，周边的原始森林里有很多著名的海洋性冰川，是一个紧邻公路且方便到达的景观群。

摄影／李珩

驾进入的具有代表性的海洋性冰川发育区。米堆冰川由两条世界级冰瀑布汇流而成，每条冰瀑布高 800 多米、宽 1000 多米，两条冰瀑布之间还分布着一片原始森林，壮观而秀美，神秘而奇妙。冰川前沿是世外桃源般的藏族村落，一派江南景色，让你很难相信这里是西藏高原。零距离触摸那从天而降的冰瀑布，由衷地赞叹着大自然的造化。米堆冰川主峰海拔 6800 米，雪线海拔 4600 米，末端只有 2400 米，是西藏典型的海洋性冰川，也是世界上海拔最低的冰川。这些冰川景观中不乏"飞流直下三千尺，疑是银河落九天"的气概。然乌湖构成了一幅既有青藏高原独特风貌，又有藏区田园牧歌般风韵的风情画卷！

然乌连接着通向察隅县的 201 省道，我们从这里转到丙察公路。

被雪山和森林环抱的波密县城扎木镇，海拔 2100 米，适宜修整，空气清新，十分迷人，颇具阿尔卑斯风情，也被誉为"西藏的瑞士"。由于这里被念青唐古拉和岗日嘎布雪山夹峙，是我国海洋性冰川最大的分布区。抬头眺望，四周皆是白雪皑皑的雪峰冰川，是名副其实的冰川之乡。

从波密县城出发，沿波墨公路，可去往秘境——莲花盛开的墨脱。

沿着与雪山、森林相拥的帕隆藏布江而行，一路美景扑面而来。波密岗乡自然保护区位于波密县城以西 22 千米处的帕隆藏布江南侧。在帕隆藏布江畔通往岗乡自然保护区的道路上，怒放的野桃花让人眼花缭乱，绵延的云杉一眼望不到头。在当地百姓中有这样的传说：人不能进入杉林腹心地带，否则就会被此山的神女隐藏起来，终生无法返回。传说无法验证，但由于云杉粗壮高大的缘故，进入树林中心，总

> 在当地百姓中有这样的传说：人不能进入杉林腹心地带，否则就会被此山的神女隐藏起来，终生无法返回。

绚丽色彩行摄之路

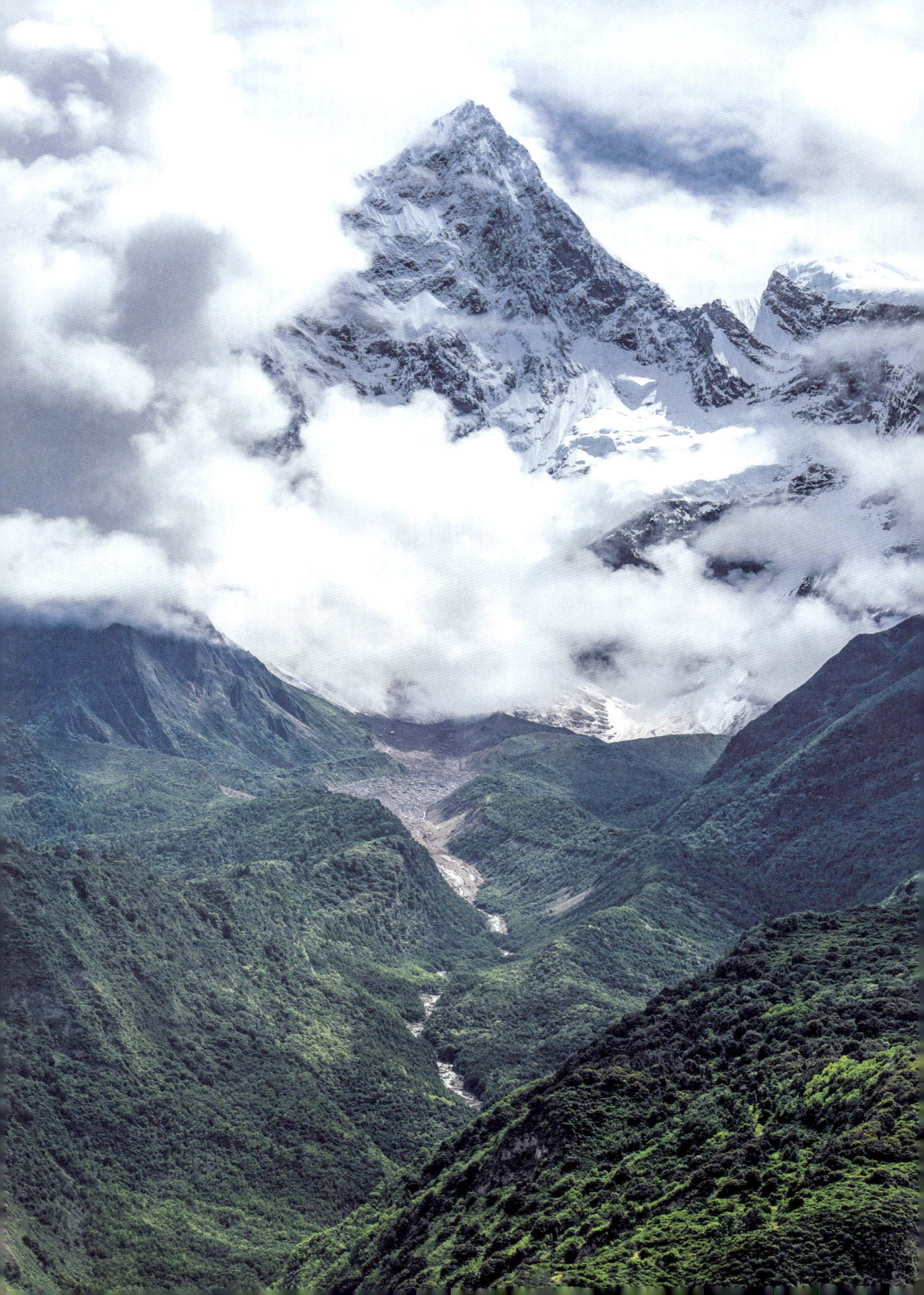

上图：
尼洋河是林芝的"母亲河"，沿河两岸植被繁茂，风光旖旎，景色迷人。

摄影／朱杰

左图：
南迦巴瓦峰是林芝地区最高的山峰，有"西藏众山之父"的美誉。雅鲁藏布江绕着南迦巴瓦峰转了一个马蹄形的弯，形成著名的雅鲁藏布大峡谷。

摄影／姚赫

觉得自己变得矮小了倒是真的。

著名的通麦天险，曾经是山洪和泥石流引发山体滑坡的频发带。1967年8月中下旬，川藏公路拉月排龙段发生2000万立方米的大规模塌方，汽车运输团副教导员李显文、连长杨星春等十人，分别从东西两端向险区中心排险时壮烈牺牲，30余辆军车被埋。2000年，易贡藏布上游扎木龙沟发生特大型山体崩塌滑坡，造成堵江2个月，形成了40亿立方米的堰塞湖。2000年4月初，我经过通麦易贡大桥，亲眼目睹溃决洪水一举扫荡318国道易贡通麦大桥，摧毁通麦至排龙20多千米路段上雅鲁藏布江的所有索桥。这导致川藏线断道2年，墨脱县成为孤岛。如今这段公路已被抬高，以避开地质险段，桥隧相连，大大降低了堵车和不定期断路的可能。

位于波密和林芝交界处的排龙门

> 石锅鸡之妙不在鸡而在锅，石锅是用从墨脱县境内通过人力背运过来的矿石凿磨而成，制作时辅以各种菌类、贝母、手掌参等，属滋补极品。

绚丽色彩行摄之路

雪后，从南山公园远望布达拉宫，角度独特，静谧诱人，比常见的近景多了几分神秘。

摄影／李珩

巴民族乡，是通往雅鲁藏布大峡谷的入口。把车停在这里，沿帕隆藏布江徒步南行40余千米，抵大峡谷拐弯弧顶处，来回至少需要4天。

原始森林和冰川、流水环抱的鲁朗风情小镇，距林芝市首府八一镇不远，是广东省援助建设的现代化旅游小镇。鲁朗海拔3390米，是一片狭长的宽谷地，长约15千米。在这里，云雾、林海、溪流、田畴、牧场、人家、牛羊……相映成趣，勾画了一幅恬静、优美的"山居图"。到鲁朗吃石锅鸡，可以让味蕾绽放。石锅鸡之妙不在鸡而在锅，石锅是用从墨脱县境内通过人力背运过来的矿石凿磨而成，制作时辅以各种菌类、贝母、手掌参等，属滋补极品。

海拔4570米的色季拉山垭口，是观看南迦巴瓦峰和加拉白垒峰佳地之一，此外还可观日出、云海和无际的林海。

⑧ 八一镇和大峡谷，西藏江南和世界峡谷之最

翻过色季拉山垭口，一路下坡，即可抵达尼洋河下游的林芝市首府八一镇。沿途全是两排柏杨装点的柏油公路，"世界柏树王"巴结村巨柏林就在其中。如今拉（萨）林（芝）高速（快速）公路，除米拉山隧道还在建设中，其余路段已经建成通车。

尼洋河发源于米拉山，向东流300多千米，于八一镇南约40千米处汇入雅鲁藏布江。传说尼洋河是由"神女的眼泪"汇聚而成，绿波见底，清幽明澈，两岸森林环抱。

沿尼洋河边的拉林高速，从色季拉山肚子里穿过，再沿拉萨河谷前行，可直达达孜。过达孜西行，远远就能看到红山上雄伟的布达拉宫，魂牵梦绕的圣城拉萨就在眼前。

川藏南线

提示：全程最快7天可走完，每一段路都是按照一天的车程设定的。

第一段：成都—雅安—泸定—康定 311km
第二段：康定—新都桥—雅江—理塘 286km
第三段：理塘—巴塘—竹巴龙—芒康 278km
第四段：芒康—左贡—邦达—八宿 362km
第五段：八宿—然乌—波密 221km
第六段：波密—通麦—林芝 229km
第七段：林芝—工布江达—墨竹工卡—达孜—拉萨 401km

澜沧江大峡谷（芒康）

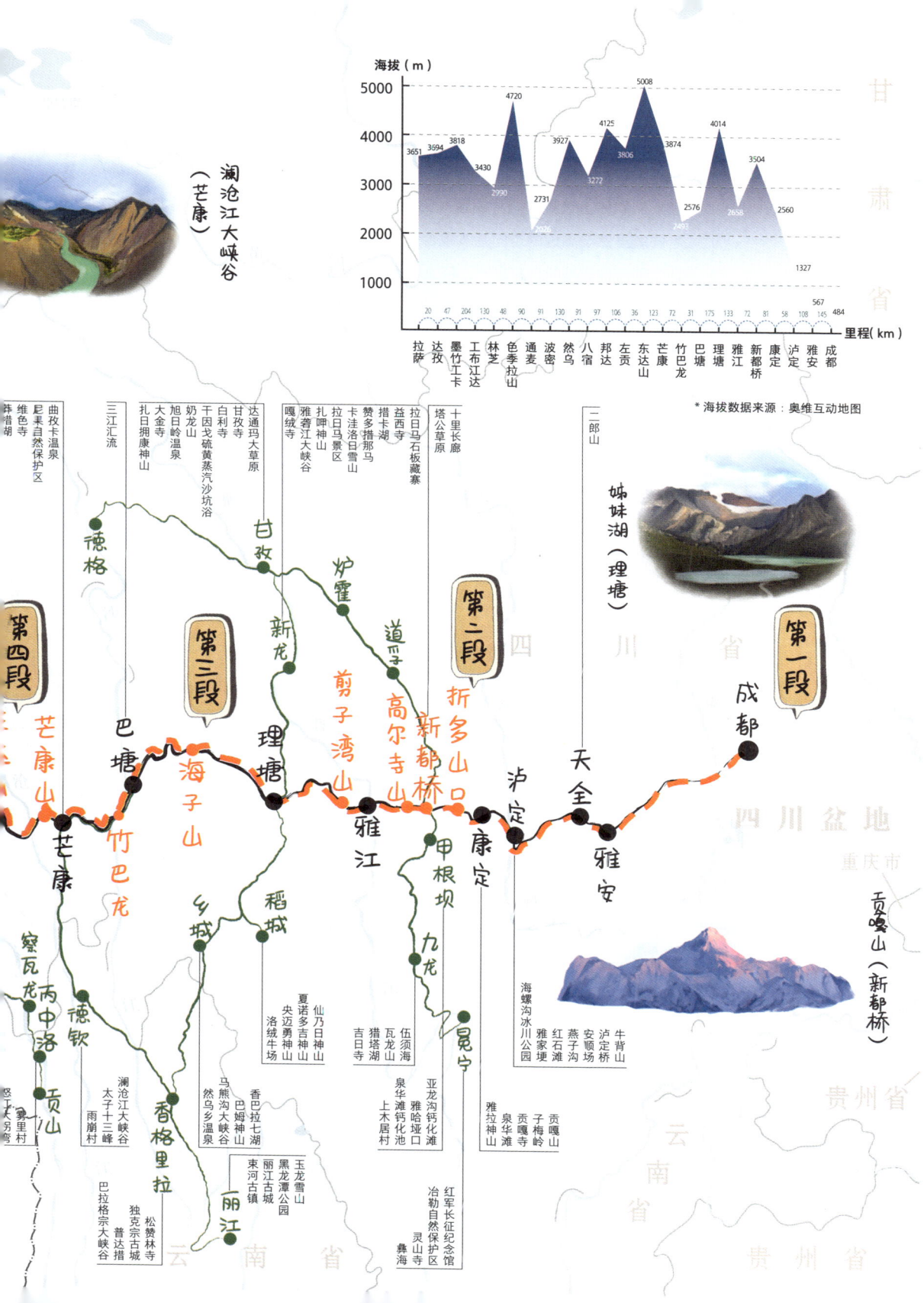

海拔(m)

| 拉萨 | 达孜 | 墨竹工卡 | 工布江达 | 林芝 | 色季拉山 | 通麦 | 波密 | 然乌 | 八宿 | 邦达 | 左贡 | 东达山 | 芒康 | 竹巴龙 | 巴塘 | 理塘 | 雅江 | 新都桥 | 康定 | 泸定 | 雅安 | 成都 |

3651, 3694, 3818, 3430, 2990, 4720, 2731, 2026, 3927, 3272, 3806, 3874, 2576, 2491, 5008, 4125, 4014, 2658, 3504, 2560, 1327, 567, 484

里程(km): 20, 47, 204, 130, 48, 90, 230, 91, 106, 123, 72, 31, 175, 133, 72, 81, 58, 108, 145

* 海拔数据来源：奥维互动地图

姊妹湖（理塘）

第一段 成都 — 天全 — 雅安
第二段 折多山口 新都桥 — 泸定
第三段 剪子湾山 高尔寺山 理塘 — 雅江 — 甲根坝 — 九龙
第四段 芒康山 芒康 — 竹巴龙 — 巴塘 — 海子山

贡嘎山（新都桥）

四川省 / 四川盆地 / 重庆市 / 贵州省 / 云南省 / 甘肃省

林芝到拉萨，老 318 国道上的绝美尼洋河

林芝（八一镇）到拉萨已经通了高速公路，这对于时间就是效率的赶路者当然是个利好，但对旅行者来说，平顺而封闭的高速公路其实是旅行体验的"杀手"，行驶其上，既疲劳又枯燥。

在导航软件上选择"避开高速"的话，系统将会自动选择 318 国道老线予以指引。老国道虽然与高速的走向基本重合，但可以更近距离地欣赏尼洋河。尼洋河河谷被认为是西藏最美的地方之一，每逢春季，满谷的桃花令人心醉神迷。

关于加油：老司机的一些建议

318 国道四川段加油站比较密集，但进藏以后，不但加油站变少，选择空间也变少了。这主要体现在标号和油质上，有些地方甚至只有在内地已经很少见的 90 号汽油。选择皮实耐用、适应性强的车辆很重要，只能使用 95 号以上汽油的车，就留在大城市里享受呵护吧。

换种走法，沿着雅鲁藏布江去拉萨

如果你已经去过了尼洋河，又有充足的时间，还有一条路可以考虑：从林芝向南沿雅鲁藏布江西行，经米林、朗县，进入山南市，继续经加查、曲松、桑日、乃东、扎囊，抵达拉萨机场所在的贡嘎县；从贡嘎县再向西不远，还能到达羊卓雍措。山南是藏族的发祥地，历史极为悠久的雍布拉康、桑耶寺都是必去之地，神秘的拉姆拉措也在这条路线上。

若走这条路线，需要提前办理边防证，路况也不能与 318 国道主线相比，所以要提前考虑周全。

林芝地区和山南地区需要边防证的地方有：错那县、隆子县、洛扎县、浪卡子县、米林县、朗县、察隅县、墨脱县。

我该选什么车？

川藏线自驾对车辆的要求不高，排量不太低的家用车都没有问题。要是开越野车或者 SUV 当然更好 因为川藏线上的越野车很多，维修和配件服务都有保证。如果碰见滑坡、塌方等情况，底盘高、动力强的车辆就能体现出优势了。

现在越来越多的纯电动汽车出现在城市道路上，如果家里只有电动车，那还是去租一辆烧油的车再上川藏线吧。

152

拒绝夜驾，格外注意三处路段

川藏南线沿线路况大多很好，柏油路超过70%，但个别路段山体比较松散，容易发生滑坡、泥石流、塌方，尤其是雨季要多加注意。雅安—泸定、芒康—海通沟、通麦—排龙这三段路雨季时都是滑坡、泥石流和塌方高发路段，断路相对频繁，一旦堵车，清理路面、疏通时间就会比较长。在这三处路段，以及路况不明、路面窄、转弯多等路段，不要夜间行驶。

聪明旅行，选择合适的食宿地点

川藏南线各站的酒店、客栈很多，价格随季节和路况调整。如遇上严重堵车或者塌方造成的断道等，都会大幅度涨价，偶尔还会住宿困难。想吃住舒适，总的原则是首选交通便利、人口较多的城市或者县城，这样选择空间较大。除了成都和拉萨这两座大城市，川藏线上比较适合住宿和修整的地方有康定、巴塘、波密、八一镇。如果当日行程无法抵达这些地方，那么就记住一点：行政级别越高的地方，选择空间越大，县城比乡镇好，乡镇比村庄好。比较特殊的是一些名气较大的景区，其周边一般会有度假村，住宿的硬件条件尚好，但餐饮服务不一定能保证质量，性价比不会很高。

入藏洗澡有讲究

初到西藏，尽量少洗澡或不洗澡，以免受凉感冒，或因洗澡消耗体力过度而引起或加重高原反应，更不要洗桑拿。到达几天后，身体适应高原气候了，洗澡一般就没有问题了。其实，西藏空气干燥、蒸发快，且早晚气温较低，一般也不会让人特别想洗澡。

Tips

贴士信息截止时间：2018.09.01。

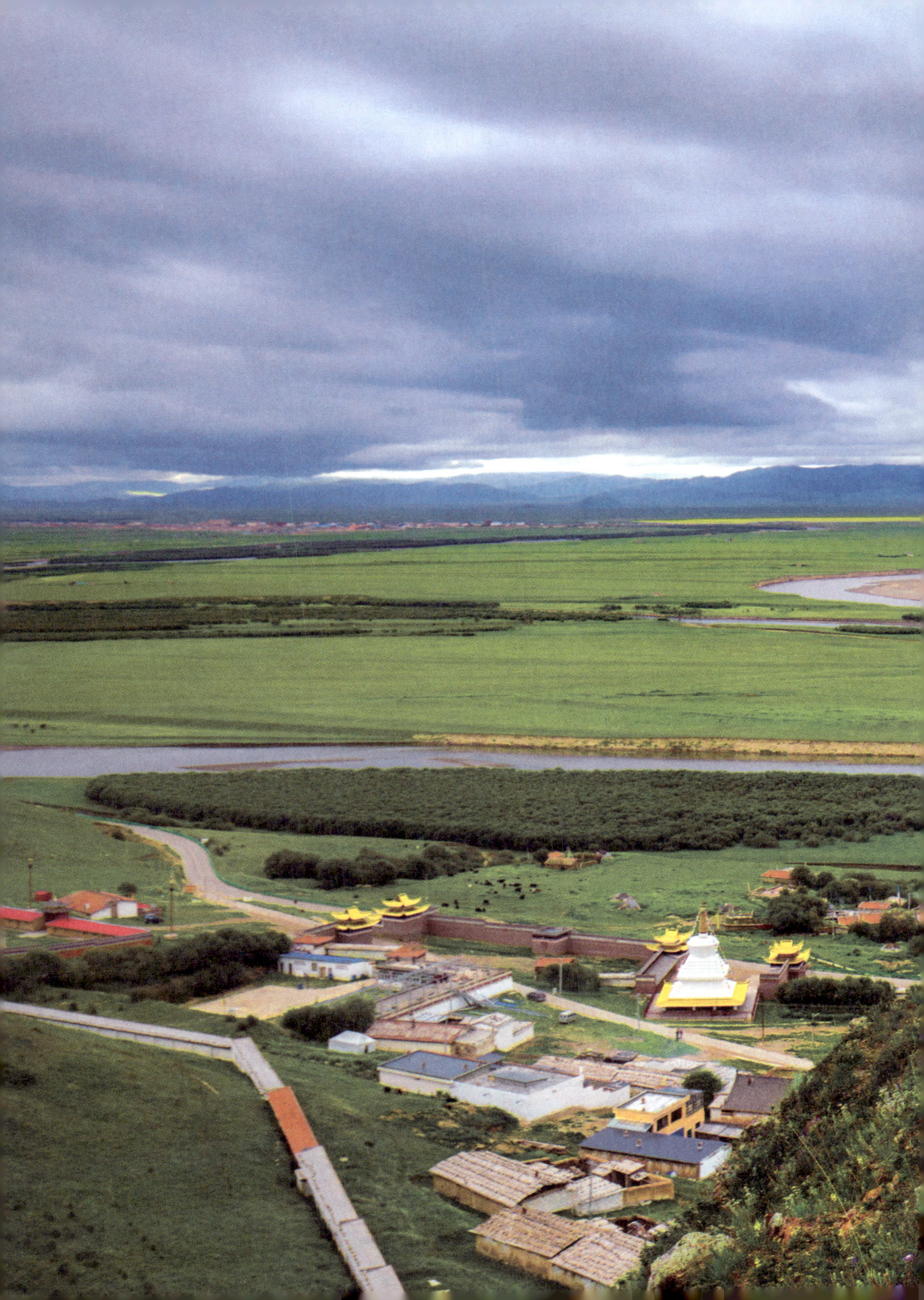

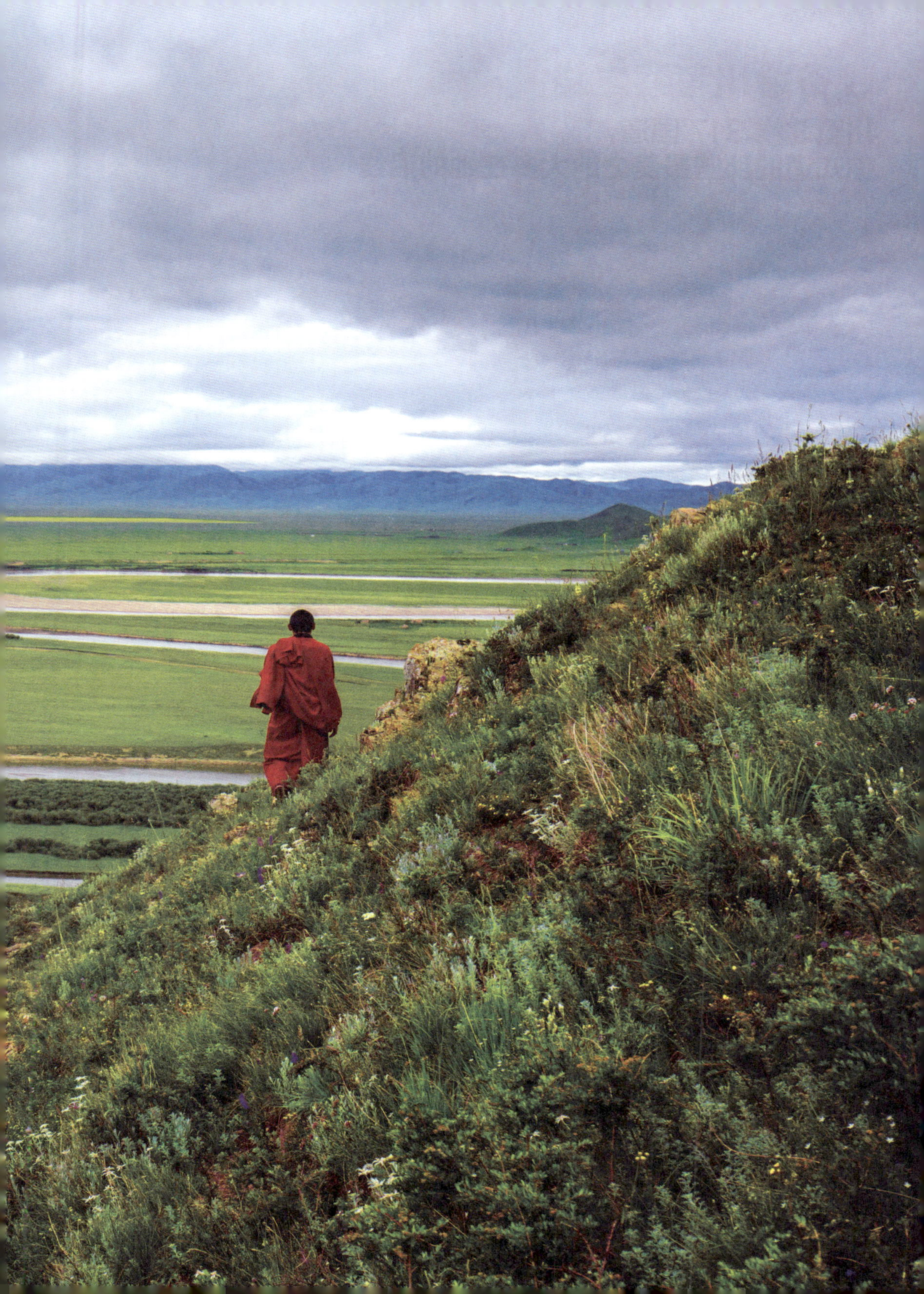

峡谷冰川考察之路
川藏北线 317 国道，
你知道的那些最美之地大多在她的沿线

文 杨勇

与如雷贯耳的景观大道 318 国道相比，317 国道还不太闻名，也可以用名不见经传来形容。随着 317 国道改扩建工程的完工，都江堰古代水利工程、国宝精灵卧龙大熊猫、童话世界九寨、黄龙这些世界自然与文化遗产等，走入人们的视野。实际上，这些"胜世美颜"都在 317 国道沿线范围，只是人们很少把它们联系在一起罢了。

历史厚重、寺庙林立、民族风情、地质巨变……再华丽的辞藻和形容，在 317 国道上的各种景观前，都变得苍白无力。这条穿越四川西北，连接藏北苍穹大地、青海三江源的交通网，就是这样一片神奇的地方，你很难用词语来形容所看到的景象，只能在这些不可思议的造物神话前尽情欣赏。

地质历史在这里塑造了龙门山断裂带，造山运动诞生并汇聚了唐古拉、巴颜喀拉和岷山等山脉，印度板块和欧亚板块的碰撞造就了横断山脉，多次海进海退沉积形成了藏东喀斯特山和红层地貌，冰川流水的亿万年侵蚀冲刷出了横断山峡谷山川，人类的迁徙繁衍留下藏、羌、汉等民族的足迹，自然生态的土壤更好地传承了绚丽、灿烂的宗教文化，这些都在 317 国道上悉数展现。

①
岷江、大渡河，
藏、羌民族生存的坚强与智慧

从成都北上，过了都江堰，很快就来到龙门山藏族、羌族聚居地。羌族是中国西部的一个古老民族，从东周时起，西北的羌人迫于秦国的压力，进行了大规模、远距离的征战和迁徙。一直到宋代以后，南迁的羌人和西山诸羌的一部分发展为现在聚居在岷江、大渡河和涪江上游流域的羌族，并与藏民族的另外两个支系嘉绒藏族和白马藏族杂居。由于其文化、习俗和宗教特性，羌族保留了"羌"的族称，自称"尔玛"或"尔咩"，也被称为"云朵上的民族"。关于羌族的故事太多，是因为其对中国历史发展和中华民族的形成都有着广泛而深远的影响。

沿着岷江和大渡河河谷，陡峻的大山上密布着数不清的羌寨和藏寨，一座座碉楼和石头房屋，展示出这些民族的历史风尘和生存智慧——虽然多灾多难，但是仍坚强地生存和繁衍着。

映秀和叠溪保存着龙门山大地震遗址，记录着20世纪30年代和2008年5月12日强烈地震造成的惨烈破坏。不过，山崩江堵的湖光山色成为震后新景观，灾后重建的新羌寨转型为旅游地标，高速公路与317国道可并行通达，这里成为历史与现实并存之地。

映秀镇是317国道的一个交通节点，北上可抵马尔康、色达或九寨、黄龙、若尔盖，西去可通卧龙、四姑娘山、丹巴、八美等，最终在炉霍县掉转回来，继续沿317国道西进。

②
不参观道孚民居，
犹如到北京不登长城

在映秀镇沿着经过改造提升的303省道西去，会经过卧龙自然保护区、被誉为东方阿尔卑斯的四姑娘山、美人谷丹巴等这些令人神往的世外桃源。

卧龙自然保护区曾在2008年的5·12大地震中受到重创，很多人工饲养的大熊猫被迫迁至他乡。地震已经过去10年，大熊猫生境正在恢复之中，相信在不久的将来，大熊猫会重返故乡。四姑娘山虽然也受到地震影响，但雄姿和秀色依在，经过灾后重建，景区功能和观光体验大为提升。

丹巴碉楼、甲居藏寨、大渡河美人谷、墨尔多神山、雅拉秀谷温泉等，都是四川省道303公路串起的景点。

> 陡峻的大山上密布着数不清的羌寨和藏寨，一座座碉楼和石头房屋，展示出这些民族的历史风尘和生存智慧——虽然多灾多难，但是仍坚强地生存和繁衍着。

P155—156：
若尔盖县有中国最美的湿地，僧人俯瞰的山下建有索克藏寺。

摄影 / 姜曦

从左到右四张图分别展现了317国道沿线少数民族的生活：阿坝藏族羌族自治州理县蒲溪乡休溪羌寨的祭祀活动现场；羌族老阿妈在做羌绣；道孚的藏药泥面具制作艺人，正在给面具上色；收青稞的藏族妇女。

摄影／韦宗宇

与四川省道215交会后，北上沿鲜水河断裂带继续向北，到炉霍与317国道会合。

鲜水河河谷是四川藏区农牧业相对发达的区域。鲜水河是雅砻江的支流，其流域是横断山脉现代地震活动的代表性地区。这一地震活动带大致以西北—东南展布，经炉霍、道孚、八美向东南方向延伸至泸定的磨西南部，全长约350千米。鲜水河断裂带的地震频繁，自1747年以来共发生破坏性地震10余次。其中，较强烈的有1786年康定、泸定、磨西之间的7.5级地震，1816年炉霍7级和1973年炉霍7.6级大地震。最近的一次是2014年11月22日康定县发生的6.3级地震，震源深度18千米。这些区域都保存有清晰完好的地表破裂变形带，相当于天然地震遗迹博物馆。

正因如此，沿途看到的道孚、炉霍等地"崩空式"藏民居，既有防震、抗震功能，又结合本地盛产木材、石材及藏族习俗，极具特色。这些建筑错落有致，分布在河谷两岸青山绿水间，宛如高高低低的琴键，叩响勤劳

与智慧的婉转乐曲。用建筑专家们的话说,"到藏区不去参观道孚民居,犹如到了北京不去长城"。

③
北去,
感受横断山的佛国净土

从映秀镇沿317国道都汶段北上,地震活动仍然频繁,次生地质灾害时有发生。2017年6月和8月,叠溪和九寨沟分别发生特大型山体滑坡和7级地震,造成严重的生命财产损失。

都(江堰)汶(川)马(尔康)高速公路大都在隧道和岷江河床上架桥穿行,沿途多座城镇和羌寨换了新颜,旅游产业迅速崛起,其中挑坪羌寨依然游客如织,米亚罗仍旧红叶满山,古尔沟温泉还是热气腾腾,毕朋沟山水美丽依旧……

一直前行,红色佛国色达五明佛学院隐藏在海拔4000米的高原宽谷之中。那是一座洗尘静心的天堂。佛学院学制为6年,但获得特殊学位"堪布"需要13年。"堪布"在汉语中是大法师的意思,就是佛学修为很高、

上图：

新龙县银多乡的新龙丹霞地貌，核心区山脉大约18.5千米，影响区范围大约150平方千米。其面积大、海拔高、发育完整，是一个潜在的地质公园。

摄影/游建中

下图：

亚青寺是藏传佛教宁玛派的实修道场，修行僧民以觉姆为主。昌曲河围成的小半岛上都是觉姆。这是亚青寺的夏季夜景。

摄影/姜曦

P162—163：

雀儿山是甘孜州著名的高山，有"爬上雀儿山，鞭子打着天"之说。

摄影/姜曦

入藏八线

有成就的僧人，相当于大学教授。佛学院有不少汉地显宗学生，故也设汉经院，由堪布用汉语讲经。

佛学院的僧舍很壮观，连绵数千米的山谷布满了密密麻麻的红色小木屋。佛学院戒律严明，男女僧舍泾渭分明，即使兄妹亲属彼此也不互访。在公共活动空间，身披藏红色僧袍的喇嘛和觉姆（也就是藏族尼众）与游客来来往往，空气中充满祥和气氛。

从色达到甘孜再到马尼甘戈，公路在横断山脉北部平坦的山原上环绕，经过大渡河、雅砻江上游众多的水系支流，草原与森林、云朵和雪山交相辉映，如诗如画。

从新都桥和四姑娘山北上的303省道、215省道，分别在八美、炉霍与317国道会合，前往甘孜。甘孜海拔3366米，以这里为中心，周边有很多诱人的自然与人文景观：可选择217省道，顺雅砻江河谷南下，去新龙，到雅江或在理塘上318国道；也可选择向西南方向，走甘（孜）白（玉）公路，去亚青寺和白玉县城，再沿金沙江而上，回到317国道。

甘白公路越过海拔4800米的卓达拉山垭口，垭口所在的沙鲁里山脉正在修建隧道。之后，公路伸向一片广阔的山原。2016年12月，我在沙鲁里山脉南坡银多乡，发现了一片三叠系地层红色丹霞景观，形态丰富，造型生动，有的像观音像，有的像佛塔，有的像海螺，有的如当地老百姓用泥巴捏成用于祈祷长生的"擦擦"。当地牧民认为这些分布在海拔4200—5000米地带的丹霞景观是上天赐予的恩惠，可庇佑人们身体健康，风调雨顺，草场丰茂，牛羊肥壮。他们将此山奉为神山，取名绒多巴日，意为净土、坛城、极乐世界。当地人每到年节必去转山、供奉。

银多乡的这片丹霞地貌属于青藏高原横断山脉，是迄今为止全国藏区发现的海拔最高、区域最广的丹霞地质景观。

沿317国道继续前行，经过一片平坦的古冰帽遗迹，来到亚青寺，一座被叫作觉姆女儿国的寺院。亚青寺建于1985年，在白玉县昌台区阿察乡境内，常住僧尼两万余，以觉姆为主，是藏区很有影响的大寺院。用于打坐的小盒子房密集排布，都是修行者自己修建的。亚青寺主体所在地是由昌曲河围成的一个小半岛，此岛是世界最大的觉姆区，住的都是修行的尼众师父，岛外才是扎巴区，也就是男僧住地。亚青寺的大经堂名为圆满光明殿，是仿照著名的桑耶寺主殿邬孜大殿而建，气势磅礴，内有160根

> 亚青寺，一座被叫作觉姆女儿国的寺院。亚青寺建于1985年，在白玉县昌台区阿察乡境内，常住僧尼两万余，以觉姆为主，是藏区很有影响的大寺院。

160

峡谷冰川考察之路

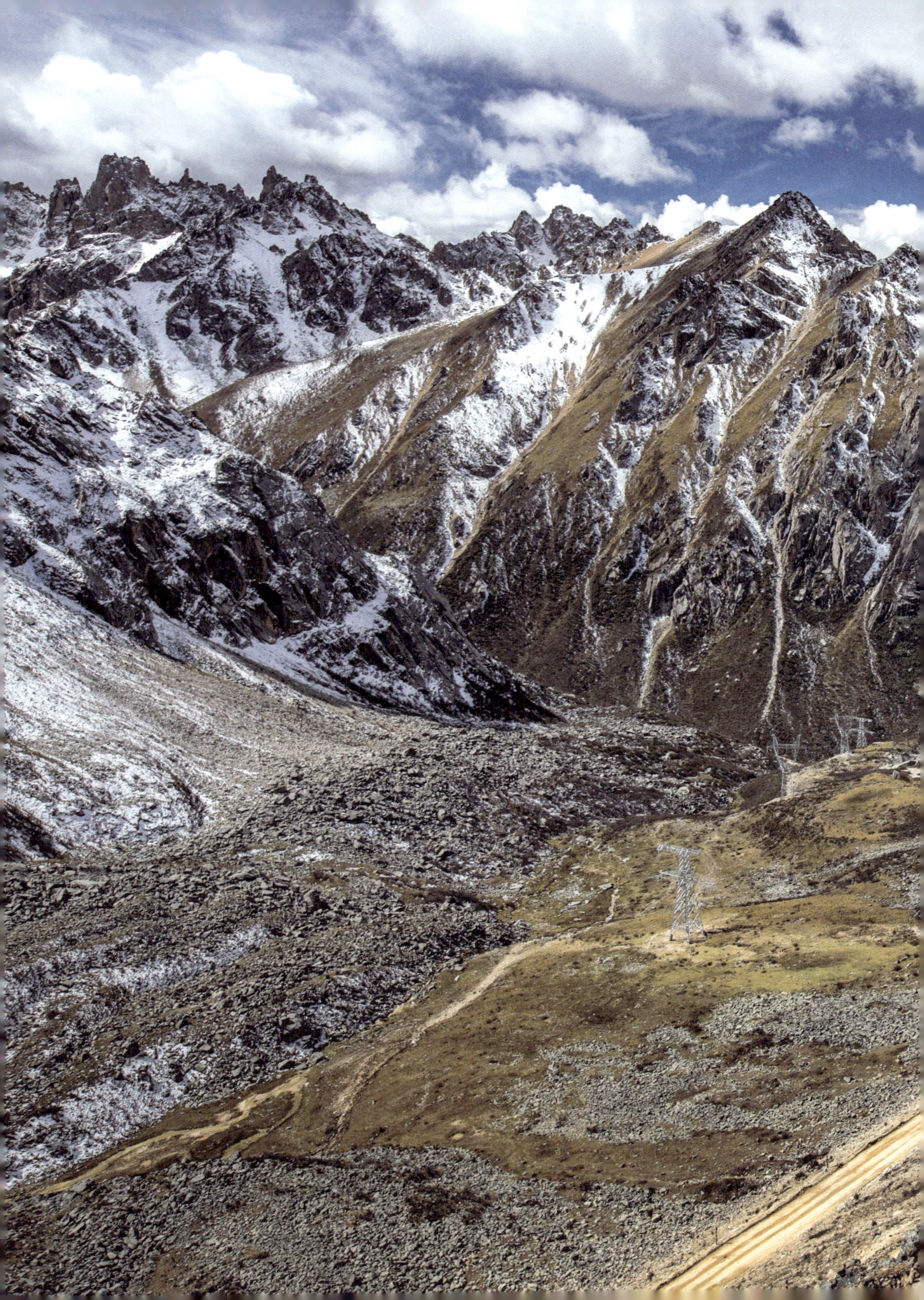

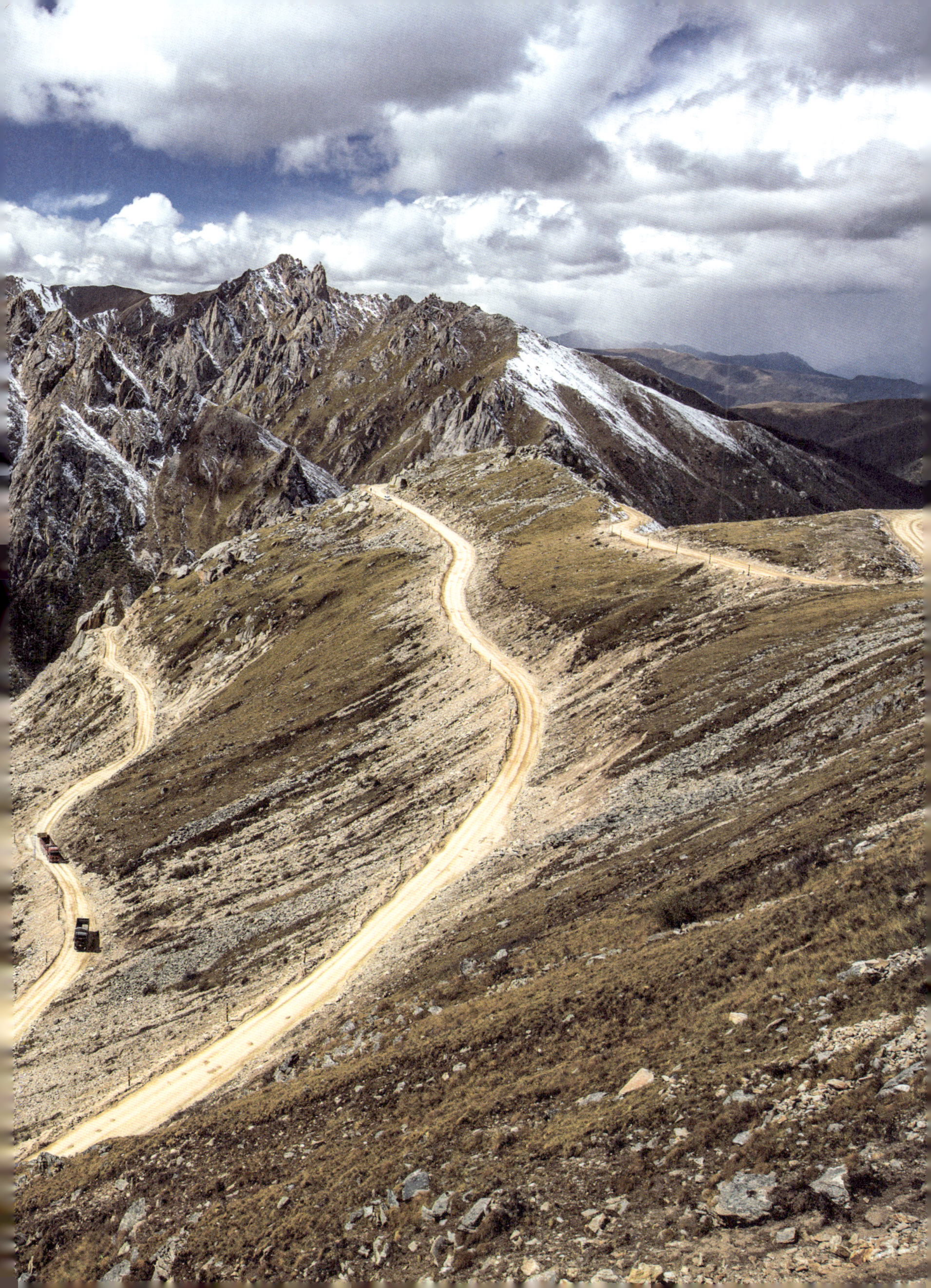

柱子，寓意深远。

亚青寺离白玉县城122千米，离甘孜县城102千米，是与色达五明佛学院齐名的大型修学地。两者的区别在于，色达是佛学院，亚青是实修地。

从甘孜县城再沿317国道前行，到马尼甘戈。这又是一个节点：向西北走217省道可去格萨尔王诞生地，即位于雅砻江边的阿须。

格萨尔王在藏族人民的传说里是英雄的化身，他一生戎马，降妖伏魔，除暴安良，扬善抑恶，弘扬佛法，传播文化，南征北战，统一了大小150多个部落，使岭国领土始归一统，是藏族人民的旷世英雄。

格萨尔王生于1038年，殁于1119年。格萨尔王去世后，岭葱土司翁青曲加于1790年在今阿须熊坝协苏雅修建了格萨尔王庙，现在原址重建为格萨尔王纪念堂。康巴藏区是格萨尔王传说最集中的地区，几乎每个地方都有格萨尔王的英雄典故和传说，根据格萨尔王及30员大将的各种活动而命名的地名就有许多处。

④
**雀儿山脚下的
新路海和德格印经院**

沙鲁里山脉北段的雀儿山，如一道高大的巨墙挡在317国道上，山顶上的石芽、石柱犹如英武的卫士，守卫着这座大山，盘山而上的公路曾经令很多司机望而生畏。雀儿山主峰海拔6168米，公路垭口海拔4920米，为317国道之要塞，故有"爬上雀儿山，鞭子打着天"之说。如今，雀儿山隧道从海拔4240米的山腰穿过，使路程比原来缩短近50千米。

雀儿山下317国道旁的新路海，是我国最大的冰川终碛堰塞湖，面积近3平方千米，湖面海拔4020米。从每年9月下旬开始封冻，至翌年3月下旬解冻，其冰冻期长达半年之久，冰层可厚达60厘米。湖周布满云杉，其树龄都很长。新路海上游冰川侧碛上的云杉，树龄均在100年以上，新路海下游冰川终碛垄上的云杉，树龄可达580年。暗绿色的云杉，映着冰清如玉的湖面，真乃纯洁之仙境。

穿过新建成的雀儿山隧道，很快就来到同样位于雀儿山脚下的德格印经院。德格印经院赫赫有名，被尊为藏区三大印经院之首，素有"藏文化大百科全书""藏区璀璨的文化明珠""雪山下的宝库"等盛名。它始建于清雍正七年（1729年），占地面积约5000平方米，总建筑面积9000余平方米，1996年被国务院列为全国

> 德格印经院赫赫有名，被尊为藏区三大印经院之首，素有"藏文化大百科全书""藏区璀璨的文化明珠""雪山下的宝库"等盛名。

德格印经院是藏区三大印经院之首。这两张图展现的是手工印刷经文的过程。

摄影／游建中（左图）
姜曦（右图）

重点文物保护单位，2009年被联合国教科文组织列入《人类非物质文化遗产代表作名录》。

德格印经院藏书丰富，门类齐全，以各教派兼容并蓄著称于世。其创始人丹巴泽仁虽信奉红教，但他并不排斥其他教派的经典，这使德格印经院超过其他几个印经院，形成特色。其藏书之丰，在我国藏族地区各印经院中首屈一指——佛教经典、天文、地理、医学、历史、文学、音乐、美术、工艺技术等方面的丛书或专著200多部，其中还有一些珍本、孤本。如院中收藏的《印度佛教源流》，是研究汉地佛教和考查历史上汉、藏关系的珍贵史料，在佛教的发源地印度早已失传；有着300年历史的梵文、尼泊尔文、藏文对照的《般若八千颂》经版，亦为世界所仅有。

在雀儿山脚下的德格和白玉的原始森林峡谷里，分布着众多噶举派、宁玛派、格鲁派以及本教寺庙，如八邦寺、热加寺、打莫寺、孔马寺、白玉寺等。这些寺庙与雪山、草原、森林、藏寨构成一幅幅真情实景的香巴拉，是现代人梦想的世外桃源。

在318国道通过的巴塘县，沿巴曲河上游新建成的白（玉）巴（塘）水电专用公路，将317国道和318国道连接起来，这是距离最近的川藏南北线的连接线。

从德格县城出发，过金沙江岗托大桥，进入西藏。入藏以后，317国道已经发生或正在发生着巨大变化，全程路面加宽基本完成，达玛拉山盘山路的危险段已经改道，以前难走的矮拉山盘山路也正在修建隧道，可直奔昌都，畅通无阻。

⑤
**藏东明珠昌都，
川、滇、青、藏四省交界的咽喉**

昌都地处横断山脉三江并流的

孜珠山是本教的四大神山之一，孜珠寺是本教大寺，也是高海拔的寺院之一。

摄影／沈云遥

澜沧江峡谷扎曲和昂曲汇合处，海拔3250米，不仅是澜沧江起点，而且是西藏与四川、青海、云南交界的咽喉，是川藏公路和滇藏公路的必经之地，也是古代茶马古道上的重镇，素有"藏东明珠""藏东重镇"的称谓。

新石器时期的卡若遗址位于澜沧江西岸，卡若村部分地表下的新石器时代的房屋、道路、石墙等初级村落遗址，静静地诉说着青藏高原人类5000年的历史。昌都、察雅、芒康盐井一带，是藏族史诗《格萨尔王》中"浆巴"篇记述的格萨尔与炯巴人争夺食盐的交战地区。通过考古发现与实地调查，可以发现不少当地居民传说的炯巴人留下来的石墙、石阶等建筑遗址。

强巴林寺位于昌都镇昂曲和扎曲两水交汇处，是藏区格鲁派最大寺院。传说格鲁派创始人宗喀巴16岁时由青海到拉萨学经途中，路过这两水交汇的秀美之地时曾预言这里将是弘扬佛法之地。1444年，强巴林寺由宗喀巴的晚年弟子西饶桑布历时8年建成。建寺时，西饶桑布到多户人家讲经化缘，这些人家纷纷将自家草场奉献出来做建寺之址。强巴林寺曾由格鲁派的多位著名高僧主持过，在康区已有130个分寺，多集中于昌都、察雅、八宿、硕板多、桑昂曲及波密地区。

孜珠寺也是一座举足轻重的大寺，位于317国道丁青县境内的孜珠山上，海拔4500米左右，是西藏高海拔寺院之一，也是雍仲本教最古老、最重要的寺庙之一。佛教传入西藏前，藏族信仰的是原始本教。孜珠寺始建于3000年前，由大成就者第一世穆邦萨东大师创建，至今已传至第四十三世。

孜珠山是本教的四大神山之一，异峰突起，挺拔险峻，怪石嶙峋。"孜珠"意为六座山峰，象征观音菩萨用慈悲和智慧度化六道众生。孜珠寺地处其上，远离世俗社会，一直保持着纯净的修法氛围。

⑥
**藏北地质走廊，
惊喜连连的视觉盛宴**

如果说在川藏线318国道或317

国道上，穿越横断山脉是在走读一部地质巨卷，那么沿着317国道与214国道重叠的一段到达类乌齐县后，如果不沿214国道北上青海玉树，而是继续沿317国道西去藏北那曲，你就会进入一条地质长廊，可以领略青藏高原地质演变的奇特画卷。

出昌都，要翻过海拔4700米的角拉山垭口（角拉山隧道正在施工中）。这是藏东地区延绵不断的喀斯特峰丛石芽山脊的一处隘口，如伶牙俐齿般，光秃裸露在红色砂岩的夹层中耸立成脊。喀斯特山脊两侧是砂岩红层造型景观，规模宏大，形态丰富。这是造山运动和风水侵蚀的杰作，是一段地质博物走廊，更是藏北象雄文明的生动写照。河谷两岸是田园诗般的村落、寺庙，其互相辉映，别有意境。

唐古拉山脉应该是大众最熟悉的著名山系之一，因为它的名字总跟长江、黄河等连在一起，是亚洲诸多大河的发源地。拥有如此巨大的"能量"，只因它保存着两处现代冰川中心：以青藏公路唐古拉山口为界，西段的冰川中心以6621米的各拉丹东雪山冰川为主，是长江正源和藏北内陆河流扎加藏布、曾松曲的源头；东段的冰川群在317国道以北，以海拔6328米的布加岗日雪山冰川群为主，是长江南源当曲和澜沧江及怒江的源头。东西两段700余千米长的冰川群，堪称"中国的国际河流之母"。

沿着317国道与唐古拉山平行前进，红色地层与绿色草原在太阳光影的变幻中，组成丰富多彩的图案。过了巴青县城，河流切割加深，越野车在地形地貌变化频繁的道路上奔驰，忽而在垭口，忽而在谷地。高大、巍峨的布加雪山展现在眼前。冰川从雪山顶直泻而下，悬垂于陡峭的山谷间。据《中国冰川目录》记载，布加雪山共发育冰川124条，冰川面积达184.28平方千米，冰川数量多，分布密集，十分罕见。

> 这4条冰瀑型山谷冰川，冰川尾部均有冰湖、湿地草原、村落和牧场，简直就是在享受一场视觉盛宴。

从索县雅安镇的结隆塘村离开317国道，向左拐入乡间便道，然后在错嘎拉村向右沿着溪流而上约15千米，便到了一个冰湖牧场。冰湖长约1.5千米，宽约800米，尽头是巨大的冰瀑布。这个冰瀑布从布加雪山约5900米的高度一泻而下到4300多米的湖面，落差达1600米。而贡嘎山海螺沟冰瀑只有1080米高，远在它之下。冰瀑最宽处800余米，长度大约11千米，气势恢宏，非常壮观。这支冰川的名字很有意思，叫足学会冰川。

从错嘎拉村向左，沿溪流而上近10千米，来到另一处略小些的冰湖，冰湖尽头同样是"海螺沟"式的大冰瀑，落差也在1000米以上。这个冰

上图：
317 国道唐古拉山东段的布加雪山，冰川发育数量多且分布密集，十分罕见。这是位于布加岗日雪山北坡的炳耸冰川。
摄影/杨勇

P170—171：
那曲高寒草甸草原是中国最美的草原之一，它比大多数草原多了一种壮美之感。
摄影/杨勇

川叫坡戈冰川。在布加岗日雪山南坡，一共有4条这样的冰瀑型山谷冰川，冰川尾部均有冰湖、湿地草原、村落和牧场，简直就是在享受一场视觉盛宴。

沿着铺满冰雪的乡村公路驶入丁青县嘎塔乡江塔村，视野逐渐开阔，布加岗日雪峰显露无遗，几条冰舌并排下泻，能够看到唐古拉山脉东段更加绚丽的雪山和冰川景色。

唐古拉山脉横亘于青藏高原青海省和西藏自治区之间，是暖湿气流与干冷季风的重要分界线，也是长江、怒江和澜沧江的分水岭。山脉大致为东西走向，从西端的各拉丹东雪山，向东延伸至西藏丁青东部，与横断山脉的他念他翁山相接，构成了长江、澜沧江和怒江三条世界大河的发源地和分水岭。这种大河同源于一条山脉的现象，在地球上极为罕见。

317国道从类乌齐出发的500多千米基本上与唐古拉山脉平行，并在那曲与青藏线会合，向西沿301省道进入藏北羌塘高原，向南就是圣城拉萨。

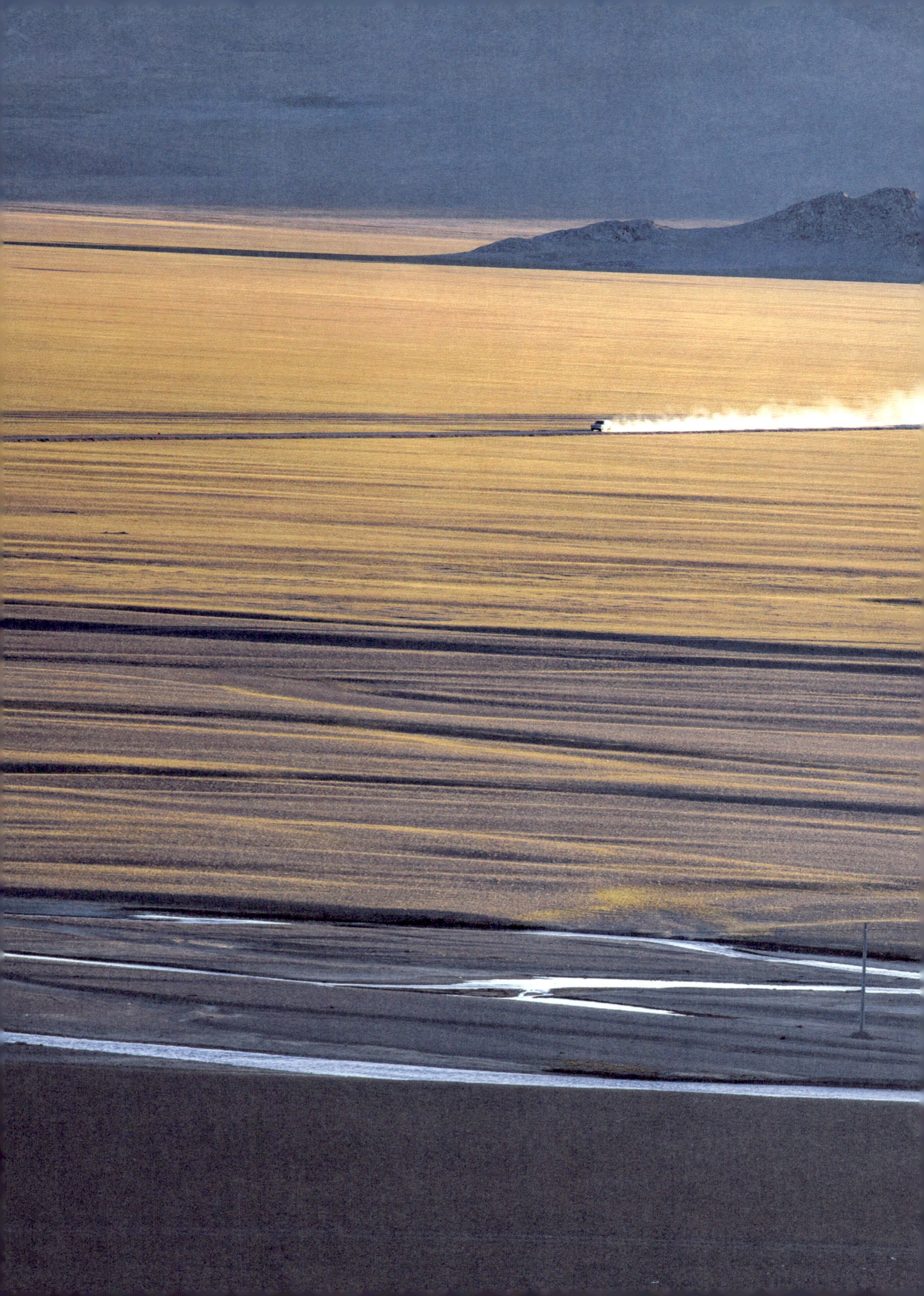

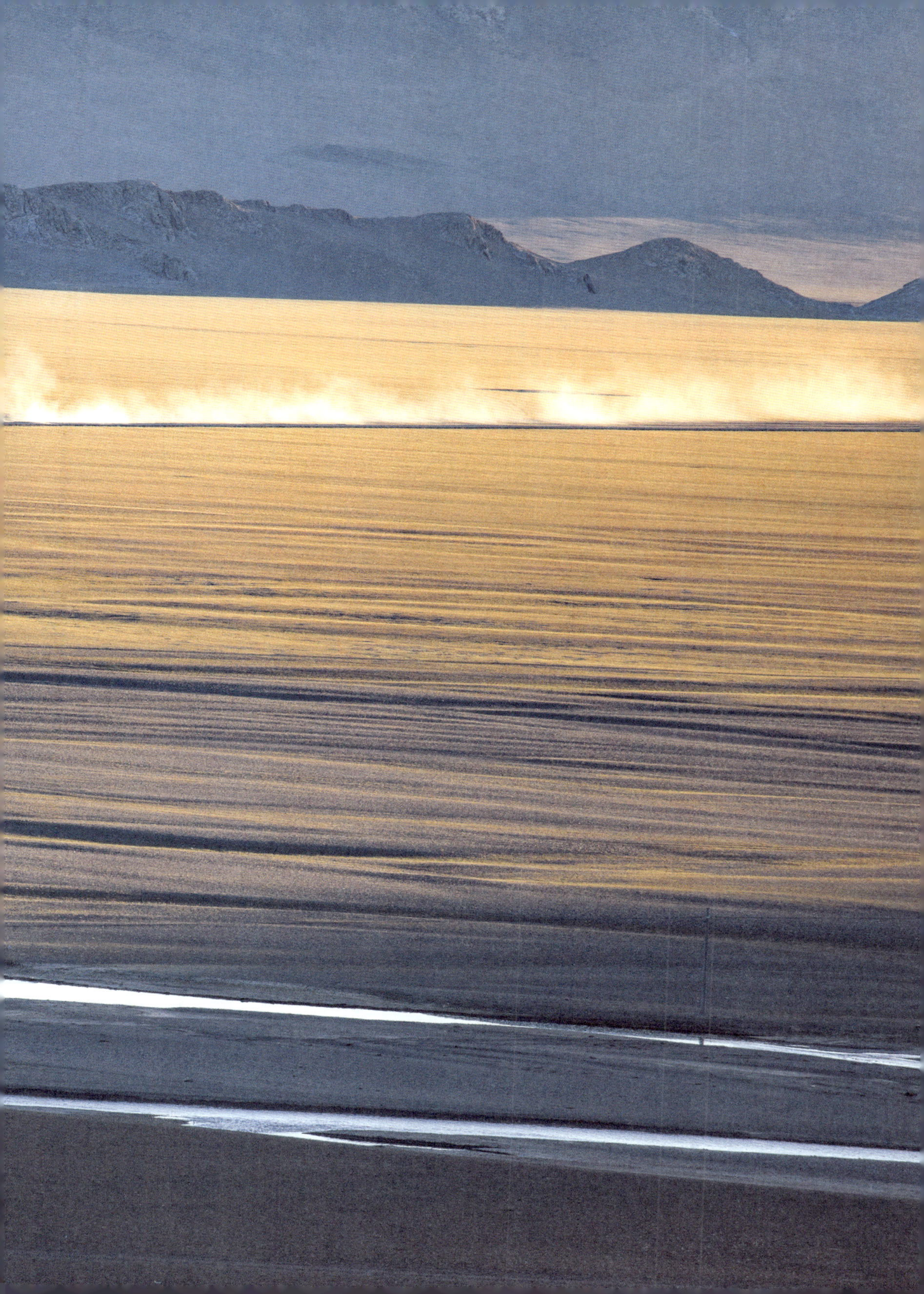

川藏北线

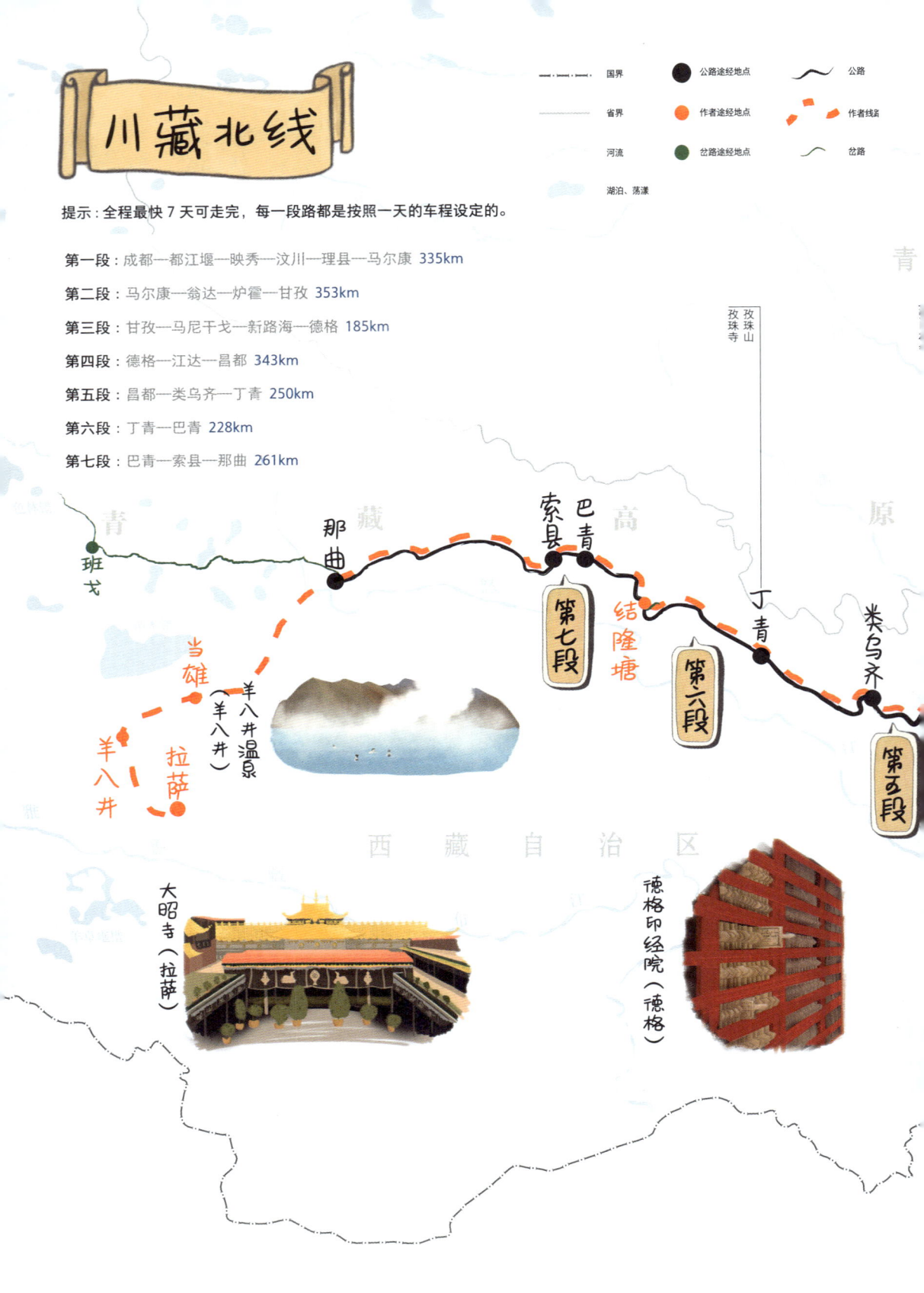

提示：全程最快 7 天可走完，每一段路都是按照一天的车程设定的。

第一段：成都—都江堰—映秀—汶川—理县—马尔康 335km
第二段：马尔康—翁达—炉霍—甘孜 353km
第三段：甘孜—马尼干戈—新路海—德格 185km
第四段：德格—江达—昌都 343km
第五段：昌都—类乌齐—丁青 250km
第六段：丁青—巴青 228km
第七段：巴青—索县—那曲 261km

海拔（m）

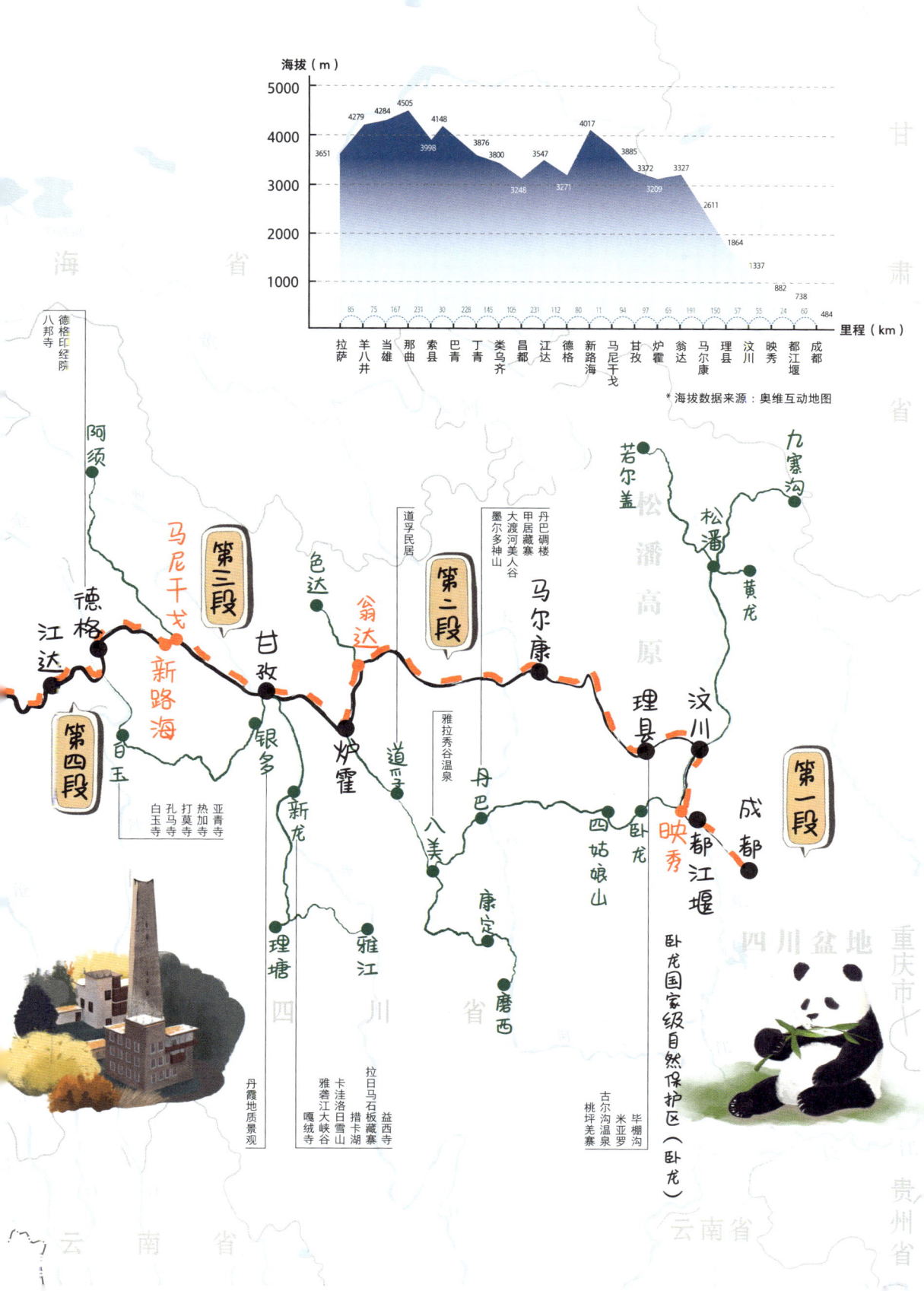

海拔	里程(km)	地点
3651		拉萨
4279	85	羊八井
4284	75	当雄
4505	167	那曲
3998	231	索县
4148	30	巴青
3876	228	丁青
3800	145	类乌齐
3248	105	昌都
3547	231	江达
3271	112	德格
4017	11	新路海
3885	94	马尼干戈
3372	97	甘孜
3209	65	炉霍
3327	191	翁达
2611	150	马尔康
1864	57	理县
1337	55	汶川
882	24	映秀
738	60	都江堰
484		成都

* 海拔数据来源：奥维互动地图

第四段：江达—德格—马尼干戈—新路海

第三段：新路海—甘孜—翁达

第二段：翁达—马尔康—汶川

第一段：汶川—映秀—都江堰—成都

地点参考：阿须、德格印经院、八邦寺、白玉、孔玛寺、打马寺、热加寺、亚青寺、银多、新龙、理塘、雅江、色达、道孚民居、道孚、八美、丹巴、四姑娘山、卧龙、康定、磨西、丹巴碉楼、甲居藏寨、大渡河美人谷、墨尔多神山、雅拉秀谷温泉、若尔盖、松潘、黄龙、九寨沟、映秀、都江堰、卧龙国家级自然保护区（卧龙）、毕棚沟、米亚罗、古尔沟温泉、桃坪羌寨

丹霞地质景观

拉日马石板藏寨、卡洼洛日雪山、雅砻江大峡谷、措卡湖、益西寺、嘎绒寺

人少景美的野性之路

317 国道和 318 国道这两条从川进藏的国道相比较，317 国道的知名度要小于 318 国道，路况也比 318 国道略差，行驶难度相对大些。不过，这给行路者带来了一份意料之外的体验：317 国道全线车少、清净，商业气息不太浓，自然景观与 318 国道沿线不相上下，人文风情相对更加淳朴。

从旅行的角度看，川藏北线 317 国道可以以昌都为界，分成东、西两段。东段的主体位于四川境内，小部分在西藏自治区。这段路会经过甘孜藏区的核心地带，途经的道孚、甘孜、德格等县都是康巴地区的重要地点，昌都更是"藏东明珠"。在这些地方，人口相对密集，文化繁荣，城市和乡村的各种基础设施和商业服务也比较完善，既能够近距离体验丰富多彩的康巴文化，也无须担忧食宿。从昌都往西直到那曲的路段则荒凉得多，不仅路况不佳，城镇的基础设施和经济水平也相对较差，交通运输基本不会选择这条路。

不是老司机，也能体验北线

只要能在普通山路上熟练驾驶，就基本能够驾驭川藏北线的东段。雀儿山是整个 317 国道四川段的制高点。从甘孜到德格的公路先前需要翻越海拔超过 5000 米的雀儿山垭口，弯多、坡急，但风景绝美。2017 年 9 月雀儿山隧道开通后，317 国道的通行难度大大降低，当然，这也会以牺牲一些风景为代价。

到了昌都以西的路段，需要具备更丰富的藏地驾驶经验。317 国道昌都到那曲段过去被叫作"黑昌公路"，曾是藏地出名的崎岖之路。昌都到类乌齐段公路是领略横断山区山险峡深的自然地貌最好的地方之一，道路高高"挂"在悬崖绝壁之上，狭窄难行，与过往大货车或者客车会车时比较惊险，对经验不够丰富的驾驶员是一个大考验。丁青到巴青的 232 千米路段曾经被认为是中国最难走的路之一，如今大多

关于高原反应，你该知道的事

高原反应的大致症状是头痛、头昏、胸闷、气短、心跳加速、厌食、失眠、呕吐等，其程度轻重、适应期长短，因人而异，大多数人两三天就会逐渐适应。很多情况下，高原反应是心理负担过重引起的，放松一些，调整好情绪尤为关键。

在进藏前不要刻意锻炼身体。如果平时一直坚持锻炼，在赴藏前半个月也应停下来。因为适应高强度锻炼后的身体，需氧量增大，在西藏时反而会增加心脏的负担，更容易引起高原反应。可在出发前半个月，每日含服西洋参片，或服用一些诺迪康、红景天、高原安等增加免疫力、缓解高原反应的药物，并可考虑适当准备氧气以应对未知情况。

进入高原后不要剧烈活动，这是所有人都知道的避免高反的常识，但生活中一些猛烈使劲的动作经常会被忽视，比如用力过猛的蹲式排便，其实也可能是诱发高反的罪魁祸首。

已有刚铺好、可供通行的路面，只剩下约 30 千米的路段在修隧道。

如果你是新司机，车技略逊，又不想放弃川藏北线上丰富多彩的康巴风情，那可以选择一条相对折中的路线：到达昌都后，继续南行至邦达镇，借道早已非常成熟的 318 国道西藏段前往拉萨。

穿越横断山区，当心高反

横断山区的相对落差很大，川藏北线东段的平均海拔大约 3500 米，在德格这样的山谷里海拔甚至不到 3000 米，因此一般人不至于出现严重的高原反应。但在川藏北线西段，昌都以西的路段平均海拔在 4000 米以上，往往容易出现不舒服症状，行动就要慢些了。

Tips

贴士信息截止时间：2018.09.01。

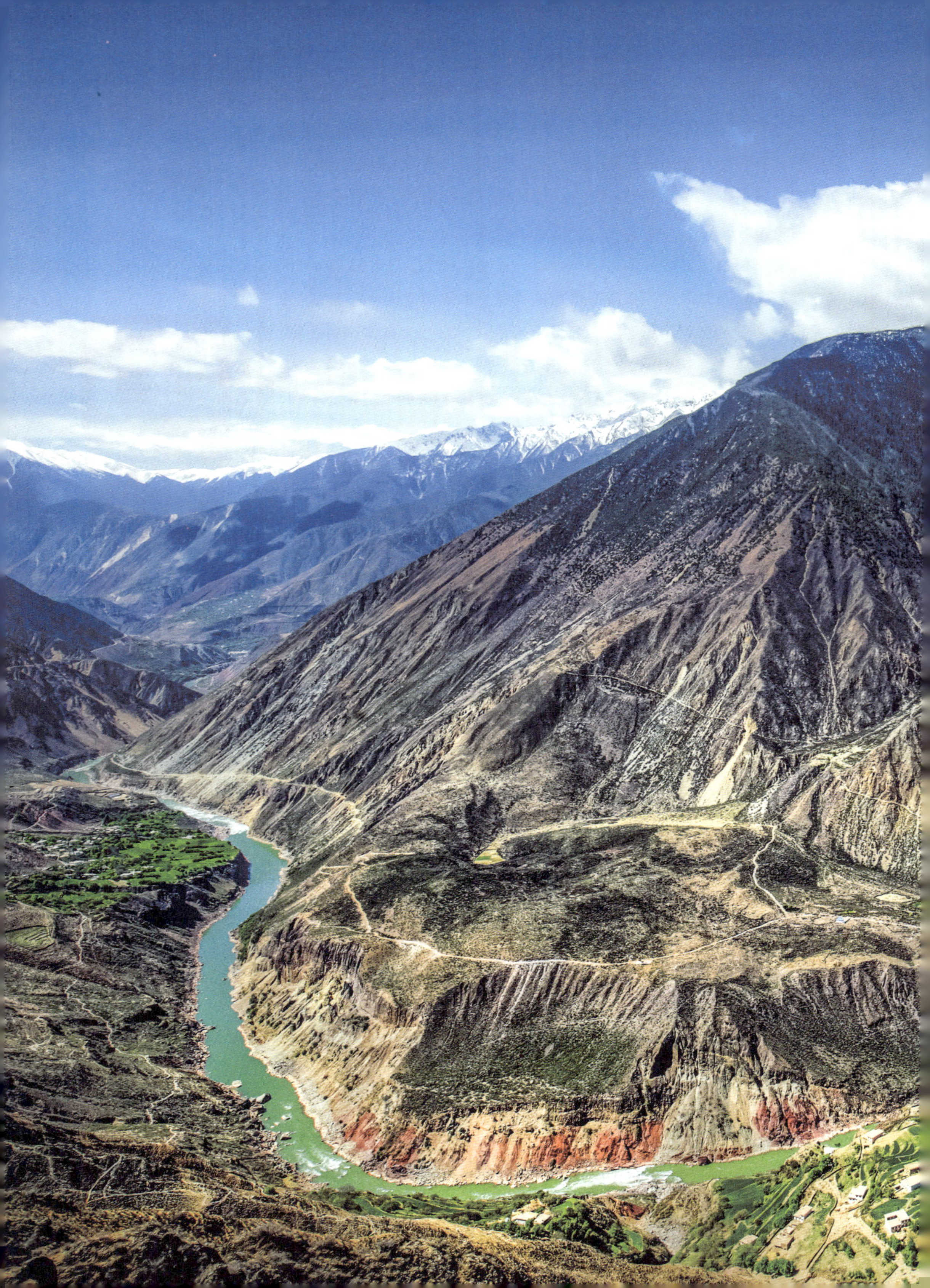

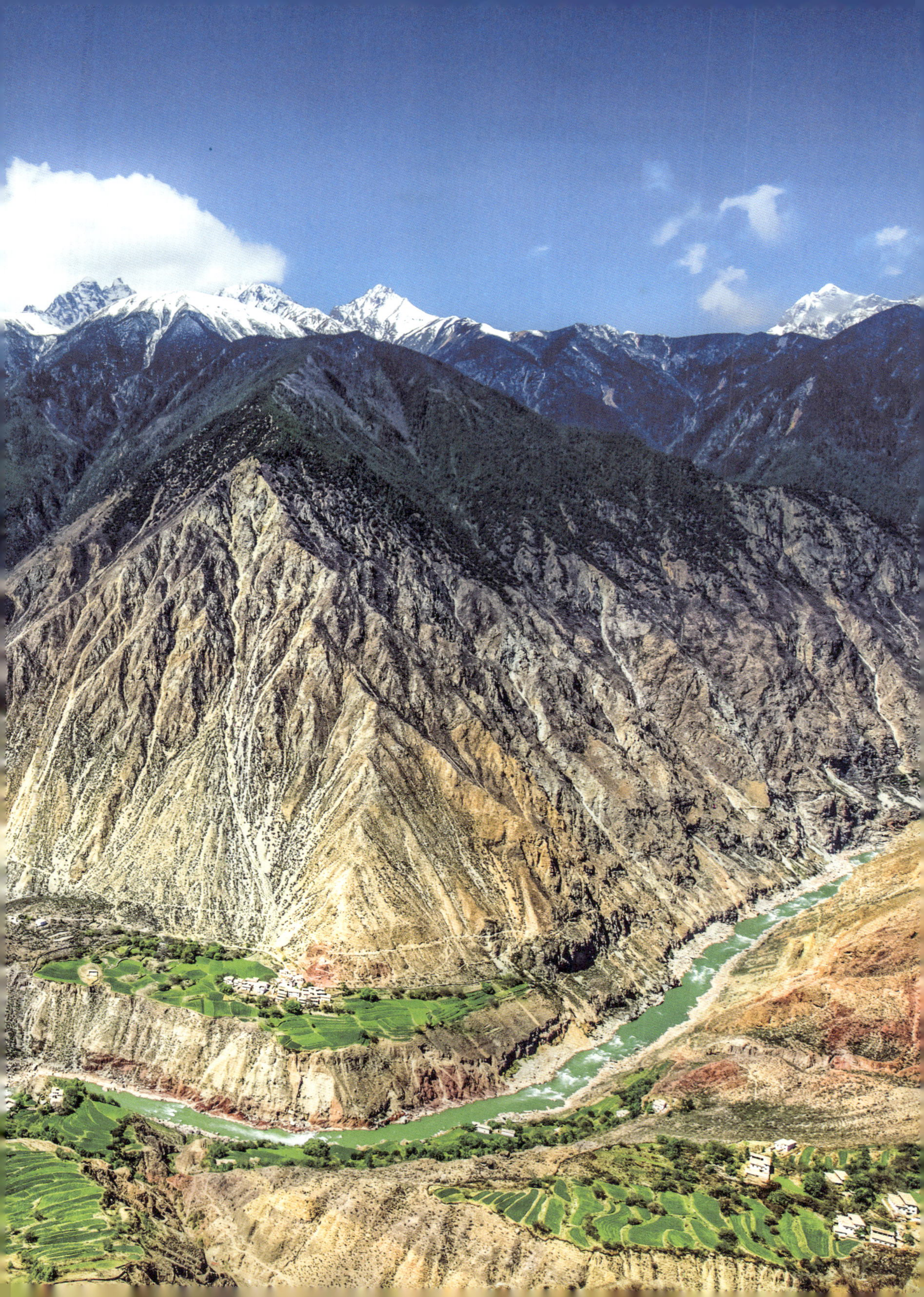

多元文化体验之路
滇藏线，纵贯横断山的风景线

⊗ 谢罡

　　1984年，我军校毕业后跟随作战部队回撤驻地剑川县时路过大理，第一次见到这样的情形：青翠的苍山上点缀着寺庙，耸立的三塔在朝阳中显得格外亮丽，微风吹拂着古城墙上的彩旗，图画般的民居小院盛开着红红的山茶花，错落有致的小街上走动着似乎有点懒散的人们。我向连长打听，他说："大理一带风景点太多了，顺着这条滇藏公路北上，有的是你拍照的地方，是景观道嘛。"他掰着指头给我列举了一连串的地名——苍山、洱海、大理古城、喜洲古镇、周城古镇，然后是上关、西湖、砦碧湖、石宝山、牛街温泉、沙溪古镇、剑川古城……

　　后来，我慢慢了解到滇藏公路与历史上云南进入西藏的茶马古道路线走向大体一致，其始建于1950年，于1976年7月6日建成并正式通车，1988年成为214国道的一段，是云南进入西藏的主干线。滇藏公路起于大理市下关镇美登大桥，经大理市大理镇、洱源县、剑川县、玉龙县、香格里拉市、德钦县、芒康县曲孜卡乡，止于西藏芒康县城，全长698千米，其中云南段558千米，西藏段140千米。

① 滇藏线都是名副其实的风景线

通过多年来的认识和了解，我发现滇藏线有着其他进藏线路无法媲美的优势——景观丰富多样，特点十分鲜明，是一条名副其实的风景线。

纵越三江并流核心区。滇藏线是唯一一条全程沿着澜沧江、金沙江流向而行的公路线。似乎公路线在玉龙县雄鼓村才与金沙江接触，其实金沙江在距大理60千米的宾川县钟英乡就开始了。之后的公路，要么与河道平行而上，要么贴着江岸蜿蜒，与金沙江、澜沧江一路"牵手"直到芒康县。因此，三江并流全域皆峡谷的特征也成为滇藏线的突出特点之一，其中直接经过险峻峡谷段的有虎跳峡、五境—奔子栏金沙江峡谷，梅里—曲孜卡澜沧江大峡谷。

连接著名风景名胜区。滇藏线虽然不足700千米，却一路串联了大理、丽江、香格里拉、梅里雪山、千年古盐田、红拉山等风景名胜，以及苍山洱海国家级自然保护区、白马雪山国家级自然保护区、芒康滇金丝猴国家级自然保护区、玉龙雪山省级自然保护区、哈巴雪山省级自然保护区、梅里雪山和滇金丝猴等多个国家公园。这些风景名胜，充分展现着滇藏线的景观多样性，沿途既能观赏冰川雪山、江河峡谷、森林湖泊，又能感受民族风情，还能欣赏奇花异草和珍禽异兽。

多样性气候感受线。"坝子里摇扇乘凉，山峦间观山赏雪"，这是我对滇藏线的总结。这条路线上的山脉落差大，走向不规则，在很短的时间里就能在山麓的平坝和高海拔的大山之间跨越若干气候带，观赏到不同的景色。澜沧江、金沙江又受到干热河谷的"焚风效应"和"山谷风"，以及北环流带和北上暖湿气候的共同作用，影响了气候分布，加快了气温的递增和递减，导致区域性小气候特征尤为明显，出现"一山分四季，十里不同天"的气候特点。

比如，芒康县曲孜卡至红拉山口直线距离约20千米，是滇藏线相对纬度很高的地方，6月份的时候，海拔4300米的红拉山上还有残雪遍布，而干热河谷里海拔2300米的拉久西村、曲孜卡、盐井等地却很炎热。滇藏线总体上是高山峡谷并列，香格里拉以北多高寒带，但河谷地带的海拔仅在1800米至2300米之间，大环境氧气充足，所以在这里居住和出行非常舒适。

民族与宗教文化的体验线。滇藏线的一个突出特点是少数民族分布

> 滇藏线山脉落差大，走向不规则，能在很短的时间里跨越若干气候带，观赏到不同的景色。

P176—177:
滇藏线纵越澜沧江峡谷约130千米，是滇藏线重要的景观组成部分。在芒康红拉山景观台远眺，"W"形转弯尽显气势磅礴。

摄影/谢罡

西南地区把山间小盆地称之为"坝子",滇藏线从苍山洱海之间的大理坝子中央穿越,地势平坦,风景秀丽。

摄影／谢罡

多,宗教信仰多样。从大理到芒康是藏传佛教和大乘佛教的影响区域,同时又分布着道教、基督教、天主教和伊斯兰教,以及独树一帜的原始崇拜。一路上可以体验白族、回族、普米族、傈僳族、纳西族、彝族、藏族等民族风情,遇节庆时文化活动更加丰富多彩,如藏族的"藏历节""纳帕节""赛马节",白族的"本主会",彝族、白族、纳西族等族的"火把节",纳西族的"东巴祈福"等,都为滇藏线注入了不可多得的文化元素。

交通区块连接的风景线。如果把滇藏线主线比作穿越风景区的观光

图"、诺邓古村，以及云龙至兰坪沘江流域的多个百年古廊桥、剑川老君山、石宝山和沙溪古镇；再如玉龙雄鼓—石鼓—枒顶—德钦奔子栏一线，可以观赏玉龙石鼓古镇、长江第一湾、黎明千龟山、香格里拉金沙江景观、维西塔城滇金丝猴基地、五境—奔子栏金沙江峡谷。沿着这样的"观光小道"慢慢行走，会感受到更多的精彩之处。

②
大理，
五个著名历史遗迹与文化符号

苍山洱海之间的风花雪月、冬暖夏凉和明媚阳光，参与刻画了大理的清晰历史符号。大理的古城、古镇、古村较多，这是曾经的南诏国、大理国留下的痕迹，记载了2000多年来大理六诏兴衰、列国往来和天宝战争等历史，又反映出古老大理与吐蕃（今西藏）、东南亚、中原文化的密切交流状况。

滇藏线从苍山洱海之间的大理坝子中央穿越，这里平坦开阔，物产丰富，风景秀丽。从下关到上关约41千米，主要有五个代表性的历史遗迹：第一个是龙尾关遗址，位于滇藏线起点的西洱河畔，迄今已有1260余年，是屯兵御敌的重要关隘，也是与唐朝两次天宝战争的主战场；第二个是南诏太和城，位于太和村，这是最先把苍洱地区推向历史

大道，那么与之相辅相成的"观光小道"也很丰富。从大理到芒康，交通节点上几乎都有岔道和迂回公路，与滇藏线分分合合，组网成片。路况较好的迂回路与景观线路有多条，如大理下关—云龙—兰坪—剑川甸南这条线，可观赏云龙沘江上的"天然八卦

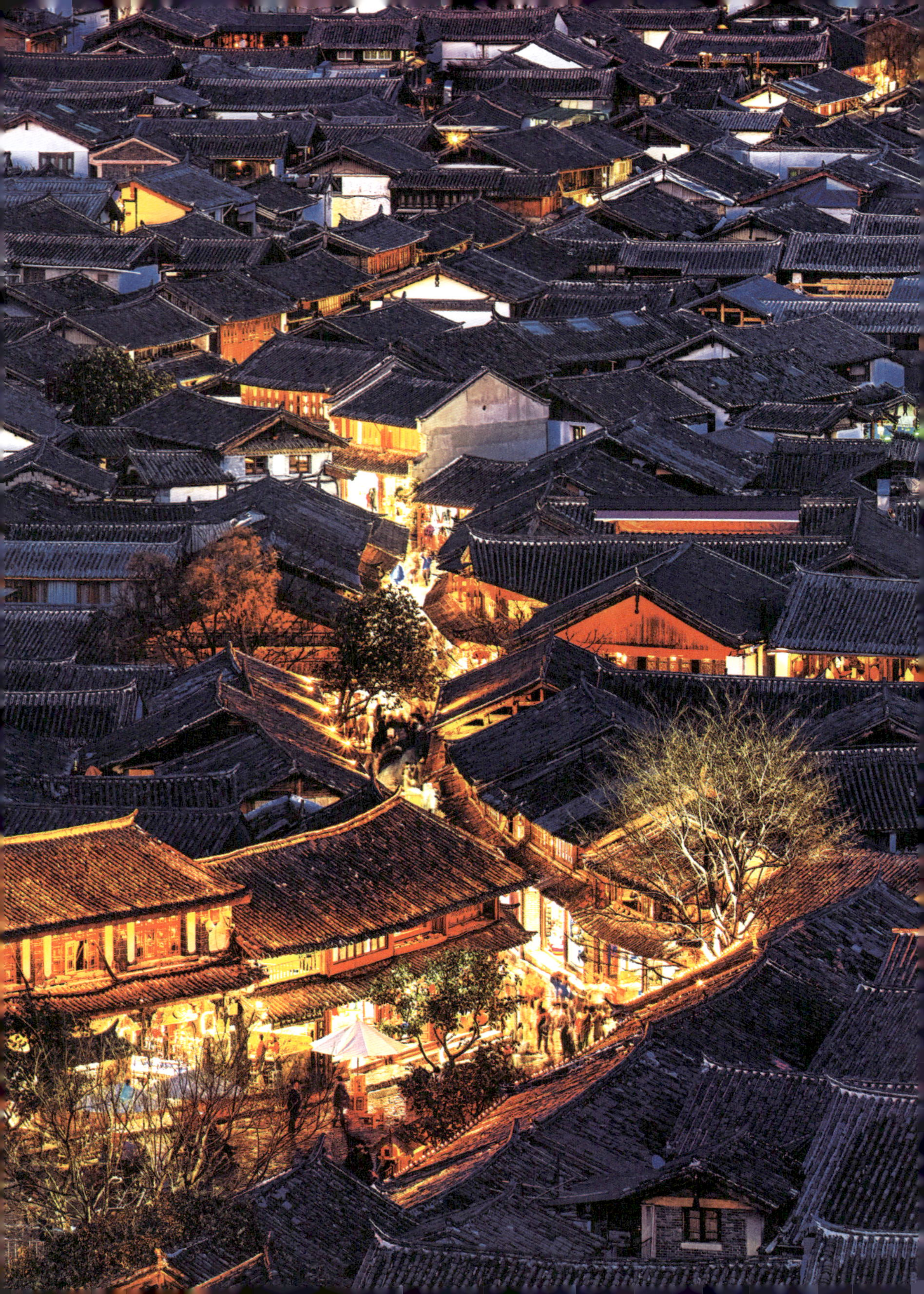

左页：
丽江是纳西族聚居地，这些纳西族古民居保存完好，十分可贵。
供图／视觉中国

右页图：
大理是白族聚居地，白族扎染特色鲜明；沙溪古镇位于大理与丽江之间，也是少数民族聚居地；滇藏线上少数民族众多，衣饰很有特点。
供图／视觉中国

前台的古都，为全国重点文物保护单位，现存的南诏德化碑，是研究南诏建国初期各阶层结构、官职制度的重要资料；第三个遗迹是大理古城，其又名叶榆城、紫城，为中国首批历史文化名城，始建于1382年，在唐宋500多年间曾是云南的政治、经济、文化的中心，承载着大理的历史文化、宗教文化、民族文化；第四个遗迹是崇圣寺三塔，其位于大理古城西北部，由一大、二小三阁组成，是大理"文献名邦"的象征，云南古代历史文化的象征，也是中国南方最古老、最雄伟的建筑之一，为全国重点文物保护单位；最后一个遗迹是喜洲古镇，这里是重要的白族聚居城镇，有保存完好的白族民居古老建筑群，是研究白族建筑文化和艺术创造力的重要地点。

③
**沙溪古镇的寺登街，
茶马古道上唯一幸存的古集市**

从大理出发，沿滇藏线向北100千米，就是以木雕工艺闻名的剑川县。以白族为主体的剑川，其文化元素中

多元文化体验之路

印刻有古往今来滇藏交流的印记，最有代表性的就是沙溪古镇。沙溪是一个青山环抱的小坝子，黑惠江从坝子中央蜿蜒穿过，但石钟山石窟、鳌峰山古墓葬群、华丛山铜矿遗址，将这个小镇的历史推向2000多年前。更为重要的是，沙溪处在南诏、大理国通往西藏的必经之路，是两地经济、文化交流的通道，也是茶马古道的历史见证。

沙溪寺登街是茶马古道上唯一幸存的古集市。"寺"即指建于明代已有600多年历史的兴教寺，"登"白族语为"地方"，"街"即古集市，意即"兴教寺所在地方的茶马古道古集市"。世界纪念性建筑遗产基金会2001年将寺登街列入101个世界濒危建筑保护名录。

寺登街在沙溪南来北往的重要节点上，既能物资互市，又可提供住宿，还能进行文化交流和娱乐休闲。其建筑以四方街为中心，由四方街、东巷、南北古宗巷为纽带，向四周辐射。这片历史古建筑街区，主要由兴教寺、魁阁带戏台、马店、玉津桥、南寨门及明清古民居群构成。马店分布在以四方街为中心的各个巷道中，大都是前铺后院，既可以经商，也可以住宿。玉津桥和北寨门是通往西藏的标志，东寨门亦被称为"街子门"，表示进了此门就是集市。东寨门用土坯垒砌而成，门楼简陋，有些狭窄，保留了茶马古道集市的城门仅容两匹马并行通过的古貌。

高耸的梅里雪山常年笼罩在云雾中。在晴日的清晨，阳光越过重重阻碍照射于峰顶，成就了难得一见的"日照金山"奇观。

摄影／周一平

④ 金沙江干热河谷"V"字形大拐弯区域，隐藏在崇山峻岭深处的桃花源

雄鼓是滇藏线上一个重要的道路交叉点，向东经大丽高速公路可至丽江古城，向西可走226省道，向北继续走滇藏公路，则可进入金沙江干热河谷约100千米的"V"字形大拐弯流域。这里位于老君山保护区和千湖山保护区之间，植被茂盛，地势平坦，是"三江并流"保护区的重要地段。大拐弯流域的行政范围包括维西县的塔城，香格里拉市的上江、金江，丽江市玉龙县的巨甸、黎明和石鼓等地，海拔在1900米左右。这一区域虽然处于干热河谷带，但是受高原气候和金沙江水汽共同作用，非但不干，相反雨量较充沛，植被茂密，物产丰富，冬暖夏凉，四季如春。金沙江两岸世居着以纳西族为主的少数民族，古老的人类文明与大自然的最佳赐予，构成了桃花源式的美丽景观。

丽江玉龙县是距离金沙江河谷最近的地方，翻过铁架山就可看到湛蓝天空下的峡谷景观。远处，终年不化的玉龙雪山和哈巴雪山耀眼醒目，老君山山脉、千湖山山脉层峦叠嶂，郁郁葱葱。金沙江在群山中蜿蜒，江水由北向西垂直折流，两岸点缀着嫩粉的二月桃花或金黄的油菜花，青翠的梯田与村落瓦舍成片相连，一派宁静、安逸的景象。

入藏八线

上图：
有"小布达拉宫"之称的噶丹·松赞林寺，是云南省规模最大的藏传佛教寺院。它依山而建，庄严雄伟。

摄影/姜曦

下图：
盐井村80%的群众信奉天主教，每到周日，盐井天主教堂里会坐满来做礼拜的居民。这里也是西藏唯一的天主教堂。

摄影/徐晋燕

沿着盘山公路向下行驶到金沙江边，刚才还是凉飕飕的空气逐渐被温暖湿润的河谷气流所取代。走过"长江第一湾"的石碑不远，就是丽江的石鼓镇。石鼓镇与香格里拉金江镇沙子村隔江相望，是金沙江河谷的主要地段。镇上一座座土木结构的民居小院十分抢眼。站在石鼓渡口远眺，金沙江江流开阔、平缓，江边柳林如带，几艘游艇在江边上移动，两岸绿油油的麦田、蚕豆苗和蔬菜与晨光下闪烁着金光的油菜花互相辉映，勾勒出一派江南般的诗意。

石鼓是名副其实的古镇，历史上曾是内地和藏区茶马互市贸易古道上的一个重要节点。古镇上光滑的石板路、冲江河上的铁虹桥，记录了千百年来的沧桑。山岗上立着一块汉白玉雕成的鼓状石碑，上面的阴刻铭文依稀可见。据说石碑是1548年至1561年，丽江土司府木高向北进军吐蕃凯旋后立下的，石鼓镇的名字即来源于此。当然，关于石鼓的历史记忆还远不止这些。金沙江古称泸水，三国时期诸葛亮平定南中，在此"五月渡泸"；1253年，忽必烈又在此"革囊渡江"；1936年4月，中国工农红军二方面军也从这里渡江。

从石鼓镇溯江而上便是丽江黎明镇，可去往丽江、剑川、兰坪交界处著名的老君山国家地质公园，欣赏国内面积最大、海拔最高、发育最完整、面积达240平方千米的丹霞地貌。这一片色赛丹珠的红色砂岩，跟梅子、李子、鲜花、麦田、蚕豆苗和青翠的山麓交织在一起，璀璨夺目。

⑤
香格里拉，
古镇、民居、草甸和杜鹃花

直接通往香格里拉市的公路有两条，一条是主干线滇藏公路，另一条是从虎跳峡镇经虎跳峡、哈巴、三坝、安南的迂回公路（即右环线）。无论走哪一条路，都能完整观赏到峻美的玉龙雪山和哈巴雪山，而右环线还能欣赏到白水台钙华景观、次吾纳西族古村和安南彝族风情。

一路抬升、爬坡，走进香格里拉市。香格里拉城区位于高原坝区之上，平均海拔3400米，是典型的高寒山地，但由于地理位置突出，纬度低，受温热气流影响较大，植被茂盛，森林密布，多草甸湿地和低矮灌丛，并以千湖山区最为代表。香格里拉虽属迪庆藏族自治州，但世居民族分布多样，藏族仅占总人口的53.81%。香格里拉坝区风光秀丽，古城、民居、草甸湿地和杜鹃花都值得停留。

独克宗古城是中国保存最好、最大的藏族民居群，也是茶马古道的重

> 石鼓是名副其实的古镇，历史上是内地和藏区茶马互市贸易古道上的一个重要节点。

多元文化体验之路

要节点，迄今已有 1300 多年历史。"独克宗"藏译为"建在石头上的城堡"，或为"月光城"，它依山而建，在石头铺成的路面上，马帮留下的马蹄坑槽依稀可见。街道两侧的房屋在重建之前，有很多是百年以上的老屋，其以木板做瓦，墙体厚实，宽阔高大，从中可以感受到古城以前人来马往的热闹场面。

香格里拉坝区的藏族民居独具地方特色，土木结构，敦实高大，工艺复杂，雕琢精美。一般为三层，一层比较低矮，用于牲畜御寒；二层有廊道，一家人居住；三层是封闭的阁楼，存储杂物，屋顶由木板铺成并置压石头。修建这样的房屋，用木量非常大。房屋内外均有精美的雕刻和绘画，色彩艳丽，民族风情浓厚。经过长时间精雕细做而成的民居，用工艺品来形容一点都不为过，它是香格里拉坝区藏族民众千百年来适应自然环境的产物，白天防晒，夜晚御寒，通风防潮。

香格里拉四面环山，水资源丰富，平缓的坝区积水形成草甸、湿地、堰塞湖泊，造就出一道亮丽的高原风景线，其中在滇藏线附近分布的是纳帕海依拉草原、小中甸草甸湿地、霞给草原和普达措。

香格里拉是观赏高山杜鹃的好地方。其他地方的杜鹃花大多数生长在山坡上，香格里拉的杜鹃花不仅长在山坡上，还在湖泊边、草原上大面积分布。30 年前我第一次去香格里拉，正值花开季节，看到公路两侧和民居四周盛开的杜鹃花，还以为是人工栽种的，后来才知道完完全全是野生的，而且是高山杜鹃中的小叶杜鹃。小叶杜鹃枝干低矮，在香格里拉坝区分布广泛，每年 5 月下旬至 6 月初是盛花期。

⑥ 纵越澜沧江峡谷百里画廊，桃花源般的宜居之地

继续前行，接下来的滇藏线纵越澜沧江峡谷约 120 千米，其中云南德钦境内约 56 千米，西藏芒康境内约 64 千米，这是滇藏线重要的景观画廊。除滇藏公路主干线直达澜沧江峡谷外，从剑川县甸南镇，经通甸、维西县、白济讯、马迪、燕门、云岭的 233 省道，也可迂回抵达。

这 100 多千米的峡谷地带是增长知识和观赏景观的好去处，最直观的体验是感受干旱河谷气候，观赏干热河谷景观。"焚风效应"和"山谷风"造就的峡谷特征明显，峡谷谷底本身海拔仅在 2000 米至 2300 米之间，与两侧山脉高差在 2000 米以上，干旱、高热，而与江面高差 500 米以下的地

在盐井，当地人依然使用传统技法制盐。3000 多块古盐田分布在澜沧江两岸，距今已有 1300 多年历史。

-摄影 / 胡宗平

方岩石裸露、土壤贫瘠，在此以上则针叶林繁茂。峡谷间分布着众多面积不等的台坎地和缓坡地，千百年来人类主动改造地形、修筑水利设施、种植耐温耐旱植物，使得很多地方成为物产丰富之地。从德钦县的云岭、斯农、溜筒江、鲁瓦、佛山，到芒康县的初巴、木许、盐井、曲孜卡、拉久西、扎西扬顶，这些被改造的宜居之地分布着众多民居，给人一种世外桃源之感。

这段路也能欣赏到雪山冰川的壮丽景象。最独特的感受是在南端能看见著名的梅里雪山，在北端能看见横断山中部突出的山峰达美拥雪山，以及与之隔江呼应的红拉山。梅里雪山的画面大众都很熟悉，达美拥雪山和红拉山就要陌生得多。其春天景色最具魅力：远处达美拥雪山众山峰如身披白色披风，一字排列，中间澜沧江从陡峭的峡谷中蜿蜒穿流，近处红拉山的冷杉和云杉高大挺拔，盛开的桃

多元文化体验之路

芒康滇金丝猴国家级自然保护区山高谷深，森林覆盖率极高。这里是植物的王国，也是滇金丝猴等珍稀动物的家园。

摄影／周焰

花又平添几分诗情画意。这样的画面可遇而不可求，置身其中，心旷神怡。

澜沧江峡谷里值得观赏的景观还有很多，比如盐井千年古盐田。待到桃花盛开时，人们可看到古晒盐台上忙着收获"桃花盐"的忙碌景象，礼拜天还可以聆听盐井天主教堂传来的赞美诗的合唱声……

⑦
**芒康，
红土地上的歌舞之乡**

因为从事摄影工作，对色彩比较敏感，我发现滇藏线进入西藏芒康境内就开始有红土地分布。随着公路里程的递增，木许、盐井、

托着艺术品一般的藏族民居，色彩对比十分强烈，画面感非常强。

海拔4160米的红拉山口，是芒康高寒地带与峡谷地带的分水岭和滇藏线的地标点，也是最理想的天然观景台。向北望去，土地广袤，红绿相间，滇藏公路蜿蜒远去，一幅广阔又柔软的景象。向南看去，醒目的达美拥雪山和澜沧江峡谷，巨幅更迭，满目青翠。

抑或是红土地的肥沃造就了一方富饶，生活在这里的人们不需花费更多的时间去解决生存问题，喜欢歌舞的他们将更多的时间放在音乐和舞蹈上，这使得当地的芒康弦子舞得以发展和闻名。

弦子舞由一名男子拉着牛角胡琴领舞，女子随着节奏挥动长袖，翩翩起舞，众人围成一圈边唱边舞，先慢后快，此起彼伏。芒康弦子舞在2006年被列为国家首批非物质文化遗产。弦子舞在芒康具有群众性和广泛性，只要胡琴声响起就是召唤，无论人多人少、年长年幼，人们都会赶过来围成一圈，载歌载舞。因此，在芒康下属乡镇逐渐形成了盐井、徐中、索多西、曲邓等具有本乡镇特色的歌舞门派。这些乡镇均有乡村公路与滇藏线相连接，均可很方便地前往。

滇藏线的自然美景和人文奇观与多彩的民族画卷融为一体，令人沉醉。

曲孜卡、普岗顶、祖罗棍、红拉山口、改托顶、萨达克塘……土地的颜色越来越红，面积也越来越大。

红土地在芒康地域广有分布，这种地貌是芒康一道亮丽的风景线，尤其在阵雨过后，天上挂着彩虹，深褐色的红土地，加上青翠色的植被，衬

地图

西藏自治区 / **四川省** / **云南省**

主要地点与标注

- 芒康
  - 古盐田
  - 盐井
  - 溜筒江渡
  - 佛山
  - 德钦
    - 梅里雪山
    - 飞来寺
    - 雨崩
    - 白马雪山
    - 茨中教堂
    - 日主共大牧场
    - 莫丁大峡谷
    - 翁甲寺
  - 维色寺
  - 莽措湖
  - 红拉山
- **第四段**

- 乡城
  - 香巴拉七湖
  - 巴姆神山
  - 马熊沟大峡谷
  - 然乌乡温泉
- 得荣
- 东子栏
- 香格里拉
  - 松赞林寺
  - 独克宗古城
  - 普达措
  - 霞给草原
- **第三段**

- 拖顶
- 其宗
- 塔城
- 维西
  - 滇金丝猴国家公园
  - 戈登遗址
- 巨甸
- 三坝
- 安南
- 虎跳峡
- 石鼓
  - 长江第一湾
  - 石鼓古镇
- 丽江
- 束河古镇
- 通甸
- 剑川
- 雄古
- 鹤庆
- 永胜
- **第二段**

- 兰坪
  - 老君山
  - 石宝山
  - 沙溪古镇
- 云龙
  - 诺邓古村
  - 沘江
- 洱源
- 宾川
- 大理
  - 苍山洱海
  - 龙尾关遗址
  - 南诏太和城
  - 大理古城
  - 崇圣寺三塔
  - 喜洲古镇
  - 苍山西坡杜鹃花海
  - 石门关
- **第一段**

- 洱海（大理）

图例

- ══ 国界
- ── 省界
- ～ 河流
- 湖泊、荡漾
- ● 公路途经地点
- ● 作者途经地点
- ● 岔路途经地点
- ～ 公路
- ░ 作者线路
- ～ 岔路

（丽江古城（丽江）

滇藏线

提示：全程最快 4 天可走完，每一段路都是按照一天的车程设定的。

第一段：大理—剑川—石鼓—丽江 **241km**
第二段：丽江—虎跳峡—香格里拉 **183km**
第三段：香格里拉—奔子栏—德钦 **159km**
第四段：德钦—佛山—盐井—芒康 **221km**

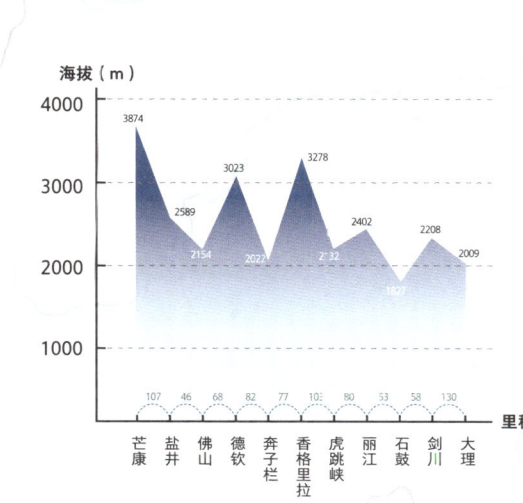

梅里雪山（德钦）

海拔（m）

地点	海拔
芒康	3874
盐井	2589
佛山	2154
德钦	3023
奔子栏	2027
香格里拉	3278
虎跳峡	2132
丽江	1827
石鼓	2402
剑川	2208
大理	2009

里程(km)：107　46　68　82　77　103　80　53　58　130

芒康　盐井　佛山　德钦　奔子栏　香格里拉　虎跳峡　丽江　石鼓　剑川　大理

*海拔数据来源：奥维互动地图

石林（昆明）

即使你是老司机，也不要低估滇藏线的难度

1. 滇藏线有些地段路况不好，如香格里拉到芒康，一直处在修修补补之中，好路跟烂路并存。从香格里拉开始的路段，大都弯多坡陡，遇上雨雪天气更难行驶，雨季还会发生泥石流、塌方、山体滑坡等自然灾害，因此选择越野车更适合一些。出发前务必检查好车辆，特别是刹车、转向等。

2. 滇藏线要翻越一些海拔较高的山口，如海拔都在4000多米的白马雪山、红拉山、安久拉山，以及海拔5000多米的东达山，山高坡陡，路险崖深，千万不能忽视安全问题。

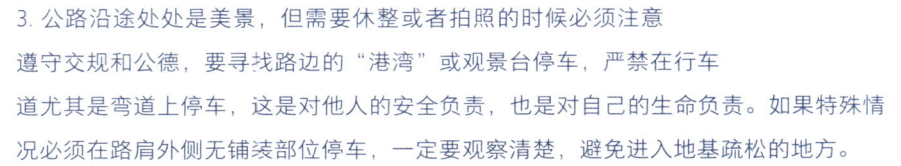

3. 公路沿途处处是美景，但需要休整或者拍照的时候必须注意遵守交规和公德，要寻找路边的"港湾"或观景台停车，严禁在行车道尤其是弯道上停车，这是对他人的安全负责，也是对自己的生命负责。如果特殊情况必须在路肩外侧无铺装部位停车，一定要观察清楚，避免进入地基疏松的地方。

4. 滇藏线沿途村落的牛羊有时会出现在马路上，牧人一般都会尽力驱赶它们到道路外侧，避免影响交通，所以不要急切鸣笛，请稍微等一等。

5. 沿途中有几条岔路，部分道路等级较低，路况不会像国道那么好，虽然风景更佳，但需先确保自己有足够的驾驶经验应对山区狭路和复杂路况，再动身前往。

远方的朋友，请放慢你的脚步

滇藏线里程不算很长，不足700千米，入西藏后很快就在芒康与川藏线会合。不过，要是从景观的丰富性和人文风情的多彩程度来看，滇藏线上值得停留的地方很多，景观密度也是所有进藏公路里最大的。云南境内的旅游资源十分丰富，举世闻名的"三江并流"核心地带是滇藏线的精华所在。进入西藏后，滇藏线又与川藏线的精华部分几乎无缝衔接，如积雪的山巅、干热的河谷、多元的民族风情、浪漫而悠闲的古城，全都在此线汇聚。所以，我们能给出的最有价值的建议就是：多留时间，放慢脚步，一站一站地尽情享受那种"在路上"的感受。

尊重和礼貌：与当地人愉快相处的万能法宝

滇藏线经过白族、纳西族、彝族、藏族等少数民族聚居地，尊重少数民族的风俗习惯尤为重要。必须对当地人足够尊重，才能换来他们同等、甚至加倍的尊重和友好。在参观寺庙时，衣着要得体，不得过于暴露或奇异，进入殿堂要摘下帽子和墨镜。

藏族人进入寺院，习惯在每尊佛像前做些供养。供养主要有在灯盏里添酥油或供奉钱币两种形式。寺院的很多殿堂里都会有大堆纸币，如果看见藏人在钱堆里翻捡，请不要误会，那是他们在自助换取零钱。如果你也想供养，可以学习当地人的做法。给当地人拍照前，请用微笑向对方示意，征得同意再拍。这在任何地方都是尊重和礼貌的表现。

我怕狗，遇到狗怎么办

藏区流浪狗很多，康巴地区似乎尤其明显。一般来说，久居繁华城镇或者寺院的狗相对温和，总是以一副懒洋洋的样子示人，这样的狗对人的威胁不大，只要不主动招惹它们就好。对人身安全会有威胁的狗大致有以下几种，按照危险程度，需要有不同的应对方式：

会咬人的看家狗普遍都会被主人特意拴起来，但偶尔也会随意圈在院子里，欲到当地人家中拜访时，一定要提前打好招呼，不能擅闯人家。只要主人安排妥当，看门狗不会伤害访客。

略微偏僻的乡镇中可能会遇到野性十足的流浪狗群，它们缺乏驯化和训练，会集群行动，多以垃圾箱为活动据点，颇似"地痞流氓团伙"。在白天人多、车多时，它们还相对老实，到了晚间，有时会集体攻击误入它们地盘的人，这是比较危险的。在不是很繁华的地方，晚间尽量不要出门，如果无法避免单人活动时，最好找一根1米长短、轻便顺手的棍子防身。

最可怕的莫过于牧区的狗，我们熟悉的藏獒就是这种狗中的"佼佼者"。它们不仅杀伤力强，还具备攻击起来"勇往直前"的品质，如果被它们盯上，常规的反击很难奏效。为了避免危险，在牧区活动一定不要远离汽车。

Tips

贴士信息截止时间：2018.09.01。

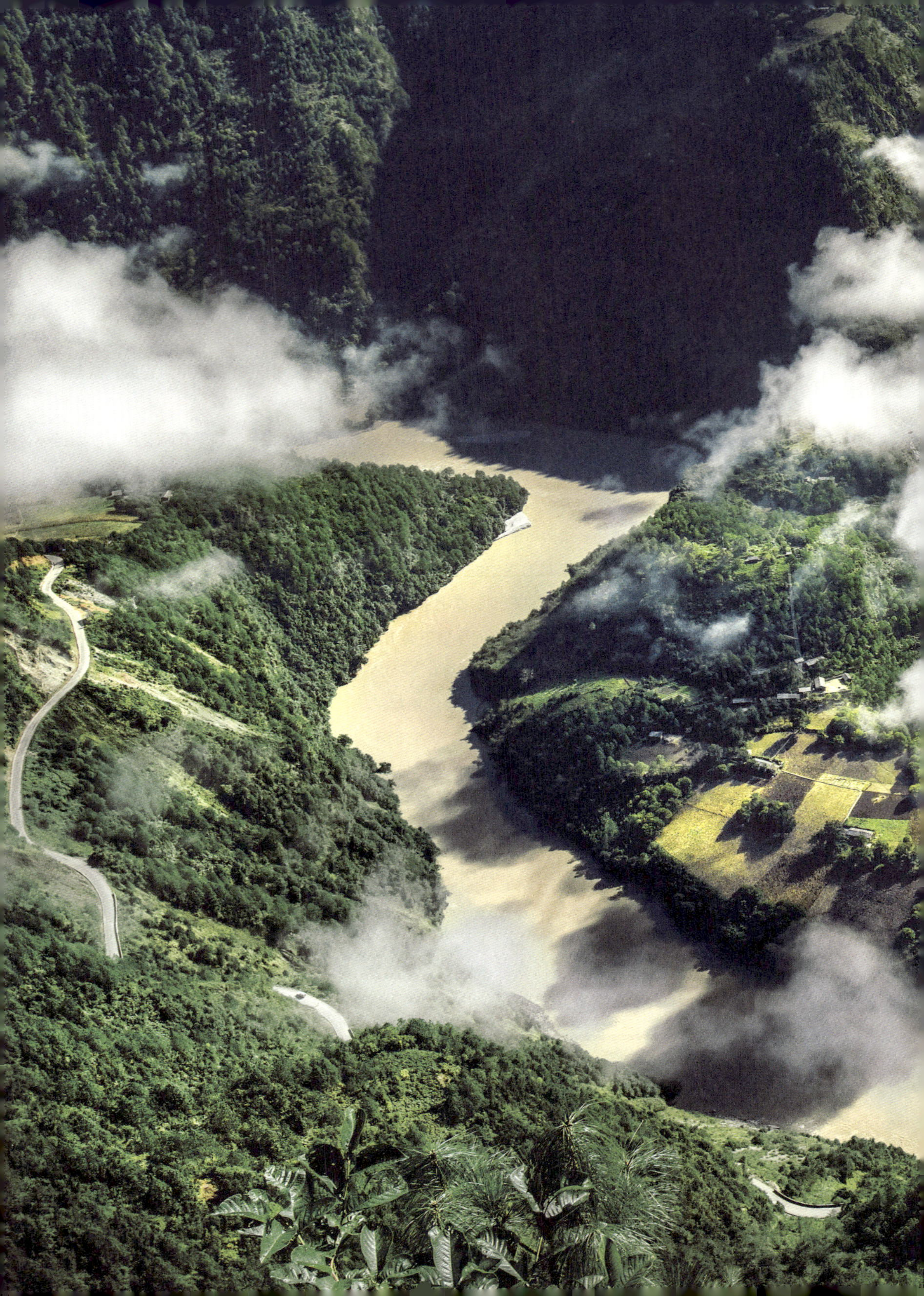

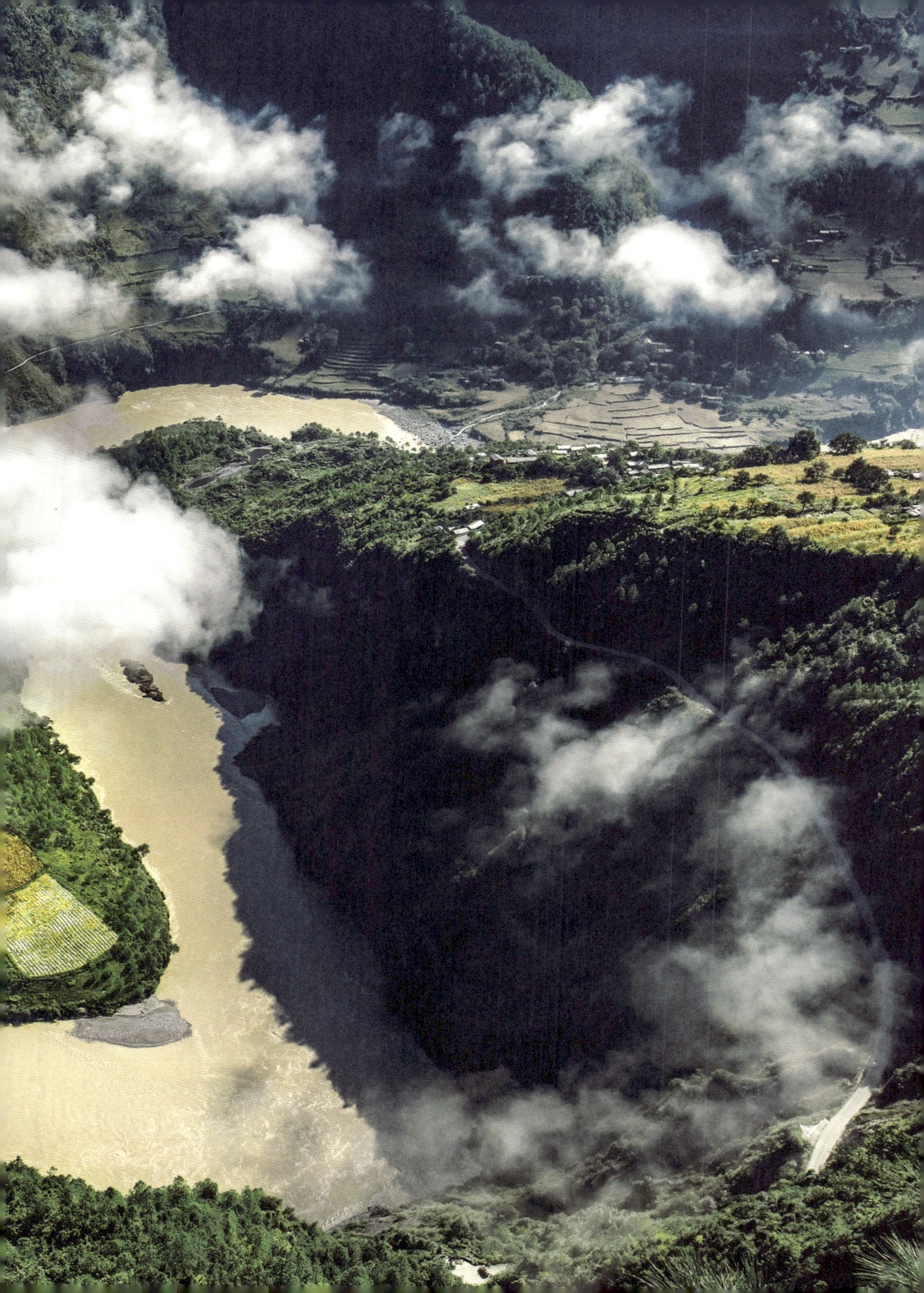

多元文化体验之路
"丙察察":最年轻的进藏公路,沿着怒江进西藏

文 张帆

丙察察线是滇藏新通道中的一段。它从怒江上游云南省境内的最后一个乡丙中洛出发,经过西藏境内的第一个乡察瓦龙,再到察隅县城,因而得名。从察隅县城继续前进,通过察然公路到达波密县的然乌镇,就接上了318国道。

丙察察是近年来颇为热门的一条自驾进藏路线,走过丙察察的人说,这条线路绝对是"中国最美自驾公路"之一,但相对早已变成通衢的传统滇藏公路(214国道),这里也可谓极尽艰险,有"身在地狱,眼在天堂"之感。

①
昔日，
止步丙中洛的进藏梦想

1991年，我跟随（香港）中国探险学会会长黄效文等人从昆明出发，沿着当时云南唯一的进藏公路214国道，经德钦、芒康、昌都到达拉萨，用了24天。那是我的第一次进藏探险考察，虽然一路艰险，但那一路上的美景和经历只属于那个年代，属于那些像我一样从事野外考察的少数人。

在随后的二十多年中，我们多次从不同的路线到达西藏，或穿过西藏到新疆、青海、甘肃进行探险考察，目睹和体验着这些年来藏区公路的巨大变化。当年只有专业越野车才能通行的214国道，如今自驾游客开着普通的私家轿车就能驾驭，几天之内即可从昆明到达拉萨。作为经历过去的"老滇藏人"，我在感慨时代进步的同时多少也有些个人的失落感：曾经被誉为世界级越野探险的线路就这么"失传"了？

老滇藏线跨越金沙江和澜沧江两大水系，而在滇西北著名的"三江并流"区域，还有一条藏在深山中的怒江，从地理条件上看，这其实也可以作为一条天然入藏通道。以前，云南地理研究所在怒江傈僳族自治州长年开展各种科考项目，我与所里的不少同事都有过徒步3天进入当时尚不通公路的独龙江河谷的经历，因此我对那里倒也不算陌生。长期以来，一直很想沿着怒江峡谷继续北上，进到西藏去看看，但每次我们的探索脚步到了贡山县的丙中洛乡便止住了，因为公路在此戛然而止，而前方的马帮小道依旧道阻且长，一般人难于深入。

（香港）中国探险学会最近的两次探险活动是在2017年的5月和10月进行的，考查人员两次前往西藏的察隅县探寻伊洛瓦底—独龙江水系的源头，这是探险学会将在青藏高原上探访的第五个江河源头。因为这两趟行程，刚刚开通的滇藏新通道——丙察察公路开始进入我们的视野。

②
通途初现，
但只适合越野车和老司机

丙察察线全程270千米，其中从丙中洛至察瓦龙约90千米，被自驾者形容为"最虐人"的就是这段路。在2000年之前，丙察察还只是一条与汽车无缘、只有骡马能通行的马帮道。让这三个地点成为可以让车辆通行的丙察察公路，是2009年随着丙—察段公路和2011年察—察段公路的建成才有的事。

> 相对早已变成通衢的214国道，极尽艰险的"丙察察"，有"身在地狱，眼在天堂"之感。

P196—197:
被岩壁阻隔的怒江水在丙中洛两次急转，形成了一个半圆形大湾，称为"怒江第一湾"。湾中心的坎桶村平坦开阔，散布着农田、人家，宛若世外桃源。

摄影／谢罡

虽然贯通，但最初建成的丙察察线仍是一条时通时断的简易道路，甚至还不足以称其为"公路"。2015年开始，国家投入了大量资金对丙察察公路进行为期两年半的改造工程。2016年4月，正在改建中的云南贡山县境内的路段发生了特大的岩石崩塌灾害，将一百多米长的路基完全损毁，后经艰苦的抢修才得以通车。从六库经福贡到贡山县城的既有公路，在雨季也经常因塌方而中断。

丙察察线有"两有两无"和"三起三落"的说法："两有"是指丙一察段有两处险要路段，一段是在悬崖上凿出来的又窄又弯的悬崖土路，路肩下就是滔滔怒江；另一段是被称之为"大流沙"的地质灾害点，那里的地表极度不稳定，稍有风吹草动就能引发坡体滑落。"两无"说的是一无加油站，二无手机信号。丙察察线上只有在两端的贡山县城和察隅县城才有国营加油站。有些车辆在其中一端加满一箱油可以勉强跑到另一端，不过为了防备途中的意外情况，察瓦龙镇上的小加油站是个不可或缺的补给点。"三起三落"指的是从察瓦龙到察隅的途中，需要上上下下翻越齐马拉山、金拉山和折拉山3座海拔超过4500米的雪山。

改造后的丙察察少了一些惊险与艰苦，山还是那山、水还是那水，但是怒江峡谷的地质结构条件和气候条件，决定了在今后较长的一段时期内，道路时通时断的情况或许还将继续，这是丙察察的常态。不过这里依旧是越野车展示性能的良好舞台，经验丰富的老司机是它们的最好搭档。如果车不够好、技术不够娴熟，那么还是先放弃一下驾驭的快感吧，毕竟安全才是第一位的。

③
从丙中洛出发，
怒江大峡谷中的精华在此浓缩

同样从昆明出发，走丙察察到达拉萨，比走老滇藏公路的路程缩短了约260千米。丙察察线是路程最短、平均海拔最低的进藏路线，不过最重要的是，丙察察浓缩了怒江大峡谷的自然与人文景观精华。

行走于丙察察线上，实际上是浏览一部经典的青藏高原地貌与演化史大片的过程。如果你要更好地欣赏大峡谷的自然风光以获得最好的旅游体验，那么在行走丙察察之前，你还真需要做一些相关的自然科学知识的功课准备。虽然我们不都是地质学家或生物学家，但毕竟我们选择这条路线出来自驾旅行，不仅仅是为了来检验勇气和车辆性能的。

高黎贡山山脉、碧罗雪山山脉与

> **丙察察线是路程最短、平均海拔最低的进藏路线，浓缩了怒江大峡谷的自然与人文景观精华。**

上图：
滇藏交界处的怒江大峡谷中，属于云南省的最后一个村——秋那桶藏在深山中，被云雾吞没。
摄影/谢罡

下图：
松塔南北峡谷中云南段的那洽洛峡谷，位于秋那桶村。车沿着峡谷前行，一边是岩壁高耸，一边是怒江奔流。
摄影/谢罡

多元文化体验之路

上图：悬崖上凿出来的崎岖土路是展示越野车性能的良好舞台，经验丰富的老司机是它们的最好搭档。

摄影／严磊

中图："大流沙"其实是一道远观如同瀑布般的巨大白色碎石滩，从山顶上一直倾注到怒江。这里是整个丙察察线上最危险的地质灾害点。

摄影／谢罡

下图：丙察线上的"老虎嘴"。从前，一入虎口，便没有重新掉头的机会，只得硬着头皮向前开。如今景观被保留，路也好走了很多。

摄影／顾俊

奔流其间的怒江所构成的怒江大峡谷，几乎包含了青藏高原所有的地质地貌景观，如大江、深切峡谷、雪山、高山草甸与湖泊、现代冰川与古冰川遗迹，以及完整的高山垂直带自然景观等。怒江峡谷地貌景观的独特性和多样性，得源于大峡谷复杂而多样的地质构造背景和独特的气候条件与地形条件，这也造就了最为特殊的大峡谷生态景观和生物多样性。怒江大峡谷既是一个收藏了最丰富的地质岩石标本的地质博物馆，也是一个保存物种最多的基因库。

丙察察线的起点丙中洛镇，位于怒江大峡谷的中间段，是一块面积仅约15平方千米的峡谷台地，海拔1750米。丙中洛距离贡山县城43千米，著名的"怒江第一湾"和桃花岛、贡当神山就在镇子的南面。怒江的这个弯转了几乎270度，合围成了一个水滴状的半岛。花开时节的桃花岛美丽异常，即使是用手机拍摄出来的照片，也会美得如同幻境。

小小的丙中洛"绿洲"上汇集了生活在大峡谷的怒族、独龙族、傈僳族、藏族、白族等民族和它们的文化风情，这里也是东方宗教文化与西方宗教文化相争相容的交会地，代表藏传佛教的普化寺和代表天主教的重丁教堂都很著名，并且很容易到达。藏传佛教、天主教、基督教三教并存于一村之中，这在空间极度狭窄和重叠的怒江峡谷中并不罕见。

外人了解不多的仙女洞，则在怒

族的民族宗教文化中有着重要地位。高黎贡山一侧的贡当神山是丙中洛当地的神山，整个山体的岩石为羊脂玉般的白色大理石，仙女洞就位于贡当神山的山坡上。每年农历三月十五的"仙女节"，怒族群众都会手捧鲜花前往仙女洞举行祭祀活动，所以也称"鲜花节"。怒族人相信，洞穴里的钟乳石渗透滴下的水，是怒族传说中的仙女阿茸的乳汁，若то饮此圣水，便可以得到仙女的保佑，安康幸福、五谷丰登、六畜兴旺。祭祀仪式中要先献花，然后由一位女孩进洞去接出圣水，再出来分享给众人。"仙女节"于2007年被列为国家非物质文化遗产。

北出丙中洛镇4千米，见到雄伟的石门关，就意味着正式地走上了丙察察线。

石门关是怒江上一处地标性的峡谷景观。在这里，怒江东、西两岸高七八十米的岩壁垂直对峙，如同一道想要关住江面宽度仅约90米滔滔江水的巨型石门。过了石门关再往前一点，就到了朝红桥，这是离开丙中洛后的第一座桥，过了桥往左即是去往西藏的路。不过，几乎所有过了桥的人都会先往右转，因为那里有一条古人在江面的悬崖上人工开凿出来的古栈道，雄奇无比。

沿着这条古栈道走到头，就到了堪称丙中洛最美村子的雾里村。雾里村是个怒族村子，三十来幢木头屋子错落有致地搭建在怒江边的绿色山坡上，犹如一幅田园牧歌风情的油画。原本静谧的雾里村和古栈道近年来成为一些电影、电视的外景地，从而声名远扬，吸引着无数外来者探访的脚步。

回到朝红桥继续北上，沿着怒江在峡谷中行走十多千米，便是怒江大峡谷中属于云南省的最后一个村——秋那桶。由于地处滇、藏的交界，这里设有公安检查站，对来往的车辆和人员进行检查。按照规定，外国人不能前进了，只有中国公民才能继续享受丙察察这场视觉和身心的盛宴。

人们通常提到的漂亮村庄秋那桶，其实是一个与村委会同名的自然村落，在距村委会约3千米的山坡高处。传统的木楞房结构和石片瓦顶，衬托着远处的雪山和峡谷，使得这个怒族小村子的风景优美异常。

> 到了秋那桶，外国人不能前进了，只有中国公民才能继续这场盛宴。

④
前往察瓦龙之路：
狂野来袭

从朝红桥到西藏边界的这段怒江峡谷，名为那恰洛峡谷，也称秋那桶峡谷、青邦桶峡谷。这一带怒江江面的海拔不超过2000米，两面的雪山却高达5000米，两岸原始森林茂密，

P204—205：
那恰洛峡谷两岸峰峦叠嶂，绿意盎然。峡谷前方可以远远地望见碧罗雪山。云雾散去，碧罗雪山难得一见地露出了全貌。

摄影／严磊

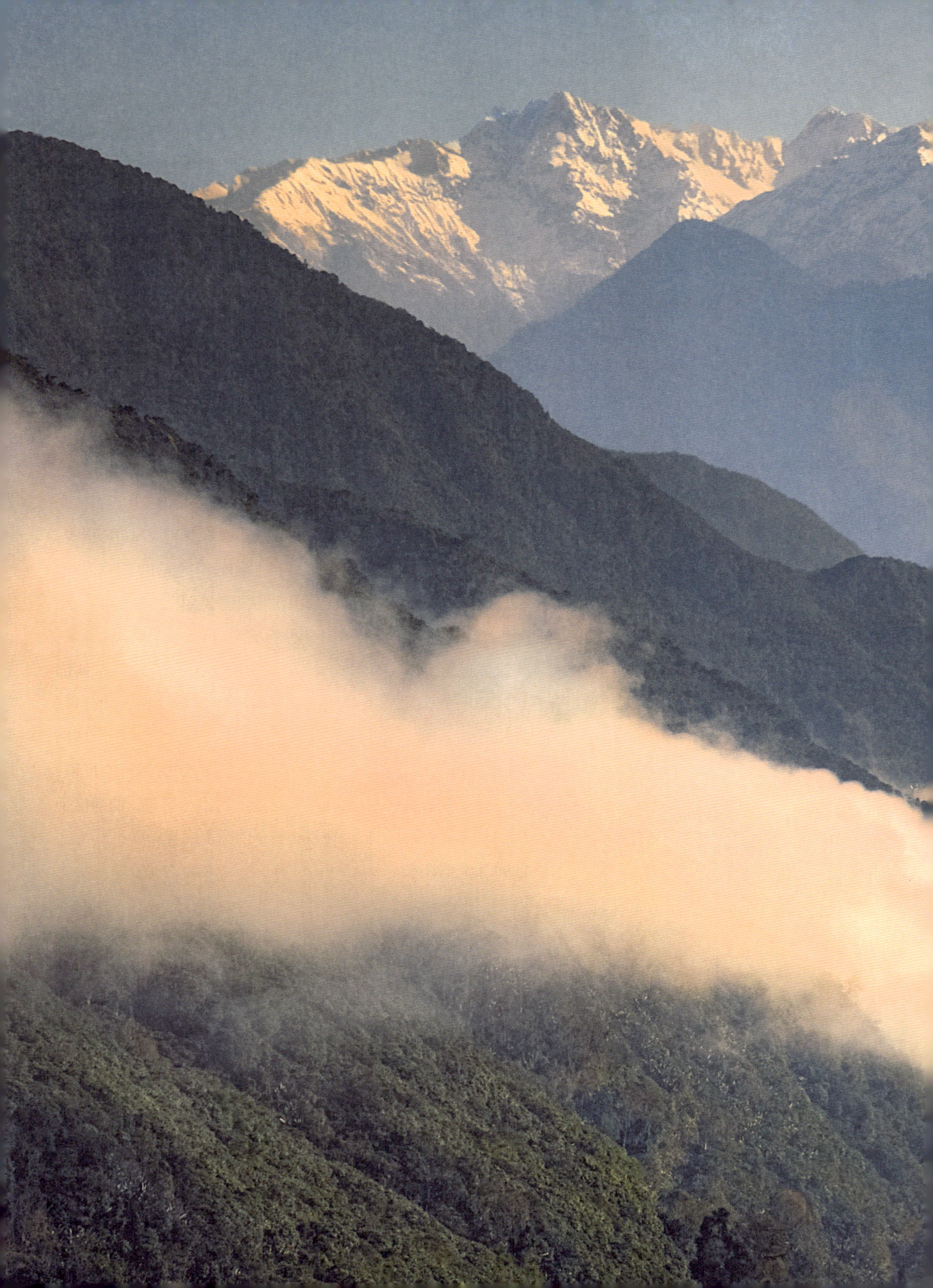

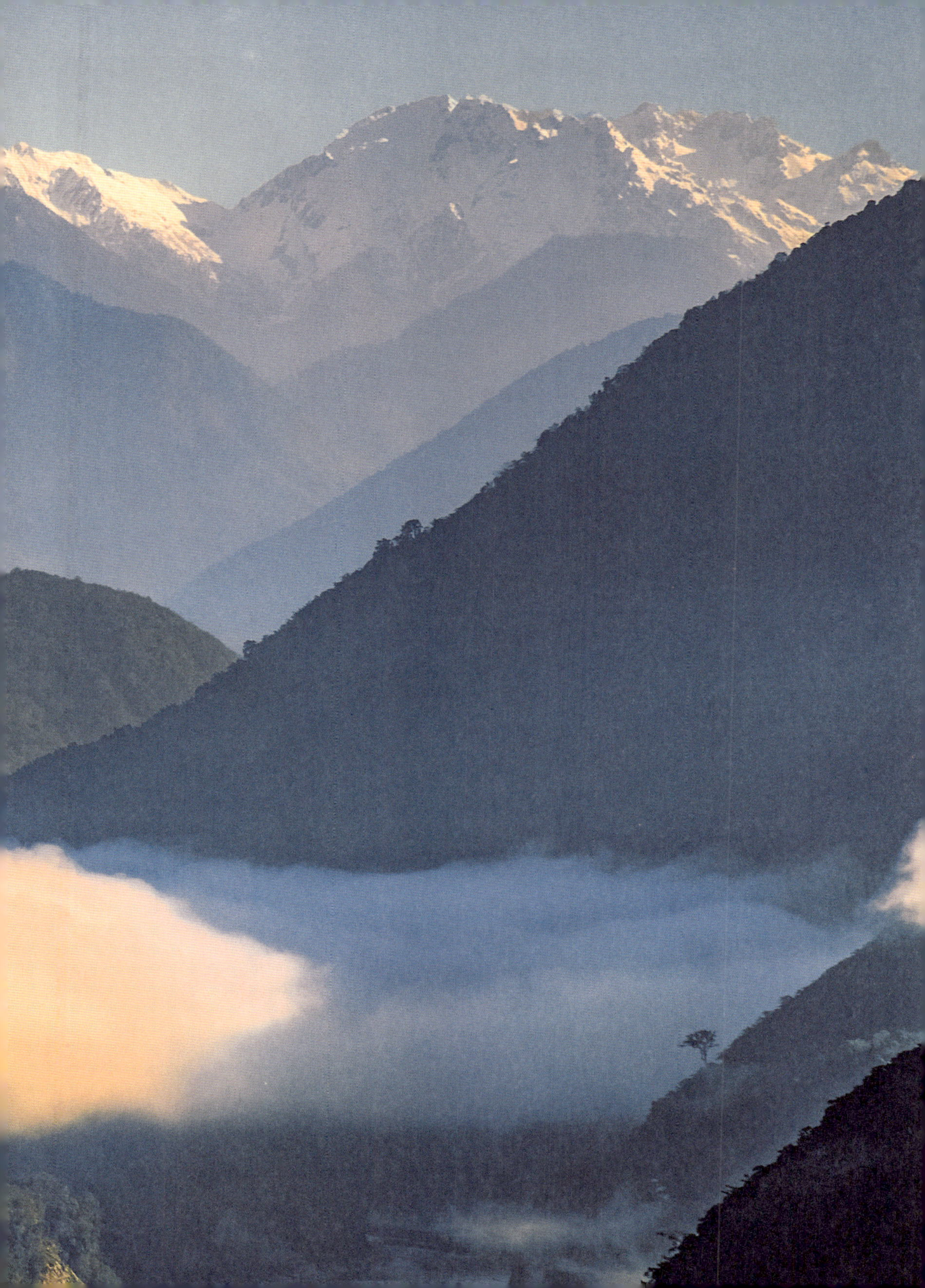

在攀上齐马拉雪山的途中，不远处的木孔雪山美景惊艳入场，常能引来快门声一片。

摄影／谢罡

瀑布众多，江岸边的岩壁几乎垂直耸立在波涛汹涌的江面上，整个峡谷的景色美丽而壮观。

　　这段在悬崖峭壁上开凿出来的公路，就是丙察线上两处最惊险刺激的路段之一。以前，有人开车到了这段路，尤其是在"老虎嘴"悬崖路段，便开始后悔起来，甚至动了打道回府的念头。然而，路面太窄，无法掉转车头，如入虎口，根本没有重新选择的机会，只得硬着头皮小心翼翼地一直向前走下去。"老虎嘴"这个名字就是由此而来。现在，经过改造后的悬崖土路，路基得到了加固，路面也拓宽了，地标性的"老虎嘴"悬崖景观被保留

下来，不过路比过去好走了很多。

　　进入西藏地界后，路面也由柏油路变成了沙石路。在穿过一个小隧道后，峡谷也慢慢变得开阔了一些。空气中的干燥感增加了，气温也升高了一些，两侧的植被变成了稀疏的灌丛——我们进入了怒江干热河谷区。

　　很快，西藏境内的第一个村子——松塔出现在眼前。路边出现的行人开始说藏语，道路与江边之间的小村子里出现了有着藏式风格的建筑。

　　继续向前，经过一个叫龙布的小村，路面逐渐平缓，先前过悬崖土路时紧绷的神经才刚刚舒缓下来，没想到拐了几个弯后，忽然猝不及防地出

从目巴村到木孔村的路是有名的"让舍曲景观走廊"。右页小图依次展现的是目巴村让舍曲与怒江汇流处、高山寒带灌木丛、热带季风林、高山温带冷杉林。

摄影/谢罡

现在面前的"大流沙",让人再次紧张起来。这是一道巨大的白色碎石滩,如同瀑布一般,从高高的山顶上一直倾注到怒江水中。这里是整个丙察察线上最危险的路段。由于陡坡上的碎石堆积结构十分松散,一块碎石稍有松动,便可能引发连锁效应,使其他的碎石随之滚落砸下,甚至成片滑下。要想通过这里,需从推土机在这片流石坡上推出的便道上,谨慎但快速地驶过,还得时刻冒着"枪林弹雨"般飞来的石块击中的风险。在这里曾发生过车辆被流石直接推下江去的悲剧,被飞石砸中车子的事更是时有发生。所有的过客都会选择在风最小的时候,以最小的动静经过"大流沙"。

这时每前进一米,都是需要勇气的。

关于"大流沙"这种地质灾害和景观是怎么形成的,我曾专门请教了我国著名的地质灾害专家、成都理工大学的唐川、朱静教授夫妇。他们告诉我说,这在学术上称之为"高山流石坡",多见于高山峡谷地区,是由山体物理风化破碎的落石堆积,并在重力作用下自然滑塌而成的常年性地质灾害。

⑤
**从察瓦龙向前：
崎岖之途**

从"大流沙"过来后,干热河谷

多元文化体验之路

这是齐马拉山口U形谷里的盘山道，山上是高山碎石滩构成的苍茫景象。沿路下山，便到了目若村——一个重要的休息补给点。

摄影／谢罡

区的植被特征更加显著，路边出现了高大和成片的仙人掌。从这里开始，察察线的旅程也即将开始。

察瓦龙乡政府所在的扎那村有餐馆和客栈，也有手机信号，还有加油站，对于饱受一路艰辛和刺激的自驾客或骑行者来说，简直就像到了大都市。扎那村经过若干年的发展，早已是个小有规模的城镇，不过察瓦龙没有什么特别的自然和人文景观，所以很多人补充完物资，休息一晚就会离开。

出了察瓦龙有一个三岔路口，直行通往察隅县城，这就是我们要走的察察线，全程有260千米；往右则通往318国道上的左贡县，这是近年来新开通、在自驾探险圈内相当出名的丙察左简易公路，这条路全程200千

米左右。

察察线的路况比不上丙察线。行车20多千米以后，便到达了怒江大桥，一条叫玉曲的清澈支流在这座大桥前汇入浑浊的怒江。再往前走一段，一条叫让舍曲的支流再次汇入怒江，河上有一座铁桥。沿着让舍曲河谷而上，道路渐渐地离开了干热的怒江河谷，进入湿润的森林河谷地带，清澈的河水流淌，两边是茂密的原始森林，景色赏心悦目。

一路到了目巴村，村子很小，却是整个丙察察线上最大的拐点：一直沿着怒江峡谷由南往北的丙察察线，到了这里开始转向西行，且海拔越来越高，并最终告别怒江河谷，走向伯舒拉岭深处。

从目巴村到木孔村的路是有名的"让舍曲景观走廊"，曾被《中国国家地理》杂志评选为西藏100个最美的观景拍摄点之一。车辆穿行在让舍曲河谷的原始森林中，虽然脚下的路不是那么让人舒坦，但肺和眼睛都得到了极大的享受。木孔村和十多千米外的锯木场对于骑行的人来说，是不错的休息和补给点，但对于汽车来说就太近了，毕竟从察瓦龙出来到这里仅约50千米，前面还有3座海拔超过4500米的雪山等着呢。

要翻越的第一座雪山垭口是齐马拉雪山，海拔4638米。出了让舍曲河谷，海拔便随着盘山弯道逐渐升高，沿途的植被景观从云南松林、冷杉林过渡为高山灌丛和高山草甸。在攀上

多元文化体验之路

在收获季节，坐落在河谷台地上的下察隅沙玛村的妇女们在台地上层层金黄的稻田中劳作。远处白云环绕青山，安静祥和。

摄影／谢罡

齐马拉雪山的途中，不远处木孔雪山的美景惊艳入场，常能引来快门声一片。到了齐马拉山垭口上，还可以远远地看到神秘的卡瓦博格神山。

从齐马拉山口沿着U形谷里的盘山道下山，就到了目若村，这里是丙察察线上一个重要的休息补给点。从目若村现有的餐馆数量看，这个小村子很快将变成下一个察瓦龙。

离开目若村，沿着幽长的拉者山谷继续前行，开始第二次翻山越岭——金拉雪山。途中有一个面积不大的圆形高山湖泊，平静的水面上映射着远处的高山和蓝天白云。金拉雪山垭口海拔4500米，从目若村到这个垭口的距离大约是23千米。继续向前，会到达嘎达山谷，稍微喘口气后，即将开始最后的冲刺。

折拉山口也叫益秀拉垭口，海拔4720米，从金拉山口到折拉山口，距离大约23千米。行至这里，一般游客已经会对雪山产生审美疲劳了，一心只想赶快下山去，投入察隅县城的怀抱。翻过折拉山口，眼前仍然是长长的U形山谷，随着海拔的降低，视野中开始出现树木和森林，地势开阔起来，农田也出现了。在一个叫桑久的村子停车通过公安检查之后，继续行驶30千米，丙察察的终点站——察隅县城所在地竹瓦根镇就在眼前了。

右上图：
在下察隅松古村，吊脚楼与带长廊的新民居宽敞明亮，水电防火等设施齐全，人们生活舒适自在。
摄影/谢罡

右下图：
在下察隅僜人村落，人们用当地白泥配以颜料塑造的泥人，风格古朴，造型多样，生动地刻画出了僜人的形象。
摄影/谢罡

多元文化体验之路

滇藏line路线图

西藏自治区

- 波密
- 巴塘
- 芒康
- 左贡
- 扎玉
- 碧土
- 察瓦龙

第六段
- 下察隅
- 察隅

第五段
- 卓娃贡
- 明期
- 折拉山口
- 目巴
- 木孔
- 目若
- 齐马拉山口
- 金拉山口
- 卡瓦格博神山

第四段
- 松塔
- 秋那桶
- 丙中洛
- 让舍曲景观走廊
- 大流沙
- 让舍曲谷地
- 月亮湾
- 那恰洛峡谷
- 独龙江

第三段
- 贡山
- 福贡
- 慈巴沟保护区
- 梅里雪山
- 卢为色拉
- 曲南河
- 怒江大拐弯
- 重丁教堂
- 贡当神山
- 雾当神山
- 桃花岛
- 石门关

第二段
- 片马
- 六库
- 驼峰航线纪念馆
- 知子罗村
- 石月亮
- 亚坪古驿道
- 老姆登村
- 登埂澡塘会

第一段
- 大理

- 僳人部落
- 察隅河大峡谷
- 那治洛大峡谷

丙察察

提示：全程最快6天可走完，每一段路都是按照一天的车程设定的。

第一段：大理—六库 235km

第二段：六库—福贡—贡山 250km

第三段：贡山—丙中洛—秋那桶—松塔—察瓦龙 130km

第四段：察瓦龙—目巴—木孔—齐马拉山口—目若 91km

第五段：目若—金拉山口—折拉山口—明期—卓娃贡—察隅 114km

第六段：察隅—下察隅 65km

齐马拉山口

下察隅

四川省

贵州省

云南省

海拔（m）

5000 — 4754 4875
4703
4000 — 3781 3666
3000 —
2623 2562
2000 — 2139 2339
1716
1695 1583 1528
1000 —

65 17 19 23 26 29 16 37 14 24 36 33 12 里程（km）

下察隅 察隅 卓娃贡 明期 折拉山口 金拉山口 目若 齐马拉山口 木孔 目巴 察瓦龙 松塔 秋那桶 丙中洛

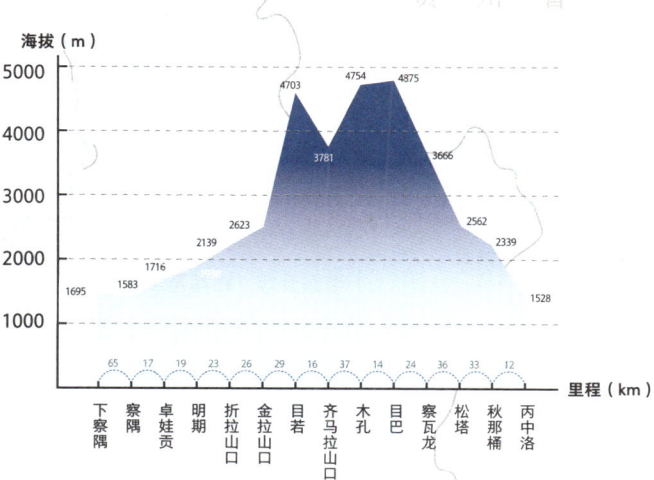

* 海拔数据来源：奥维互动地图

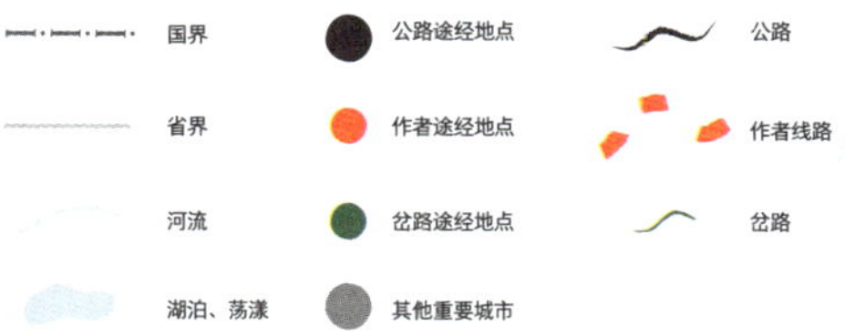

国界
省界
河流
湖泊、荡漾
公路途经地点
作者途经地点
岔路途经地点
其他重要城市
公路
作者线路
岔路

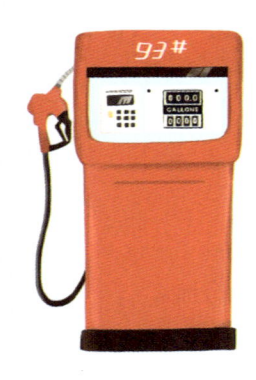

最艰难的进藏公路与最惊艳的风景

丙察察线是从云南贡山独龙族怒族自治县的丙中洛乡通往西藏察瓦龙乡和察隅县的人马驿道，处于青藏高原与云贵高原接壤转换地带。沿线基本囊括了西藏自然景观与人文景观的经典要素——陡峭的怒江峡谷、贫瘠的干热河谷、茂盛的森林、壮观的冰川雪山和多民族的风土人情。十余年来，这条原来的马帮小道逐渐被分段开辟为简易公路，继而在2017年成为正式公路并全线贯通，从此，自驾者们又多了一条进藏之路。

丙察察线是越野车大展性能的舞台，即使是现在路面加宽了也依然艰难，易发生意外情况，所以低底盘的普通轿车或者城市 SUV 最好不要前来冒险。穿越时，最好跟随车队结伴同行。

夏季沿此路进藏去避暑？还是换条路吧

丙察察线地处横断山区边缘，距离印度洋暖湿气流的迎风坡非常近，因此每逢雨季，降水会非常强烈，山高谷深的脆弱地质条件根本承受不住雨水的冲洗，地质灾害基本是这条路的"夏季标配"。

冬天也不是理想的行路季节，因为途中几座海拔超过 4000 米的高山上积雪非常严重，路面滑，不利于车辆通行。

最好的季节是 3—5 月，开春但没入夏的那段时间。那时，山上的雪会融化一些，等到了 5 月以后气温急剧上升，融化得松松垮垮的冰雪又很容易制造新的事端——雪崩。

低等级公路还在修建中

丙察察线在 2014 年开始大规模改造，包括路面硬化、加宽、架设新桥等，但真正的柏油路实际只推进了 30 千米。目前，这段 270 千米的低等级公路还在到处修路，可能会堵车，也多少会影响旅行者欣赏路边的自然风景。其中，从丙中洛到察瓦龙的路段将按三级公路的建设标准直接硬化，从察瓦龙到察隅的路段则采用四级公路标准，设计时速仅 20 千米，基本只是加宽修直，但还保留过去的碎石路面。

改造后的丙察察线将实现两个目标：

1. 道路升级：路基宽度 6.5 米，路面宽度为 4.5 米，转弯半径不小于 15 米。在地形、地质条件允许的情况下，按照不大于 300 米的间距设置会车道。
2. 全年通车：这条进藏通道的路面加宽后，形成雪墙的概率较低，冬天也就不易大雪封山，从而实现全年通车。

为什么说丙察察线行车最艰难？

1. 路面复杂，有碎石路、泥路、土路、雪地等各种不同的路面，这些路面对于驾驶技巧要求较高，包括速度控制、刹车使用、路径选择等，很多险要的地方完全不容许失误，一失足会成千古恨。

2. 丙察察线横跨地质结构极端复杂的横断山区，雪崩、落石、泥石流、塌方随时有可能发生。尤其是在6月以后的雨季，更是危机重重。

3. 最具挑战性的路段是翻越三个接近5000米的雪山垭口：齐马拉山口、金拉山口、折拉山口。这三个垭口与众不同之处在于气候：每月甚至每周、每天、每时的气象情况都会有所不同，极度变化无常。进入5月后，气温升高，几乎每天18时前后都会有或大或小的雪崩发生，能不能通行全靠运气，能不能安全则全靠谨慎。

察瓦龙——途中唯一的补给站

从察瓦龙开始，就会展开一段"远离红尘"的旅程，两天之内的各项补给都要在察瓦龙这个怒江峡谷中的小镇完成。需要注意几个方面：

住宿 察瓦龙的住宿条件比较成熟，一般稍大的餐馆，比如四川饭店、丽江饭店等，都会提供住宿服务；一些当地人开设的家庭客栈也可作为备选的住宿地。沿途住宿不能挑剔，有些小村子会有家庭客栈，一些小卖部也提供床位或通铺，一般还会包晚餐和早餐，条件自然不会太好。

无论在哪里过夜，带一个轻薄的睡袋都是不错的主意。如果必须安营扎寨，最好确认一下上游水边的小房子是不是水葬房。

通信及充电 察瓦龙是秋那桶到察隅沿途唯一有手机信号的地方，可以抓紧报个平安，但刷微信、发朋友圈、聊天等就不用考虑了。此外，目若村、嘎达桥头这两个地方有卫星电话可以打。

在察瓦龙如果能入住条件稍好的宾馆，一定要把所有电器和备用电池都充满电，因为进山后沿途住宿点的电力供应都不能保证。

加油 目前在这条线上加油，选择余地不大。丙中洛的加油站已关闭，所以从贡山县城出发前要把油箱装满，然后在察瓦龙再次补充至满箱。从察瓦龙到察隅之间没有加油站。一般车辆在满油状态下正常跋涉到察隅都没什么问题，如果车况特殊，那么最好在察瓦龙再带上一桶备用汽油。

察隅县城有一家中石油加油站，但能提供的服务不是很有保障。县城内另有一家私营加油站，口碑不佳。如果对此介意，就要算好路程，适当加一些油，保证开到波密或八宿。在318国道上不愁没有正规的大牌加油站了，连95号汽油都能加到。

Tips

贴士信息截止时间：2018.09.01。

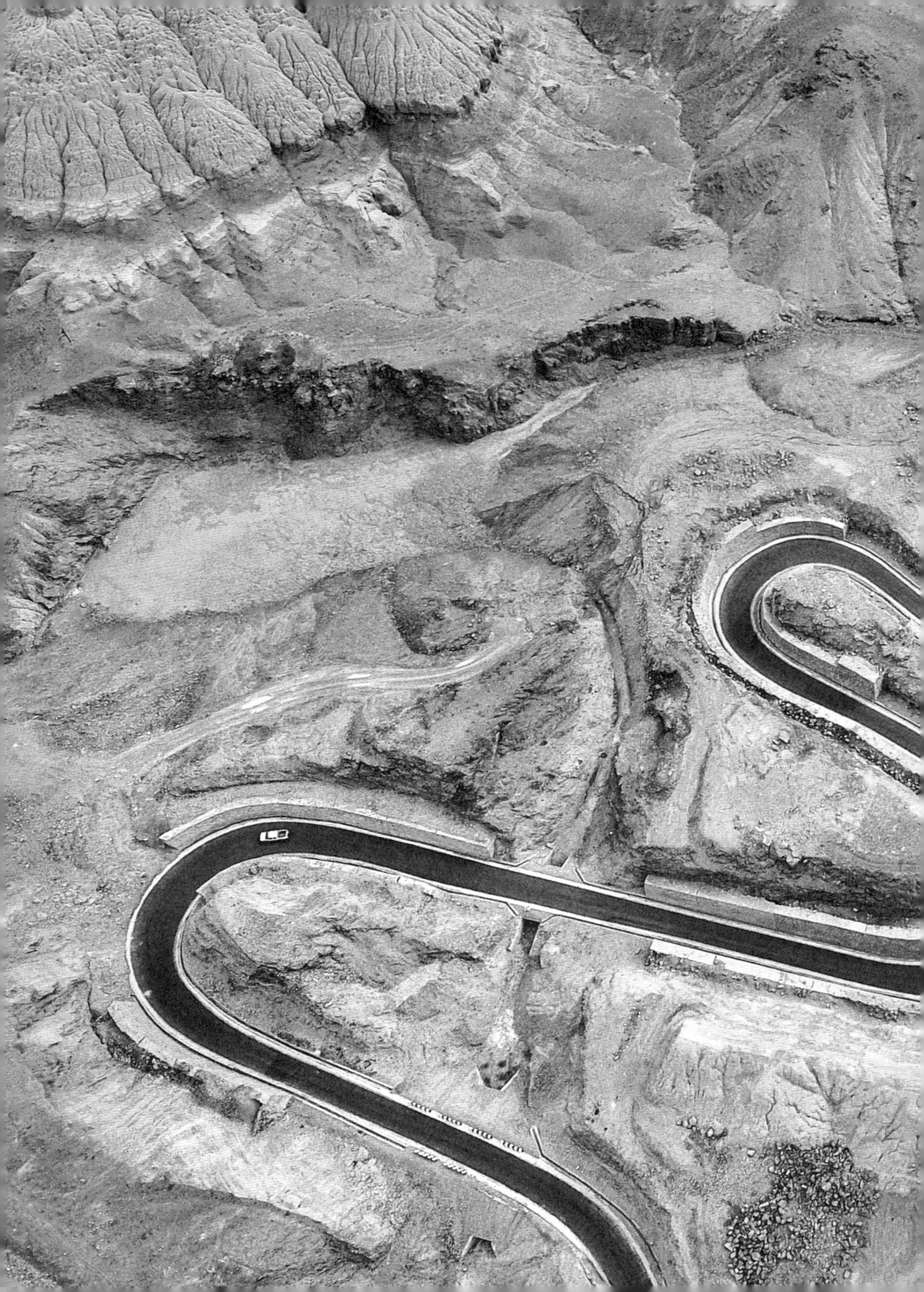

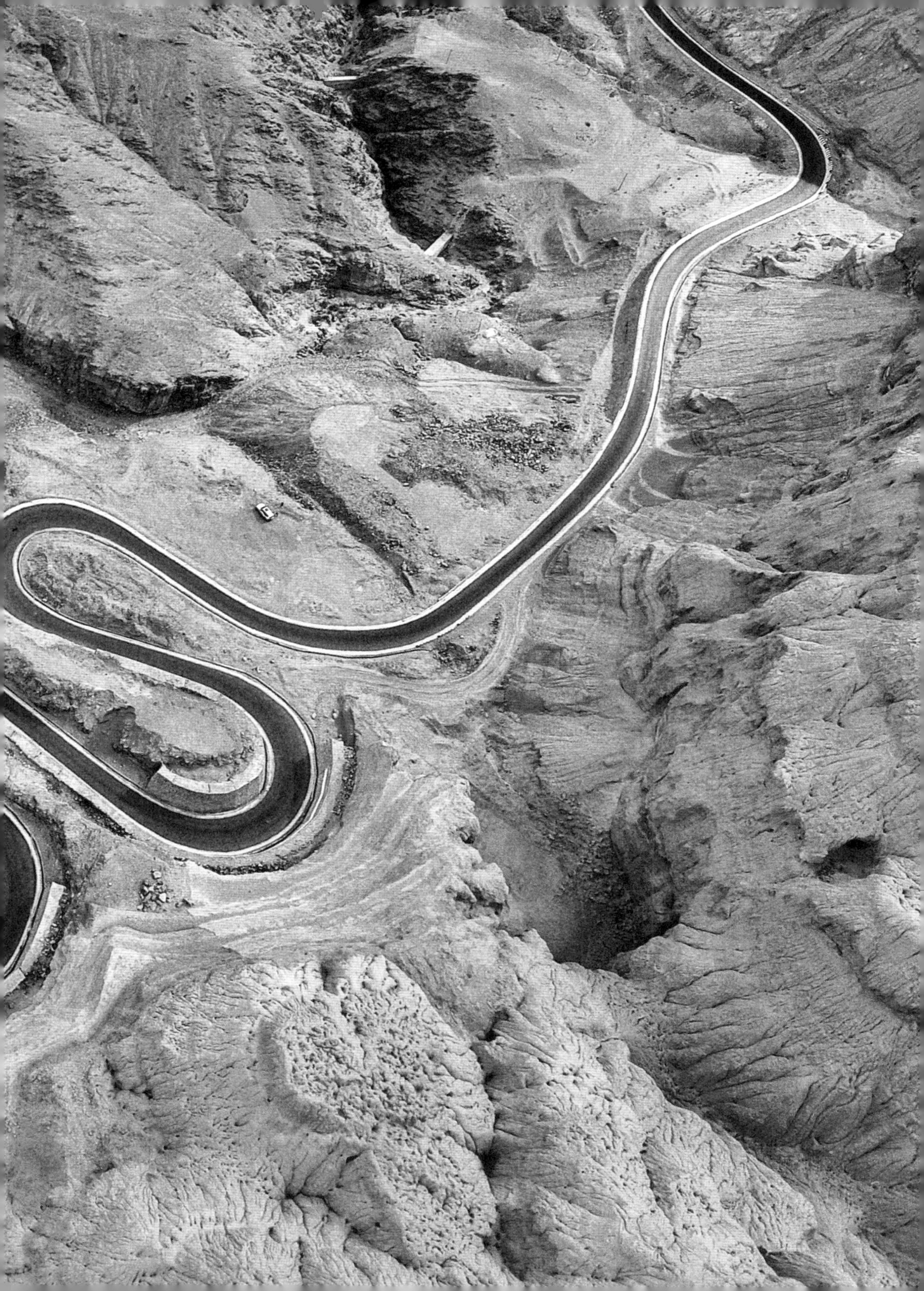

最高海拔穿行之路
新藏线 219 国道，全世界海拔最高的公路向你发出入藏挑战

文 老鱼

从新疆进入西藏的新藏线，十分具有挑战性。这条被标注为 219 国道的公路起点在新疆的叶城，终点在西藏拉孜县，全程 2138 千米。这条公路在昆仑山、喀喇昆仑山、冈底斯山和喜马拉雅山四条高大山脉中蜿蜒穿行，在巍巍青藏高原西南部的崇山峻岭中，画出了一道不屈不挠的弧线。其中约有 1700 千米的路面，海拔超过 4000 米，不论长度还是海拔高度都是世界罕见，这也是世界上海拔最高的公路。

沿途有雪山孕育的狮泉河、马泉河、象泉河和孔雀河，它们最后在南亚次大陆都并流入海。这条路上还能看见著名的冈底斯山主峰冈仁波齐峰、喜马拉雅山西段主峰纳木那尼峰，以及圣湖玛旁雍错和拉昂错等，所以这条公路的地位非比寻常。

219 国道沿途的自然和人文景观繁多，但旅游开发相对滞后，游人较少，几乎原汁原味地保留着远离尘嚣的旷世美景。雄伟、原始、纯净、神秘的视觉冲击力和心灵感染，会给旅行者一种独特的享受。但是多年以来，由于新藏线道路难走、海拔超高和沿途接待能力差，很多人视这条旅行线为畏途，难以割舍又心存畏惧。现在的新藏线路况已今非昔比，除个别山口有小段沙石路面以外，全程改为柏油路，普通轿车都能通行无阻。

①
叶城，
南疆风情的"高"起点

坐落在叶尔羌河旁的叶城，位于新疆塔克拉玛干沙漠的南端。叶尔羌河汇入塔里木河，最后消失于塔克拉玛干沙漠腹地，叶城却在河畔屹立2000多年，成为219国道的零千米起点。

叶城里的加满清真寺和大巴扎都值得一去。这座清真寺初建于叶尔羌赛义德王朝时期，后经多次改建达到现在的规模。清真寺周边就是传统的民族大巴扎，也就是新疆风格浓郁的大型市场。清真寺、大巴扎及周边的老建筑街区，那种流动的色彩和极具西域视觉感的建筑所构成的一切，让人着迷。

叶城西南约70千米的棋盘乡，有一处建在棋盘河谷沙石崖上的千佛洞，共10个洞窟，这是分布于我国最西部的千佛洞之一。这座石窟的准确开凿年代目前没有定论，从洞窟的造型、残留的壁画，以及附近出土的陶器推测，这可能是西辽时代的遗迹，距今七八百年。

乔戈里峰海拔8611米，是世界第二高峰，是喀喇昆仑山的主峰，也是中国与巴基斯坦的界山。乔戈里峰有一半在叶城，但在219国道上，因为近处山峦的阻隔，我们无法看见它。攀登这座雪山的团队，一般都会选择在巴基斯坦一侧设立大本营，那边的攀登路线更为方便。叶城西面能看见海拔7509米的慕士塔格峰，很多登山爱好者把慕士塔格作为晋级海拔7000米以上登山运动阵营的第一阶梯。只要不是风沙弥漫、乌云满天，在219国道上就能看见它的身影，但要走到山脚下，就必须绕道喀什，前往塔什库尔干塔吉克自治县的方向。

> 在巍巍青藏高原西南部的崇山峻岭中，219国道画出了一道不屈不挠的弧线。

②
叶城至多玛，
新藏两地交会处的巅峰跨越

从叶城219国道零千米起点，行进约120千米后，到达叶城的阿喀孜乡，道路平坦，两旁仍然是塔克拉玛干大沙漠边缘的风景，戈壁滩与绿洲交替出现。从阿喀孜直到三十里营房，219国道开始进入青藏高原，一头扎进延绵的山岭，穿插于昆仑山与喀喇昆仑山之间的交错地带，海拔也直线上升。首先要翻越三座海拔在三四千米的达坂——库地达坂、麻扎达坂和黑卡子达坂。达坂在蒙语里是山口的意思。与随后的达坂相比，这个高度虽然不算什么，但是这段道路比较狭窄陈旧，弯急坡陡，需要格外小心驾驶。

P216—217：
扎达土林是经流水侵蚀而形成的特殊地貌，蜿蜒曲折数十千米，驱车穿行其间，有如进入了一座巨大的天然迷宫。

摄影/小强先森

P222—223：
雪后的黑卡子达坂。这里的道路弯多，路况差。从这里能看到对面山上规模不小的冰川。

摄影／小强先森

下图：
喀喇昆仑山的路。喀喇昆仑山的突厥语意为"黑色的磐石"，在峡谷中穿行，满眼所见正是黑色的苍凉与雄浑。

摄影／叶金

三十里营房是一处较大的镇子，虽然距叶城只有大约330千米，但是海拔已经从1300米跃升到3600米，一般人都会出现不同程度的高原反应。此时不宜着急赶路，最好在三十里营房多适应一天，因为之后的海拔将急剧升高至四五千米，并且会保持在这个高度好几天，高原反应非常难受，沿途急救条件有限，存在着比较严重的风险，一定不能急于赶路。

三十里营房周边只有流经镇上的喀拉喀什河，河流下游会经过南疆的和田市，在那里整天都有人在河畔找玉、挖玉，这里是它的上游，要安静得多。

接下来的大红柳滩镇，海拔开始超过4000米，并且有4个海拔在5300米左右的达坂要翻越，它们是奇台达坂、界山达坂、松西达坂和红土达坂，道路一直在海拔高位上

起起伏伏。从大红柳滩越过奇台达坂后,天地突然开阔,高原地貌展现在眼前。蓝天、白云之下,远近的雪山,广袤的草原,几处清澈的湖泊,随处可见的藏羚羊、藏野驴等徜徉其间,让人心界顿时敞亮起来。这样的起伏直到再次看见稍微像样的镇子——由西向东的进藏第一镇、海拔4400米的多玛镇,219国道最为艰苦的一段才算结束。这时,道路南边的喀喇昆仑山脉已经不知不觉地连接上了喜马拉雅山脉。

多玛镇其实是个普通的小镇,因为从前给人的印象过于糟糕,显得现在好像有些气派了。新建的街道上建起了几家像样的宾馆和餐馆,镇上能找到国有石油公司的加油站,这算是219国道进藏第一加油站或出藏的最后一个加油站。

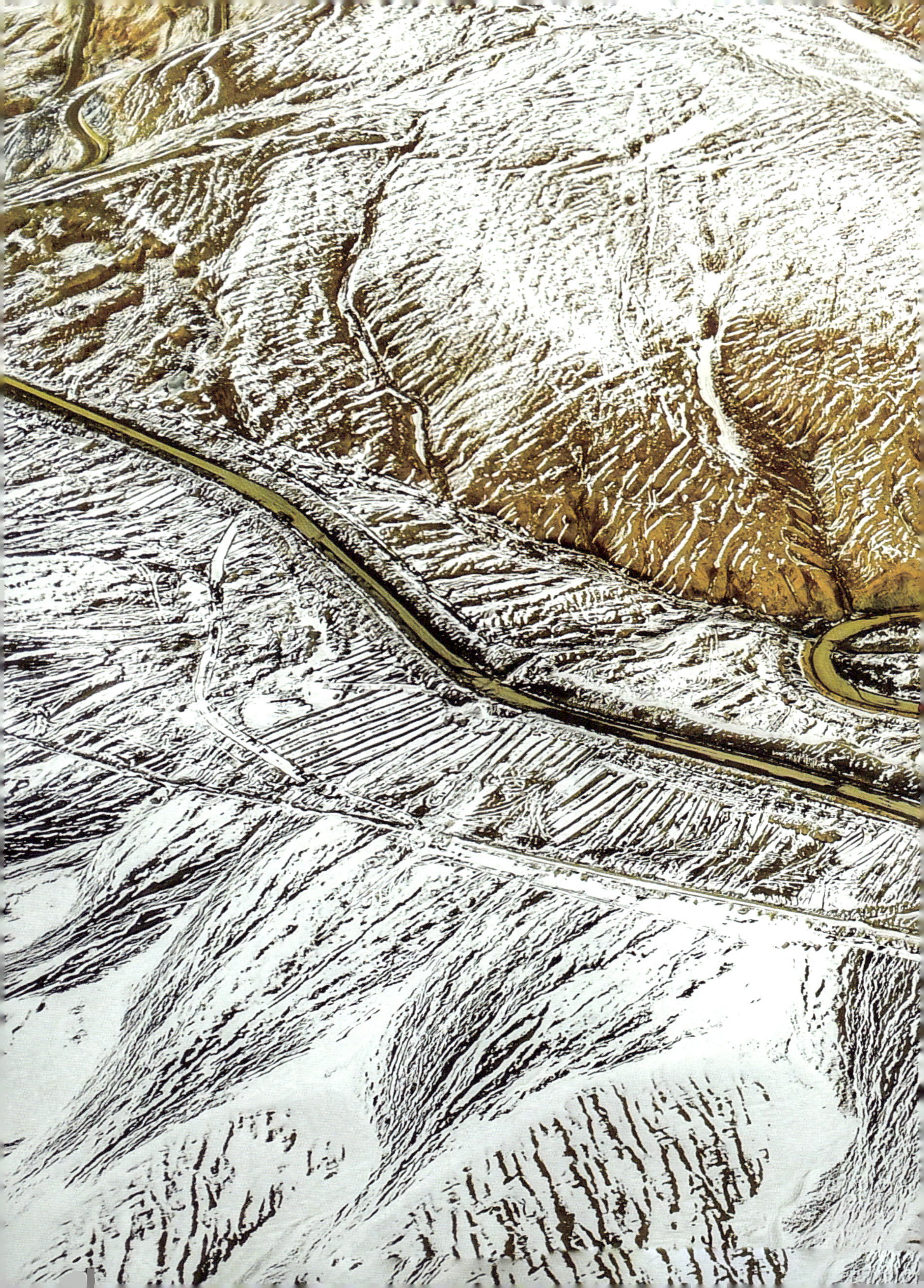

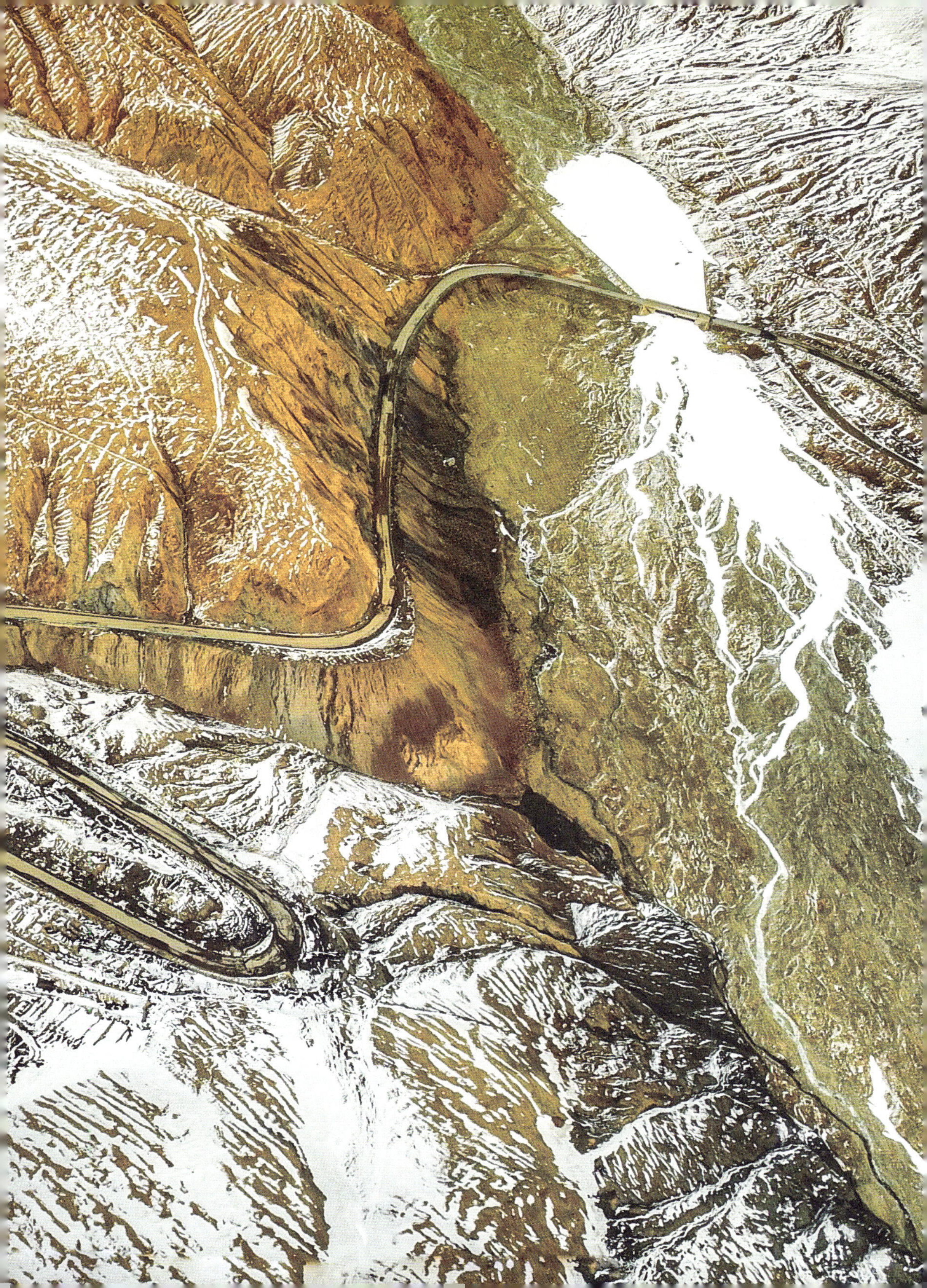

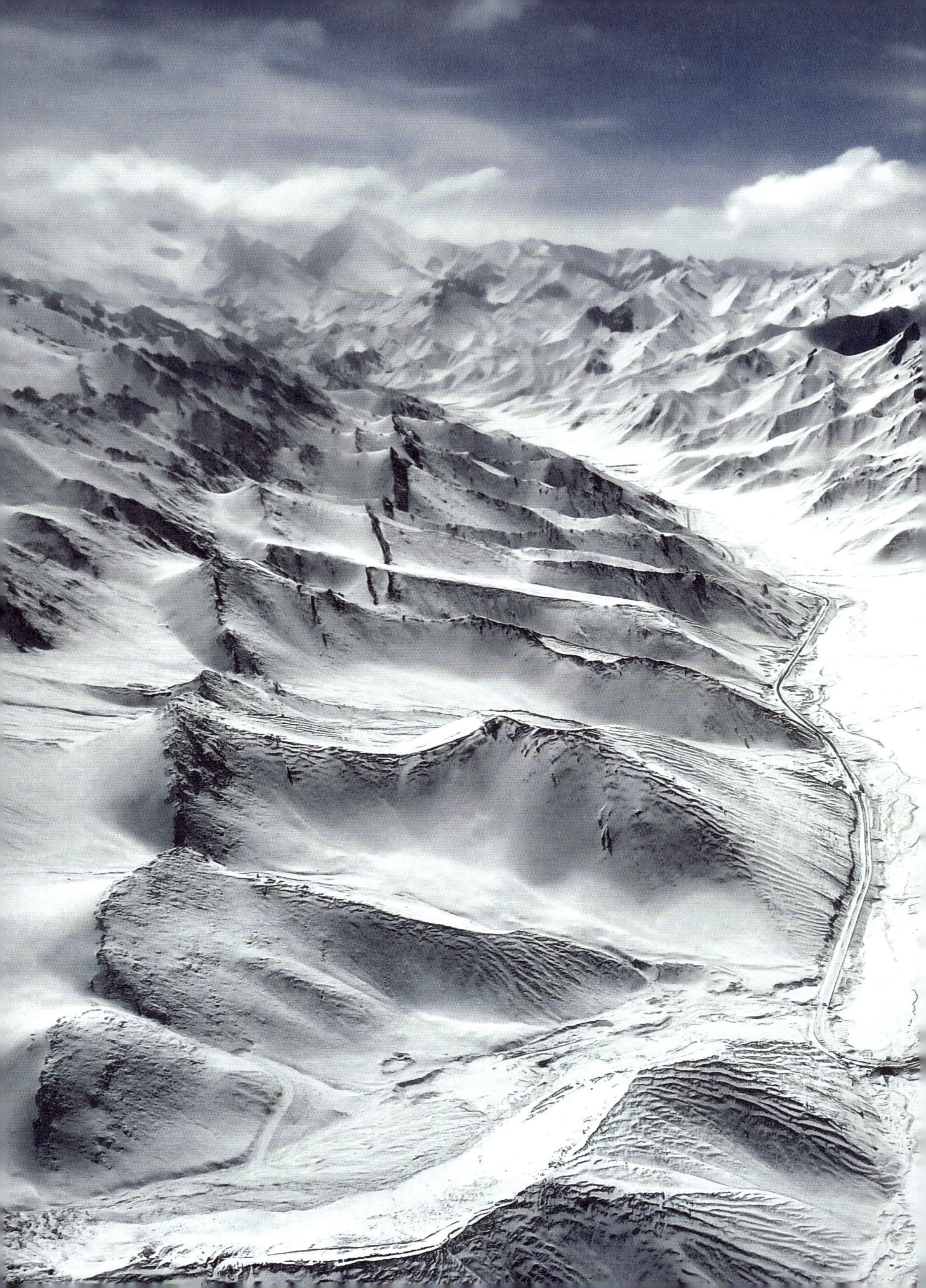

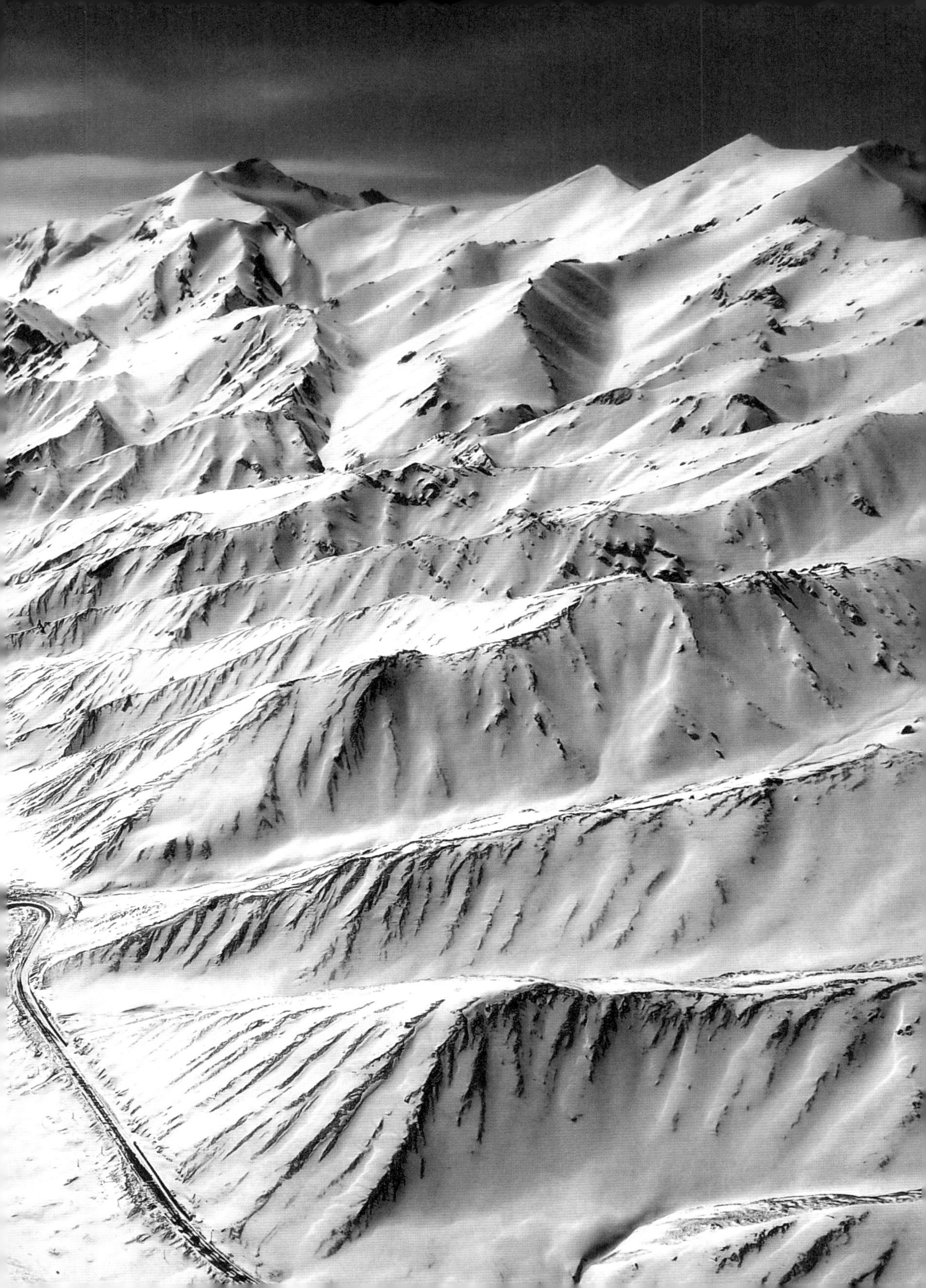

入藏八线

③
多玛镇至狮泉河，
走进阿里

219国道从多玛镇至狮泉河这一段开始，进入阿里核心区域，这时应该放慢节奏，享受旅途的曼妙。多玛镇距狮泉河镇230千米，道路没有大起大落，比较平坦，途经美不胜收的班公错。班公错靠近日土县城，是一个大致东西走向的湖泊，大半在中国，最西边的一段在印控克什米尔地区。班公错中国部分是淡水湖，克什米尔部分是咸水湖。如果只是沿着219国道，那只能看到班公错的很小一部分，但就是在这不到10千米的湖畔公路段，就已经能感受到不一样的美。

班公错在阿里地区的众多湖泊中，色彩非常突出，湖边很多地方有大面积的草地，一到夏季，湖水上涨侵入草地，把这些地带切割成大大小小的条状，形成一个巨大的调色板。铺着绿草、红草、枯草的地面与映着蓝天、白云的水面组合在一起，相互间的线条走势柔和，色彩自由交织，其间点缀着牛、羊、马群，远处是绵延的雪山……

沿途还会经过一些不知名的小盐湖，湖面倒映着苍穹，色彩随着光影变幻莫测。走到这一段，人烟多了起来，可以看见一些小村落与放牧的牛羊。

狮泉河镇海拔4100米，是阿里地区政府所在地，也是重要的交通枢纽。一路走来有了比较，到了狮泉河镇好像到了大城市。虽然它与内地的县城差不多，但是突然出现的红绿灯和纵横的街区，显得很繁华。这里有可以好好洗澡的高档酒店，有大餐馆的美食，可以在这里扫除几天来的疲倦，休整好再出发。

④
札达县，
札达土林里古格王朝等遗址
成就的传奇之地

从狮泉河出发，沿219国道行进约120千米，在巴尔乡向南拐弯，再前行约110千米，途中要翻越一个海拔5000米以上的山口，看到气势恢宏的土林，距札达县就不远了。

札达县城海拔3700米，位于喜马拉雅山脉与伊拉山之间——伊拉山是冈底斯山脉的一条支脉。札达县的重要景观几乎都掩藏于土林形成的迷宫中。千百万年前，这里是一个方圆约500千米的外流湖泊，海拔也远远比现在要低。后来，随着印度板块撞击并俯冲于欧亚板块之下，形成的造山运动让青藏地区逐步隆起并成为世界最高的高原。伴随这个过程，这个湖也找到一个最终的出口，让湖水全部倾泻而出，最后形成一个巨大的湖相沉积。再经历抬升和漫长的风雨洗礼、溪流切割，加上湖底沉积层自身具有的物质形态，一大片鬼斧神工般的土林地貌景观就出现在世人面前。广阔的札达土林最近已经被列入国家

P224—225：
冬天的麻扎达坂，白雪覆盖了寸草不生的岩石山体，荒凉肃杀，让人想起电影《星际穿越》里的外星球。
摄影/小强先森

上图：
红土达坂，地如其名，红色的岩层格外显眼。这里是新藏线上海拔最高的垭口，也是中国国道建制里海拔最高的山口。
摄影/小强先森

下图：
219国道边的班公错。夏季，湖面上升侵入湖边草地，把这些地带分割成大大小小的条状，仿佛上苍的调色板。
摄影/姜曦

札达土林大峡谷。远处的雪山连绵起伏，近处的土林沟壑纵横。山体上流水冲刷的道道印记，在辽阔天地中极富层次感。

摄影/张春晓

级自然保护区。

发源于冈仁波齐的象泉河由北向南流淌到札达县，然后拐弯向西，几乎就在土林的腰间蜿蜒穿过。充沛的河水竟然在铺天盖地的土林间形成一块宽窄不等、植被丰富的绿洲，滋养着生活在河谷地带的人们。

久负盛名的古格王朝遗址，坐落于象泉河谷的南岸，在札达县城下游约15千米的地方。吐蕃王朝最后一代国王朗达玛灭佛后，政权被推翻，他的后裔逃往阿里，在阿里建立起割据的小王朝古格王朝，留下大量遗迹。很多洞窟、佛塔、建筑物的残垣断壁层层叠叠，分布在一个相对独立的小山的半腰和山顶，

周边还有零星的其他遗迹。托林寺位于象泉河畔的一处台地上，紧邻札达县城。托林寺有 1300 多年的历史，是古格王国模仿西藏历史上的第一座寺院桑耶寺，在阿里地区建造的第一座佛寺。托林寺汲取了印度、尼泊尔和拉达克人的建筑风格，尤其那些造型别致、注重细节的佛塔，在宏伟土林的衬托下，在朝霞或夕阳中格外神圣。托林寺经堂内的壁画，也具有非常高的审美价值。

从札达县城去东嘎皮央有 47 千米，全程柏油路。东嘎、皮央是两个村庄，两村附近的土石山崖上有一片分散开的石窟群，合在一起叫东嘎—皮央石窟群，是西藏高原迄今为止发现的规模最大的一处佛教石窟遗址，也是国内年代最晚的一处大规模石窟遗存。1996 年，东嘎皮央被列为自治区级重点文物保护单位。

东嘎石窟群，现存洞窟 150 座，可分为两个地点。第一地点位于东嘎村北面断崖上，石窟分布由西向东分为三区；第二地点位于东嘎村东面的山沟中，洞窟开凿在山崖北面的峭壁上，从西向东共有 9 座洞窟。两个地点的直线距离约为 30 千米。皮央石窟群位于东嘎第一地点的西北部，是一处由寺院建筑、城堡遗址与石窟群组成的规模宏大的佛教遗迹。皮央石窟共有四区，石窟分布大体上可划分为前山区与后山区。

东嘎—皮央石窟群位于土林深处，直到 1992 年，一支考古队路经附近时，才被偶然发现。前些年去过阿里的旅行者，也对东嘎—皮央感觉陌生。

皮央村与东嘎村之间的皮央寺遗址位于河谷旁的一处小高地上，从遗迹可以看出当年寺院规模很大。因为距两村都有一定的距离，缺乏人手看护，所以常被文物盗贼光顾，很多佛塔都被掏出了大洞。

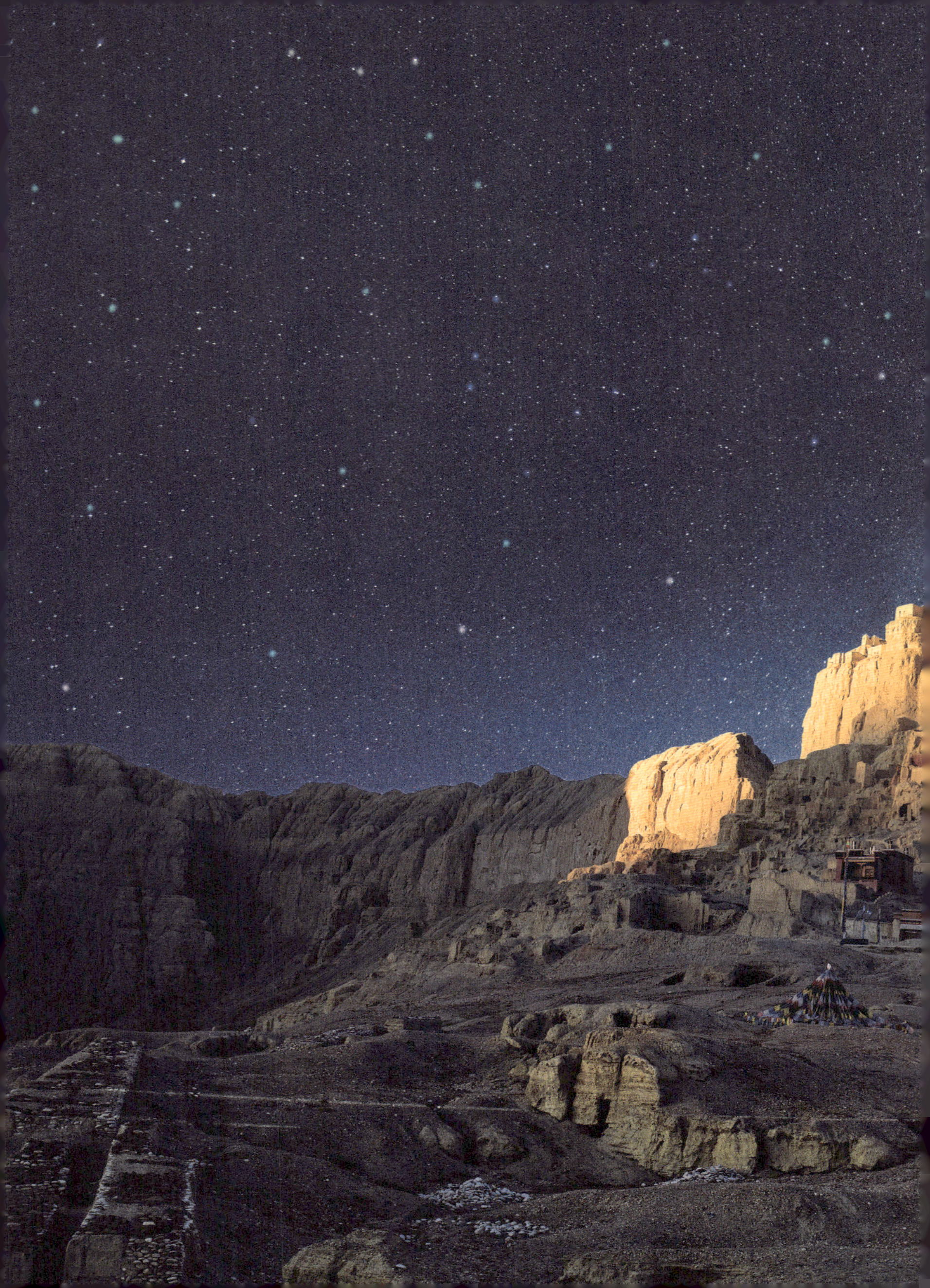

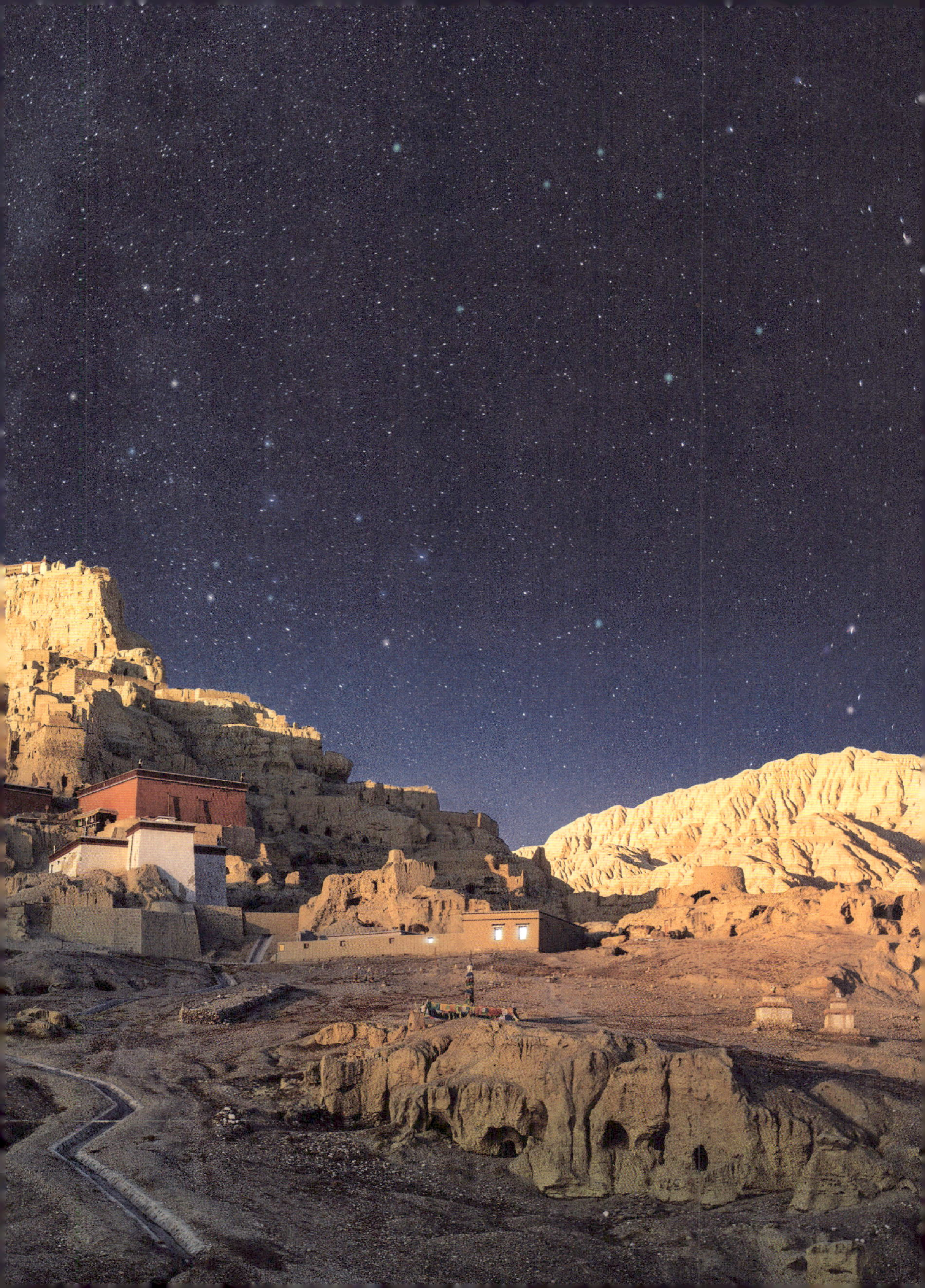

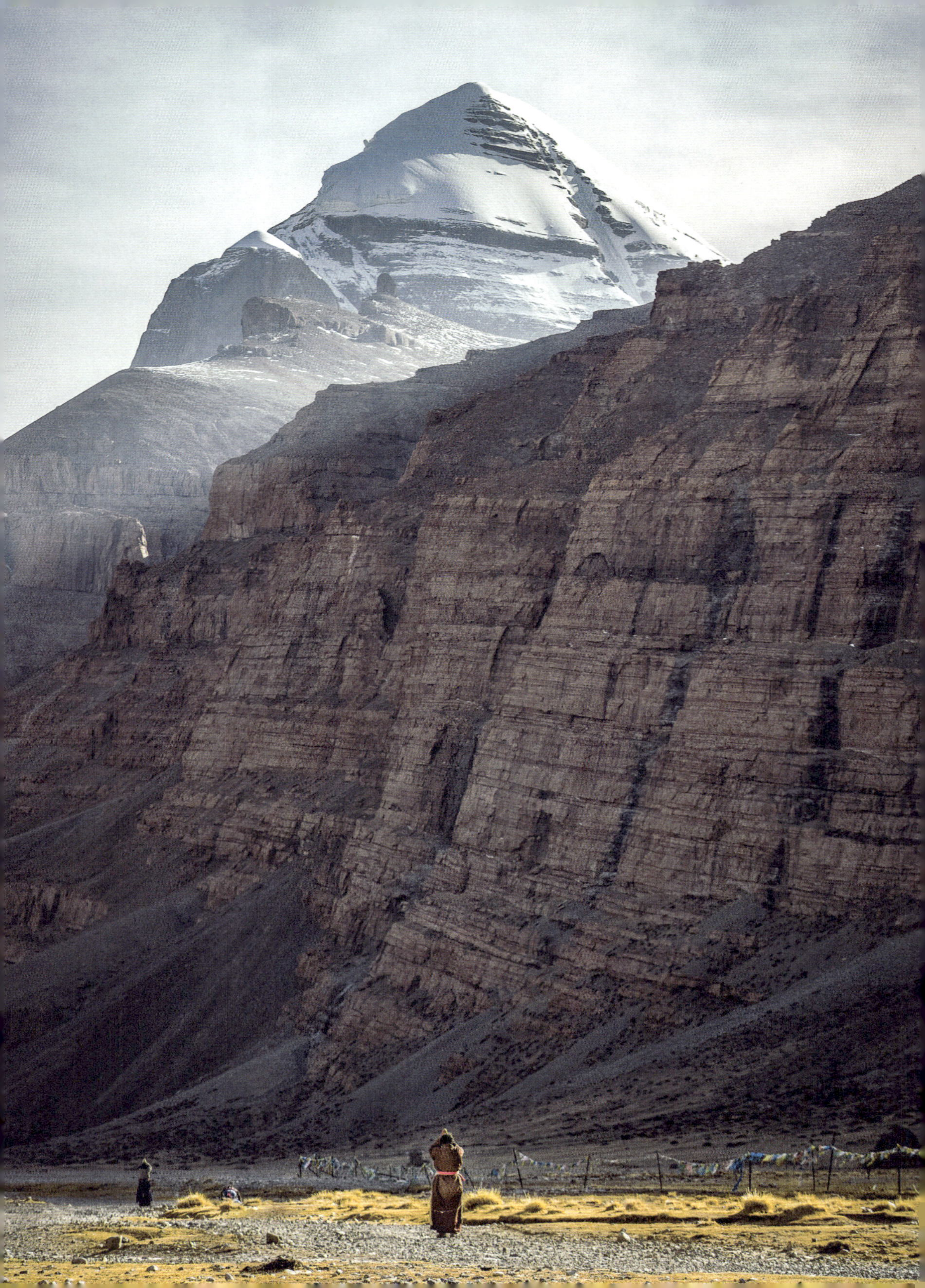

P230—231:
星空下的古格王朝遗址。洞窟、佛塔、建筑物的残垣断壁层层叠叠，分布在半山腰和山顶，讲述着有关时间的故事。

摄影/肖南波

左图：
塔尔钦小镇是转神山圣湖的营地，远道而来的信徒会在圣湖沐浴，祈祷神灵保佑，之后再去神山冈仁波齐转山。

摄影/孙岩

札达土林的西边还有一处古格王朝的夏宫，在距东嘎、皮央有40余千米的香孜乡。这个规模庞大的建筑群同样建造在山坡上，因为缺乏保护，被损毁的地方较多，完整程度远不如东嘎皮央石窟群。

⑤
塔尔钦至普兰，
畅游中尼之间的世界级景观群

离开札达县，返回219国道继续往东，直到萨嘎这一段，道路是在冈底斯山脉与喜马拉雅山脉之间的谷地前行。过门市乡不远，就可以看见左前方海拔6638米的雪峰神山冈仁波齐傲然屹立在深褐色的连绵山脉中。再往前，右边会出现一座体量超大的雪山——海拔7694米的纳木那尼峰。

普兰县塔尔钦镇就在冈仁波齐脚下。这个海拔4600米的寻常小镇，是219国道沿途自然风景最集中的区域，纳木那尼峰、冈仁波齐峰、圣湖玛旁雍错和鬼湖拉昂错都在周边。这些景观也是西藏阿里自然风光中最为精华的部分，堪称世界级美景。

在玛旁雍错湖畔及乌村南边的山上，可以观赏南面的纳木那尼峰的日出和日落。但是要拍摄冈仁波齐峰的日出和日落，最好从去及乌村的岔路口往西，沿着一条隐隐约约的土路行车三四千米，到达拉昂错湖边的小山坡上，这里才是非常经典的机位。冈仁波齐峰的前面有开阔的湖面，如果风平浪静，就能看到雪峰的倒影。

及乌村后面有一座规模极小的寺院，称为及乌寺。像这样的小寺院，环玛旁雍错湖一共有8座，正好分布在圣湖的四面八方——东边是直贡派的色瓦龙寺，东南方为萨迦派的聂过寺，南面是格鲁派的楚古寺，西南方的一处悬崖上是不丹噶举派的果足寺，西北方是以罗汉修行的山洞为基础建立的迦吉寺，西边则是旅行者最熟悉的及乌寺，北面是不丹噶举派的朗那寺，东北有格鲁派的本日寺。这些寺院是圣湖的守护者，也是信众环湖徒步必须祭拜的地方。

在每年的6月至9月，玛旁雍错湖畔有很多来自印度的信徒，在圣湖沐浴，祈祷神灵保佑，之后再去神山冈仁波齐转山。

塔尔钦小镇是转神山圣湖的营地，远道而来的信徒会在这里做出发前的准备，返回后也会在此休息，所以不管接待条件的好坏，这里在每年5月至10月一直人来人往，宁静的大视觉中增添了几抹拥挤的调性。特别是在夏季，来自印度、尼泊尔、俄罗斯等国的信众人数，大大多于来自国内的游人，一些小餐馆、小卖部、小浴室的招牌上还写着英、俄、印三国文字，小镇还真有几分国际化的派头。

距塔尔钦约100千米，在巴嘎路口往南直行到沟底，就是普兰县城，孔雀河绕城而过。去普兰县城要经过拉昂错，这是公路距拉昂错湖边最近的一段，也是拍摄湖光山色的绝佳之

从塔尔钦到巴嘎的路上，都可看见神山冈仁波齐，以及络绎不绝的信仰者与旅行者。这段路会经过219国道1314千米的里程碑。

摄影/姜曦

地。在接近普兰县城的时候，荒野中突然出现几片田园，零星的民居外墙几乎都刷成了白色，错落于一片片翠绿的青稞地之间。

科迦寺在普兰县城南15千米，是一座有1300年历史的古老寺院。其四四方方的格局，不算恢宏的院落，独显几分安静与祥和。科迦寺是国家级文物保护单位，木雕和壁画十分精美。作为镇寺之宝的壁画，绘在寺院里最老旧的大殿内，其笔法精湛，布局宏大，色彩绚丽，即便岁月令一些

细节有些模糊，仍遮挡不住其光芒。

那些门楣、门框上的木雕，在建寺院的时候由印度雕刻好后运送到此，其刀法细腻，造型生动，让人深感当时信徒对宗教的虔诚和做工的一丝不苟，非现代技艺能比。目前木雕已经用玻璃罩保护起来。

从科迦寺往南约8千米，就是距尼泊尔边境最近的藏族居民点斜尔瓦村，可以看见中方界碑。一座钢铁结构的步行吊桥横跨在孔雀河上，承担着两国间简易的交通贸易需求。孔雀河对面的尼泊尔村落比较大，一些取道这里去冈仁波齐转山的外籍香客，通常是乘直升机降落在对面村庄旁的空地上，然后过桥进入中国境内，办理完入境手续，再乘西藏本地旅行社的大巴开始他们的朝圣之旅。但这个口岸目前并不对国人开放，就是去斜尔瓦村旅行，也需要得到相关边防管理机构的特别许可。

⑥ 塔尔钦至拉孜，两种走法都跟8000米高峰相伴

离开塔尔钦，219国道又将迎来一座海拔5211米的山口——马攸木拉山口。在翻越马攸木拉山口之前，南边山谷里有一个不算太大的湖泊公珠错，湖畔有沼泽地，远观即可。这段道路两侧更像是藏野驴的大本营，我曾在那里见过数百头藏野驴聚集的场面。

经过马攸木边防检查站，遇见的第一个小镇就是帕羊，其海拔不低，有4600米。多年以前的帕羊是去阿里的重要驿站，219国道彻底修缮后，真正选择在这里留宿的旅行者已经不多了。

P238—239：
珠峰公路连环发夹弯，在漫天群星和雪白群山的掩映下，宛如一条登峰造极的"天梯"。
摄影／姜曦

下图：
雅鲁藏布江源头。平坦的土地上，金色沙丘相连，绵延数千米。马泉河河面铺展开来，如星星点点的湖泊。
摄影／姜曦

帕羊镇正南方，是海拔8172米的道拉吉里峰，还能看见东南侧海拔8090米的安娜普拉峰及其卫峰——鱼尾峰，这是全球14座超过8000米山峰中的两座，位于喜马拉雅山脉的西段，峰顶位置都在尼泊尔境内。在这段山脉的南坡，就是尼泊尔著名的徒步胜地博卡拉，海拔不到1000米。

在帕羊镇与仲巴县城之间，有一大片被沙化的土地。金色沙丘高高低低、环环相连，绵延好几千米。远处那一大片水域是马泉河，属雅鲁藏布江上游，因为地势平坦，河面铺展开，很像湖泊。

马泉河在河谷里与荣久藏布、柴曲等支流汇合，到了萨嘎县，就称为雅鲁藏布江。这里的江面因为距江源不远，江流平和，还处于养精蓄锐的阶段，远没有雅鲁藏布江万马奔腾般的狂野。

萨嘎县至拉孜县这一段，道路起伏曲折，在翻越5089米的愧拉山垭口后，还将接连翻越4个海拔4700米左右的山口。离开萨嘎县城后到达第一个山口时可以停车，爬上道路左边的小山，在那里往西偏北眺望，就能看见冈底斯山脉的主峰——海拔7095米的冷布岗日峰。有不少人以为

冈仁波齐峰是冈底斯山脉的主峰，这个说法是不对的，眼前这座耀眼的雪峰，才是冈底斯山脉的第一高峰。冈仁波齐是被尊奉的神山。

道路两旁的村落逐渐密集，一片片打理得当的庄稼地在荒野里格外醒目。几片辽阔的草场，是当地藏族传统的高山牧场。每年5月至10月，藏族牧民会在草场上安营扎寨，让牲畜尽情享用牧草。

从萨嘎到拉孜还有一条路可以选择，那就是在萨嘎离开219国道，走去吉隆沟方向的县道，大约120千米后会入318国道。这条路要经过希夏邦马国家级自然保护区和珠峰自然保护区，可以看到海拔7367米的拉布吉康峰和海拔8027米的希夏邦马峰，还有幽蓝的佩枯错等。在岗嘎镇附近，如果天气好还有机会看见海拔8844米的珠穆朗玛峰和海拔8201米的卓奥友峰。

即将到达拉孜县城之前，西面不远的道路右边会出现一个里程碑，是219国道的最后一块里程碑，上面写着"219国道/2138（千米）"。世界上海拔最高的公路结束了漫漫征程，会入另一条传奇公路——318国道。

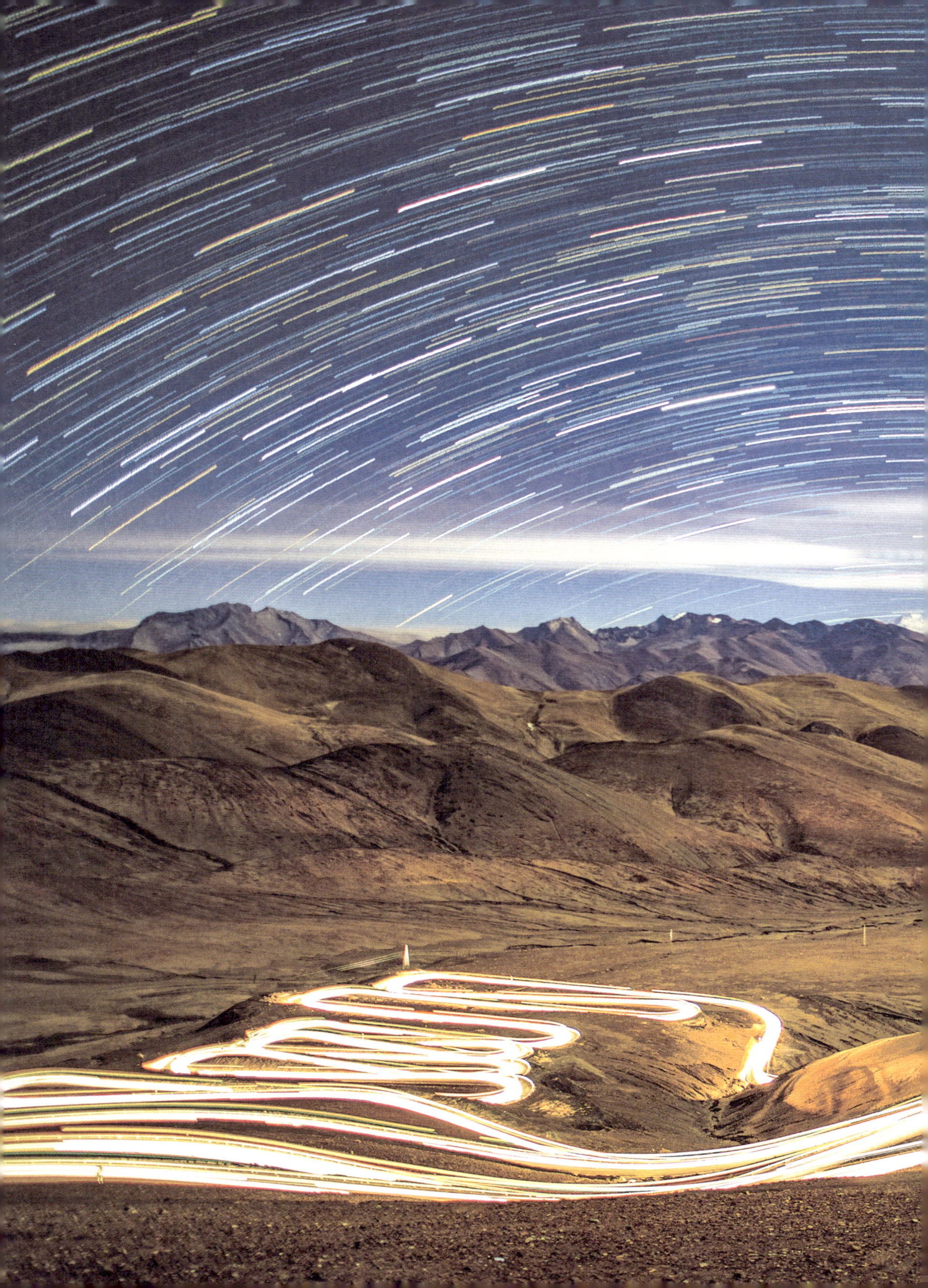

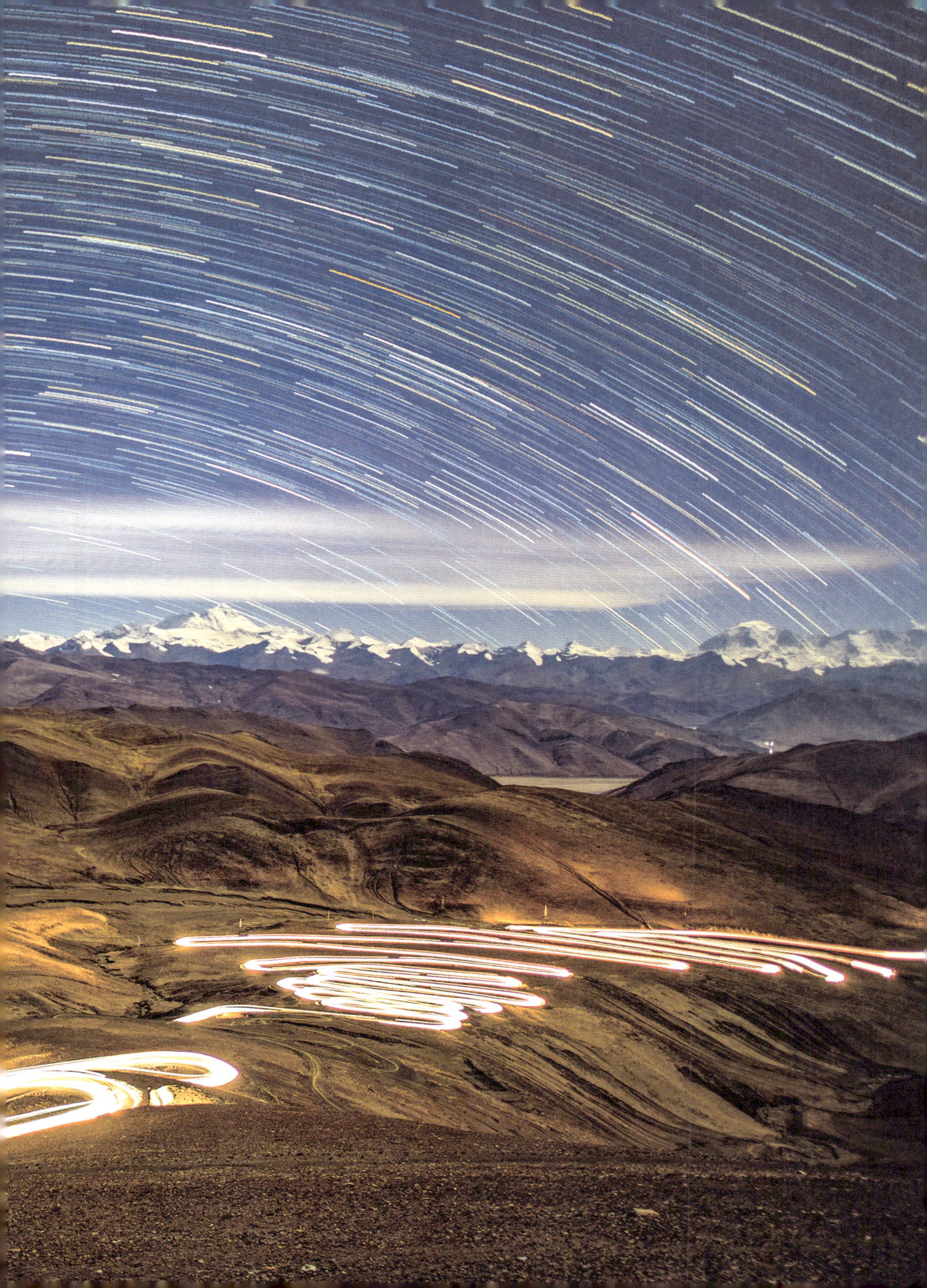

图例

- ──·── 国界
- ──── 未定国界
- ──── 省界
- 河流
- 湖泊、荡漾
- ● 公路途经地点
- ● 作者途经地点
- ● 岔路途经地点
- ～ 公路
- ▬▬ 作者线路
- ～ 岔路

第一段
喀什 — 塔什库尔干 — 叶城

慕士塔格峰
喀喇昆仑山

第二段
库地达坂 — 阿喀孜 — 麻扎达坂 — 黑卡子达坂 — 三十里营房 — 红柳滩 — 奇台达坂

棋盘乡千佛洞
加满清真寺
大巴扎

第三段
泉水沟 — 松西达坂 — 红土达坂 — 界山达坂 — 多玛 — 日土

界山达坂
海拔5347米

第四段
噶尔

东嘎—皮央石窟群
古格王朝遗址
札达土林
托林寺

第五段
札达

冈仁波齐

第六段
普兰

斜尔瓦村
科迦寺
安娜普拉峰
道拉吉里峰

第七段
巴嘎 — 霍尔 — 马攸木拉山口 — 帕羊 — 仲巴 — 萨嘎

纳木那尼峰

第八段
吉隆 — 定日 — 拉孜 — 昂仁

新疆维吾尔
西藏自治区
青
藏
高
原

新藏线

提示：全程最快 8 天可走完，每一段路都是按照一天的车程设定的。

第一段：叶城—库地达坂—麻扎达坂—三十里营房—红柳滩 487km

第二段：红柳滩—奇台达坂—泉水沟—界山达坂—多玛—日土 447km

第三段：日土—噶尔 125km

第四段：噶尔—札达 209km

第五段：札达—巴嘎（塔尔钦）230km

第六段：巴嘎—霍尔 43km

第七段：霍尔—帕羊—仲巴—萨嘎 452km

第八段：萨嘎—昂仁—拉孜 300km

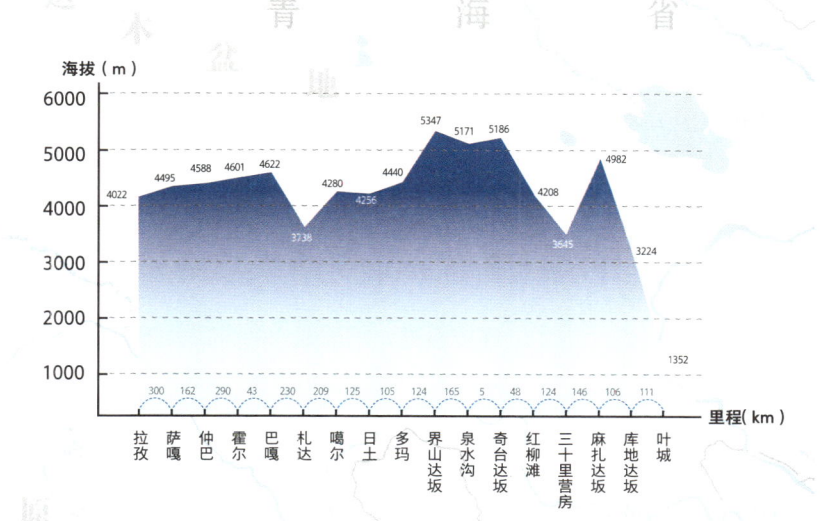

地点	里程(km)	海拔(m)
拉孜		4022
萨嘎	300	4495
仲巴	162	4588
霍尔	290	4601
巴嘎	43	4622
札达	230	3736
噶尔	209	4280
日土	125	4256
多玛	105	4440
界山达坂	124	5347
泉水沟	165	5171
奇台达坂	5	5186
红柳滩	48	4208
三十里营房	124	3645
麻扎达坂	146	4982
库地达坂	106	3224
叶城	111	1352

*海拔数据来源：奥维互动地图

一定要看这几条"过来人"的经验

1. 从叶城出发的第一段是最为艰险的路段，海拔攀升接近 4000 米，坡陡弯急，需要在高海拔处住宿。
2. 第二段路程要尽早出发，快速通过最容易发生高反的"死人沟"等地，尽量避免停留，尤其不要在此过夜。
3. 新藏公路会沿着班公错岸边行进一大段，按照建议的行程，大致会在下午到傍晚时分路过这里。班公错位于公路西边，将很适宜追拍夕阳西下的美景。
4. 札达和普兰两个县城不在 219 国道主线上，需拐上支线公路才能到达，注意观看路标，听取导航指引，避免错过路口。
5. 冈仁波齐的转山之路非常艰险，最高处海拔超过 5700 米，要根据体能情况谨慎考虑是否参与转山。
6. 拉孜县比较繁华，服务设施完善，物价合理，餐饮以川陕风味为主，烹饪水平与内地相差无几，很适合刚刚完成新藏线之旅的人们庆祝"重返人间"。
7. 高原生态脆弱，任何干扰和破坏行为都是无可挽回的。需要做到的包括且不限于：垃圾集中收集并带走，远离野生动物，不采摘野生植物，活动范围不要远离公路。

海拔最高、挑战最大的进藏公路

新藏线 219 国道从叶城的"零千米"里程碑起，南至西藏日喀则地区拉孜县与 318 国道会合，全长 2140 千米，是世界上最艰险的公路之一，也是进藏的高级挑战。全线翻越昆仑山、喀喇昆仑山、冈底斯山，翻越 16 个冰达坂，涉 44 条冰河，最艰难的一段平均海拔 4500 米以上，要翻越 5 座 5000 米以上的高山，一路空气稀薄、人迹罕至，只有皑皑白雪与茫茫大漠为伴。

新藏线最高海拔约 5300 米，并有大段路程都高于 4000 米，几乎每个人都会出现不同程度的高原反应，但只要足够重视、注意预防，多数人的高原反应都可以自愈。

藏北高原冬季酷寒，不宜旅行，夏季相对凉爽，但在极高海拔处也足够寒冷，需注意保暖。最佳旅行时间是 5—9 月，其中 7—8 月暑假期间，住宿消费会比平时贵很多。高原上紫外线的杀伤力极强，若不特别注意防晒，裸露的皮肤不到一天就会被晒伤。

食宿与补给

沿途经过大段极度荒凉地区，仅公路沿线有一定的服务设施，且物资运输成本高，一切商品和餐饮服务都比内地昂贵得多，像饮用水、方便食品、基本药品和生活用品等常规物资，最好在叶城或喀什等大城市提前采购并囤积好。食宿条件只有在各个县城能相对好些，其中阿里地区首府所在地狮泉河镇是设施最齐全的"大城市"，可在此稍作休整。

219国道全线已建成良好的铺装路面，普通的家用轿车都可以完成进藏"壮举"。沿途的县城和主要食宿点都有加油站，建议在每个加油站都将油箱补满，油品的标号和质量可能会较低，但需牢记：在这条路上首要考虑的是要让车辆能开动起来。

为风景放慢脚步

219国道在西藏境内的路况很好，几乎一马平川，但这里有一种交通管理方式：在通过检查站时会发放一张限速单，根据区段的里程和限速上限推算出所需用时，并明确告知司机到达下一个检查站的时间，禁止提前抵达。过低的区段限速极大地阻碍了通行效率。不过这倒会强迫自驾旅行者放慢匆匆的脚步，多停下来看一看路边的风景。当然，下车看风景的时候务必重视人身安全和停车安全，尽量避免干扰到其他车辆的正常行驶。

Tips

贴士信息截止时间：2018.09.01。

资料提供　丁子轩

中国国家地理 · 图书
CHINESE NATIONAL GEOGRAPHY

时间的力量（精装）	历史的底片	地球之美	丝绸之路
发现四川	再发现四川	发现内蒙古	发现广东
发现西藏	发现青海	发现宁夏	康巴腹地
极致之美	看见台湾	生命之灵	彩色的中国

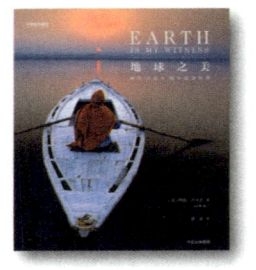

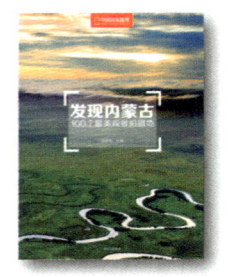

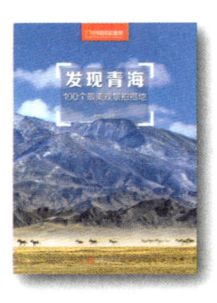

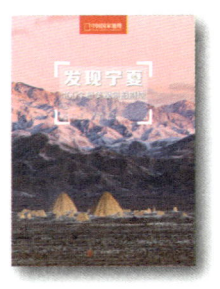

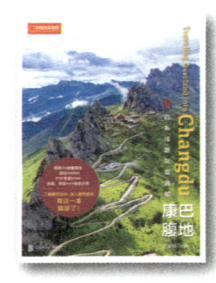

投稿邮箱：cngbook@cng.com.cn